Cartas de Freud a sua filha

Correspondência de
viagem 1895-1923

SIGMUND FREUD

CARTAS DE FREUD A SUA FILHA

Correspondência de viagem *1895-1923*

Org. por **Christfried Tögel**,
com colaboração de **Michael Molnar**

Tradução
Claudia Abeling

Copyright © Aufbau - Verlag GmbH, Berlin 2002
Título do original em alemão: Unser Herz - zeigt nach dem Süden
Amarilys é um selo da Editora Manole.

Editor-gestor
Walter Luiz Coutinho

Preparação
Luiza R. Bonfim de Almeida

Editor
Enrico Giglio

Projeto gráfico e diagramação
Desenho Editorial

Produção editorial
Marcia Men

Editoração eletrônica
Bia Marins
Felipe Siqueira

Capa
Elmo Rosa

Dados Internacionais de Catalogação na Publicação (CIP)
(Câmara Brasileira do Livro, SP, Brasil)

Freud, Sigmund, 1856-1939.
Cartas de Freud a sua filha : correspondência de viagem 1895-1923 / Sigmund Freud ; org. por
Christfried Tögel, com colaboração de Michael Molnar ; tradução de Claudia Abeling. -- Barueri, SP : Amarilys, 2014.
Título original: Unser Herz zeigt nach dem Süden
Bibliografia.

ISBN 978-85-204-3764-3

1. Freud, Sigmund, 1856-1939 - Correspondência
2. Freud, Sigmund, 1856-1939 - Viagem
3. Psicanalistas - Correspondência I. Tögel, Christfried, 1953-. II. Molnar, Michael.
III. Título.

14-03923   CDD-150.1952092

Índices para catálogo sistemático:
1. Freud, Sigmund : Cartas : Psicanálise : Psicologia 150.1952092

Todos os direitos reservados.
Nenhuma parte deste livro poderá ser reproduzida, por qualquer processo, sem a permissão expressa dos editores.
É proibida a reprodução por xerox.

Este livro contempla as regras do Acordo Ortográfico da Língua Portuguesa de 1990, que entrou em vigor no Brasil.

A Editora Manole é filiada à ABDR – Associação Brasileira de Direitos Reprográficos.

Editora Manole Ltda.
Av. Ceci, 672 – Tamboré
06460-120 – Barueri – SP – Brasil
Tel. (11) 4196-6000 – Fax (11) 4196-6021
www.manole.com.br
info@manole.com.br

Impresso no Brasil
Printed in Brazil

Com 152 imagens
Agradecemos ao generoso apoio do Museu Freud (Londres) e de seu diretor de pesquisas, Michael Molnar, que contribuiu principalmente nos comentários das viagens para Londres e os Estados Unidos

Sumário

09 Sobre esta edição

13 "Ontem sonhei de novo com viajar"
Christfried Tögel

Correspondência de viagem
41 Veneza
23 de agosto a 2 de setembro de 1895

51 Toscana
30 de agosto a 11 de setembro de 1896

73 Veneza, Toscana, Úmbria
25 de agosto a 18 de setembro de 1897

95 Sul do Tirol, Norte da Itália, Suíça
4 a 14 de agosto de 1898

111 Dalmácia
31 de agosto a 13 de setembro de 1898

117   Norte da Itália
      13 a 18 de setembro de 1898

125   Sul do Tirol
      26 de agosto a 10 de setembro de 1900

135   Roma
      1º a 14 de setembro de 1901

151   Roma, Nápoles
      26 de agosto a 15 de setembro de 1902

173   Baviera, Sul do Tirol
      6 a 20 de setembro de 1903

179   Grécia
      28 de agosto a 10 de setembro de 1904

199   Norte da Itália, Suíça
      3 a 23 de setembro de 1905

213   Toscana, Roma
      12 a 26 de setembro de 1907

241   Inglaterra
      30 de agosto a 15 de setembro de 1908
      Observações sobre rostos e homens / National Portrait Gallery

260   Sobre o Manuscrito
      Notas sobre rostos e homens

267 Suíça, Norte da Itália
18 a 28 de setembro de 1908

279 Estados Unidos
19 de agosto a 29 de setembro de 1909
Diário de viagem

325 Holanda
16 a 31 de julho de 1910

339 Roma, Nápoles, Sicília
31 de agosto a 26 de setembro de 1910

369 Roma
16 a 25 de setembro de 1912

377 Roma
9 a 29 de setembro de 1913

383 Roma
1 a 21 de setembro de 1923

391 ANEXOS
393 VISÃO GERAL DOS CARTÕES E CARTAS DE FREUD
403 BIBLIOGRAFIA
417 ÍNDICE DE PESSOAS E LUGARES
431 CRÉDITOS DAS IMAGENS

Sobre esta edição

No começo do trabalho, havia naturalmente a pergunta: quais cartas de quais viagens vamos escolher para esta seleção? A princípio, a solução puramente cronológica pareceu ser a mais simples, isto é, incluir todas as cartas que Freud escreveu de suas viagens à família, aos colegas e aos pacientes. Isso, entretanto, gerou uma série de questões: o que fazer com as cartas que Freud endereçou em trânsito a colegas ou a pacientes, mas que não tinham qualquer relação com a viagem empreendida naquele momento? Suas estadias para tratamentos em estâncias hidrominerais como Karlsbad e Bad Gastein incluiam-se nesse recorte? Ou as viagens para Berlim para o ajuste das próteses de mandíbula, que se tornavam cada vez mais necessárias em razão das cirurgias do câncer? E como fazer com a participação de Freud em congressos científicos?

Logo estava claro que nos concentraríamos nas viagens que Freud empreendeu como lazer e recuperação e em cujo transcurso ele explorou cidades, paisagens e países. No geral, tratavam-se de viagens em forma de circuitos e não viagens para um determinado lugar.

Até 1894, todas suas ações serviam em maior ou menor grau a um determinado objetivo, e o aspecto hedonista era sempre um efeito secundário bem-vindo. A viagem à Inglaterra em 1875 aconteceu, em primeira linha, aos meio-irmãos Phillip e Emanuel, que viviam em Manchester, as estadias em Paris 1885/86 e 1889 foram dedicadas ao seu aperfeiçoamento profissional, e a longa viagem das visitas breves à sua futura mulher,

Martha, em Hamburgo, era antes um incômodo secundário. Sua última grande viagem levou-o – juntamente com a filha Anna – para Roma no final do verão de 1923, apenas poucas semanas depois de seu acometimento pelo câncer ter sido diagnosticado. A partir de então, o câncer e o necessário contato constante com médicos impediram Freud de fazer outras "viagens de lazer".

Outro critério de seleção foram os destinatários. Foram incluídas apenas cartas que Freud endereçou à mulher e à família. Dois motivos foram decisivos para tanto. Primeiro, existe no Museu Freud, em Londres, uma pasta organizada por Anna Freud com a inscrição "Cartas de viagem", todas endereçadas à família. Segundo, essas cartas têm mais o caráter de relatos de viagem do que as missivas que Freud enviou em trânsito a colegas ou pacientes.

Não foram incluídas quaisquer cartas dos seguintes anos:

1899	Férias de verão em Berchtesgaden; Freud trabalha em *A interpretação dos sonhos*.
1906	Férias de verão em Lavarone; Martin, filho de Freud, descreve em seu livro *Glory Reflected* uma excursão dramática, feita por ele e seu pai a partir de lá.[1]
1911	Temporada de tratamento em Karslbad, em seguida a família se encontra em Klobenstein (sul do Tirol) para os festejos de bodas de prata.
1914	Temporada de tratamento em Karlsbad.
1915	Temporada de tratamento em Karlsbad, em seguida férias de verão em Schönau/Berchtesgaden.
1916	Temporada de tratamento em Bad Gastein, em seguida estadia em Salzburgo.
1917	Férias de verão em Csorbato (Montes Tatra).

---

[1] Freud, Martin (1957), pp. 126 e segs.; cf. também Jones (1960 – 1962), vol. 2, p. 41; além disso, há uma carta para Emma Eckstein de 4. 6. 1906 (LoC).

1918   Férias de verão em Csorbato e Lomnicz (Montes Tatra).
1919   Temporada de tratamento em Bad Gastein, em seguida férias de verão em Badersee/Garmisch-Partenkirchen.
1920   Temporada de tratamento em Bad Gastein; na sequência do Congresso Psicanalítico Internacional, em Haia, Freud e sua filha Anna empreendem uma viagem pela Holanda, da qual não foram conservadas quaisquer cartas.
1921   Temporada de tratamento em Bad Gastein.
1922   Temporada de tratamento em Bad Gastein.

A reprodução das cartas segue a ortografia e a pontuação do original, exceto erros flagrantes, que foram corrigidos. As inúmeras abreviaturas de Freud foram mantidas tanto no cabeçalho das cartas como nas fórmulas de despedida, assim como abreviaturas usuais como i.e., p. ex., etc., nt. Min., set., out. Por outro lado, as abreviações de palavras dentro das cartas como telegr. american. e assemelhadas foram desfeitas sem maiores indicações. Sílabas finais omitidas não foram respeitadas. As palavras sublinhadas aparecem em itálico. A reprodução das poucas cartas já publicadas também se baseia no manuscrito.[1]

Agradecemos a todos que nos apoiaram na preparação deste livro: em primeiro lugar, às funcionárias da editora Aufbau, Magdalena Frank e Johanna Rennert-Mönch, que acompanharam o trabalho com muito empenho. Michael Schröter e Gerhard Fichtner, com os quais pudemos discutir leituras problemáticas, também merecem um agradecimento especial. Albrecht Hirschmüller, que organizou a edição da correspondência entre Freud e Minna Bernays, nos permitiu generosamente a reprodução das cartas de e para Minna Bernays. Nosso agradecimento também vai para Peter Swales e Richard Skues, bem como aos funcionários da Divisão de

---

[1] A tradução esforçou-se para se manter o mais fiel possível ao original; mesmo quando correspondências exatas eram impossíveis, procurou-se manter o estilo das cartas – com pontuação mínima, abreviaturas, manutenção das palavras em outras línguas que não o alemão nativo de Freud. (N. T.)

Manuscritos da Biblioteca do Congresso, principalmente a Marvin Kranz e Fred Baumann, ao Museu Freud de Londres, aos arquivos Thomas Cook em Londres assim como ao Centro Sigmund Freud em Uchtspringe.

Uchtspringe/Londres, outono de 2001
Christfried Tögel / Michael Molnar

"Ontem sonhei de novo com viajar"

Por Christfried Tögel[1]

Em 28 de maio de 1899, Freud escreveu para Wilhelm Fließ: "Me dei o *Ilios*, de Schliemann, de presente e me diverti com a história de sua infância. O homem ficou feliz quando encontrou o tesouro do Príamo, pois a felicidade só existe como concretização de um desejo de criança. E acabo de me lembrar de que este ano não viajarei para a Itália".[2] Aparecem aqui, de maneira condensada, as três grandes paixões ou interesses de Freud: 1. a arqueologia: ele se dá o *Ilios* de Schliemann de presente; 2. a psicanálise: ele se interessa pela história da infância e a concretização dos desejos de Schliemann; 3. o viajar: sua primeira associação é com a Itália.

A reunião das três paixões de Freud – psicanálise, arqueologia, viagens – não é casual: o princípio metodológico de compreender a história

---

[1] O texto desta apresentação apóia-se consideravelmente nas primeiras duas partes de meu livro *Berggasse –Pompeji und zurück. Siegmund Freuds Reisen in die Vergangenheit*; Tögel (1989).

[2] Freud (1985c), p. 387.

como chave para o presente perpassa toda a vida e a obra de Freud. Ele enxergava tudo pelas lentes do passado: as causas dos sintomas neuróticos do homem adulto eram procuradas na primeira infância; a cultura do presente era explicada a partir de determinados eventos da história remota da humanidade e suas principais atividades de lazer eram arqueologia e Antiguidade Clássica. Freud, psicólogo e pesquisador da Antiguidade Clássica, escreve sobre sonhos, por exemplo: "Sua relação com as recordações de infância, às quais eles remontam, é mais ou menos igual à de alguns palácios barrocos de Roma com as ruínas antigas, cujas pedras de cantaria e colunas ofereceram o material para a construção em formas modernas".[1]

Segundo uma afirmação própria, Freud leu "mais arqueologia do que psicologia"[2] e investiu considerável montante de dinheiro em sua coleção de antiguidades. Por outro lado, suas viagens também consumiam somas vultosas, mas ele nunca se arrependia do dinheiro gasto com as antiguidades ou com as viagens. Após sua primeira viagem mais prolongada à Itália em 1896, Freud escreveu a Wilhelm Fließ: "Decorei meu quarto com gessos das estátuas florentinas. Foi uma fonte de extraordinária revitalização para mim; quero ficar rico para repetir essas viagens. Um congresso em solo italiano! (Nápoles, Pompeia)."[3] Esse trecho da carta indica também que Freud gostaria de ter relacionado viagens e Antiguidade Clássica com sua terceira grande paixão, a psicologia. Os "congressos" com Fließ também eram dedicados à discussão dos pensamentos e ideias de Freud. E em 1896, os *Estudos sobre a histeria* já tinham sido publicados havia muito e grande parte da teoria dos sonhos de Freud já estava pronta. Ele adoraria ter discutido sobre essas coisas com Fließ em Nápoles ou em Pompeia. Seu ideal era unir as três paixões – psicanálise, arqueologia e viagens – entre si, ao menos de maneira temporal e espacial. Mais tarde, ele escolheu Sándor Ferenczi como companheiro de viagem e comple-

---

[1] Freud (1900a), p. 496 e segs.
[2] Freud (1960a), p. 399.
[3] Freud (1985c), p. 226.

mentou a visita aos templos em Segesta e Selinunte, por exemplo, com conversas sobre temas psicanalíticos.

Mas além de relações temporais e espaciais, Freud também enxergava paralelos metodológicos entre suas atividades de lazer. Já em 1896, em uma palestra diante da Associação para Psiquiatria e Neurologia de Viena, ele apontava para a analogia entre o procedimento de um arqueólogo e o do médico que trata de sintomas histéricos: "Imaginem um pesquisador viajante que chega a uma região pouco conhecida, onde um lugar de ruínas, com restos de muros, pedaços de colunas, lousas com sinais semiapagados e ilegíveis chama sua atenção. Ele pode se contentar em observar o que está à mostra, depois perguntar aos moradores das proximidades, semibárbaros, o que a tradição lhes ensinou sobre a história e o significado daqueles restos monumentais, pode anotar suas informações e prosseguir a viagem. Mas ele também pode fazer com que os moradores trabalhem com essas ferramentas de um jeito diferente, analisar com eles o monte de escombros, retirar o entulho e liberar os restos visíveis do que foi enterrado. Os achados explicam por si o sucesso de seu trabalho; os restos de muro fazem parte da fortificação de um palácio ou casa de tesouros, um templo se completa com as ruínas das colunas, as inúmeras inscrições encontradas, bilíngues em casos de sorte, ocultam um alfabeto e uma língua, e decifrá-los e traduzi-los trazem chaves insuspeitadas para os acontecimentos do passado, em cuja memória aqueles monumentos foram erigidos. *Saxa Loquuntur!*"[1]

A inspiração de Freud para tal analogia pode ter nascido com seu interesse pelo destino de Pompeia. Ele possuía a quarta edição de *Pompeji in seinem Gebäuden, Alterthümern und Kunstwerken dargestellt* [Pompeia apresentada em seus edifícios, antiguidades e obras de arte], de Overbeck, que no quarto capítulo argumenta que "na realidade, a cidade soterrada não deve nunca ter estado totalmente desfigurada como tal, e em especial o anfiteatro, como uma depressão no formato de uma cratera, estava sufi-

---

[1] Freud (1896c), p. 426.

cientemente reconhecível".[1] Além disso, "chama muito a atenção o fato de, nos séculos posteriores em que foram feitas algumas descobertas casuais, não se empreenderem mais explorações suplementares".[2]

Também houve, na história da psicologia, muitos indícios valiosos; filósofos e literatos se aproximaram da natureza do inconsciente. Apesar disso, não havia nenhuma topografia da psique humana que, aos olhos de Freud, pudesse servir como base da psicologia. Para ele, um procedimento análogo à arqueologia era o único método promissor para construir tal topologia. Mais de quarenta anos após a primeira menção da analogia entre arqueologia e trabalho psicanalítico, depois de Freud ter visitado, entre outros, a Grécia e viajado mais de vinte vezes à Itália, ele a retoma mais uma vez: "[...] assim como o arqueólogo constrói as paredes da edificação a partir dos restos intactos de muro, determina o número e a posição de colunas a partir das depressões no solo, remonta as antigas decorações de paredes a partir dos restos encontrados entre os escombros, exatamente assim procede o analista ao tirar suas conclusões de fragmentos de memória, associações e afirmações ativas do analisando".[3]

Desde seu tempo de ginásio, Freud era dominado por um "desejo ardente de viajar e de ver o mundo",[4] e ainda aos 72 anos de idade uma carta sua a Sándor Ferenczi começava com as seguintes palavras: "Não quero deixar de enviar uma saudação cordial de invejoso interesse ao antigo companheiro de viagem, que agora se permite, por conta própria, concretizar meus insaciáveis desejos de viagens".[5]

---

[1] Overbeck (1884), p. 25.
[2] Overbeck (1884), p. 26.
[3] Freud (1937d), p. 46.
[4] Freud (1936a), p. 288.
[5] Freud (1960a), p. 378.

1. Com Sándor Ferenczi nos montes Tatra [Eslováquia], 1971.

Freud auto-analisou seu ímpeto por viagens e o fez em relação a um "distúrbio de lembrança na Acrópolis" durante sua viagem à Grécia em 1904. Ele afirmou a Romain Rolland: "Não acreditava [...] que chegaria a ver Atenas algum dia. Viajar para tão longe, conseguir chegar tão longe parecia fora de qualquer possibilidade. Isso se relacionava com a limitação e a penúria de nossas condições de vida em minha juventude. Certamente que a vontade de viajar também era uma expressão do desejo de escapar daquela pressão, aparentada do ímpeto que incita tantos filhos ainda adolescentes a sair de casa. Eu já tinha percebido, havia tempo, que uma grande parte do prazer de viajar está contido na realização desse desejo antigo, ou seja, tem raízes na insatisfação com o lar e a família. No momento em que vemos o mar, atravessamos o oceano, sentimos as cidades e os países como realidade, que durante tanto tempo foram objetos de desejo longínquos, inacessíveis, nos sentimos como um herói que realizou tarefas impensavelmente grandes".[1]

Freud realmente sofreu durante muito tempo com a preocupante situação econômica da sua família. Em 1883, Josef Paneth, um de seus amigos mais próximos, escreveu sobre ele em seu manuscrito *Vita Nuova*: "Originário de uma casa pobre, mas cheio de energia e de um talento decisivo, ele atravessou aos trancos, com dificuldades e apuros suficientes, um longo período de estudos, cheio de fome e privações".[2]

Suas afirmações de anos posteriores continuam denunciando isso de maneira muito clara. Em setembro de 1899, ele escreveu a Wilhelm Fließ: "Meu humor também depende muito dos ganhos [do tratamento dos pacientes]. Dinheiro é gás hilariante para mim. Da minha juventude, sei que os cavalos selvagens dos pampas, uma vez laçados, mantêm algum temor durante toda sua vida. Eu conheci a pobreza desprotegida e não paro de temê-la".[3]

Preocupações financeiras oprimiram Freud durante muitos anos e esse tema ocupou um espaço grande em suas cartas.[4] Ele descreveu à noiva como seu colega Ignaz Widder discutiu com ele sobre "a grande besteira de querer se casar quando não se tem dinheiro",[5] e algumas semanas mais tarde, ele assegurou a Martha: "[...] e quando eu tiver dinheiro, o que é certeza, minha autoconfiança me diz isso, então vou vestir [minha delicada princesinha] com os mais lindos vestidos, para que as pessoas se esqueçam que ela poderia ter escolhido outro como príncipe".[6] A pobreza durante sua infância e os problemas financeiros depois de concluídos os estudos fizeram com que ele conduzisse os primeiros anos de sua vida

---

[1] Freud (1936a), p. 292.
[2] Paneth (1883), p. 27.
[3] Freud (1985c), p. 411.
[4] Nas cartas de Freud até o final de 1899 e que foram publicadas, há 116 referências a problemas de dinheiro!
[5] Freud (1960a), p. 51.
[6] Freud (1960a), p. 86.

profissional quase que totalmente pela "caçada ao dinheiro".[1] Em uma carta a Flieβ, ele formula a convicção "de que o dinheiro é uma ferramenta para soltar as amarras do escravo, de que recebemos liberdade em troca de dinheiro, assim como recebemos dinheiro em troca de liberdade".[2]

2. *O pai de Freud (1815 –1896),
por volta de 1890.*

O sinal exterior mais importante de liberdade para Freud era viajar, o que era para ele ao mesmo tempo um símbolo de libertação do pai, um processo ambivalente, cujos efeitos o filho sentiu ainda durante muitos anos depois da morte de Jakob Freud. Ele certamente culpava o pai pela situação insatisfatória da casa, na qual via a causa de seu ímpeto de viajar.

O pai morreu em outubro de 1896 e Freud teve "uma clara sensação de desenraizamento".[3] Ele tentou recuperar o chão debaixo dos pés ao começar, poucos dias após o enterro, a colecionar esculturas. Ao lado das viagens, era mais uma tentativa de substituir a perda sofrida. No manuscrito "Meine Individuelle Traumcharakteristik", Freud escreve que "começou a viajar" em 1895.[4]

---

[1] Freud (1960a), p. 137.
[2] Freud (1985c), p. 350.
[3] Freud (1985c), p. 213.
[4] Grubrich-Simitis (1993), p. 146.

Viagens como fuga, concretização de desejos e atos heroicos; essa interpretação combina bem com a imagem que Freud tem de si e nós temos dele. Entretanto, também há interpretações dos primórdios da psicanálise que aproximam o ímpeto por viagens aos fenômenos psicopatológicos. Nesse sentido, Alfred Freiherr von Winterstein discorreu sobre "A psicanálise do viajar" em 6 de março de 1912 diante da Associação Vienense de Psicanálise. Sua palestra foi publicada no mesmo ano na revista *Imago* e chega à seguinte conclusão: "Na maioria dos casos que temos em análise, conseguimos relacionar uma raiz psicossexual à pulsão por viajar, que aparece de maneira espontânea e supostamente inexplicável [...], quer se trate de um desejo de satisfação, seja lá como, da libido (homossexualidade!); da realização de fantasias e estímulos infantis; de uma representação real da separação interior dos pais, que acontece e fracassa de maneira exemplar primeiro nos anos da puberdade (grande importância do complexo do incesto) ou dos desejos de morte que devem ser entendidos de maneira simbólico-sexual (viagem em conjunto – morte em conjunto – coito). Nos casos restantes, comprovou-se como fator de impulso a criminalidade e o desejo de morte. Evidentemente supomos a íntima relação entre o criminal, o sexual e a morte, mas não conseguimos explicá-la de maneira satisfatória".[1] Na discussão que se seguiu à palestra de Winterstein, a interpretação sexual do desejo de viajar e aquela da fuga dos pais ou do próprio eu estiveram em primeiro plano. Theodor Reik, por exemplo, apontou que os paternianos consideram o baixo ventre como sede do desejo sexual e de viajar. Sabina Spielrein citou "duas raízes do viajar: 1. a grande vontade de separação, 2. a grande vontade de encontrar algo novo, sob o qual sempre se esconde o incesto".[2] Gaston Rosenstein atentou para o fato de que a pulsão pela migração dos animais tem como objetivo ampliar as possibilidades de fecundação. Em sua contribuição à discussão dessa noite, Freud abordou os aspectos sexuais do viajar apenas de ma-

---

[1] Winterstein (1912), p. 505.
[2] Freud (1962-1975a), p. 60.

neira marginal. Sua interpretação de que determinados pacientes "transferem seus complexos para outras áreas e deslocam seus afetos para lugares como, por exemplo, o público das estâncias termais. Na agorafobia, a transferência sobre a locomoção desempenha o papel principal, sendo que a limitação sexual é representada pela limitação espacial".[1] Temos de lembrar ainda que Victor Tausk deu uma interpretação ao ímpeto de viajar que Freud usou em uma carta de 1936 a Romain Rolland. Tausk falava de "dois tipos de viagens, a partir de análises: um deles baseava-se em uma fuga do confronto decisivo com o pai e o outro, na grande vontade de superar as relações medíocres da casa paterna".[2]

É digno de nota que a rejeição de Freud contra uma interpretação sexual para o ímpeto de viajar fosse tão forte a ponto de ele não conseguir classificar suas próprias experiências nesse contexto. Dessa maneira, ele descreve em seu texto "O estranho" como sempre acabava chegando à zona de prostituição de uma pequena cidade italiana: "Viam-se apenas mulheres maquiadas nas janelas das casinhas e eu me apressei em deixar a rua estreita pela primeira transversal. Mas depois de ter vagado sem rumo por um tempo, me descobri de repente na mesma rua de novo, na qual comecei a chamar atenção, e minha saída apressada fez com que eu, por um novo desvio, caísse lá pela terceira vez".[3] Evidentemente que é possível classificar isso, assim como Freud, como sendo "estranho, não familiar" e "retorno não proposital", mas interpretações mais profundas também são concebíveis. Dessa maneira, podemos nos perguntar se os mecanismos de defesa de Freud contra desejos sexuais talvez não funcionassem pior em viagens do que em Viena. A experiência relatada na pequena cidade italiana é a inversão de sua teoria sobre a agorafobia: a cessação da limitação espacial leva à cessação da limitação sexual. No caso de Freud, a limitação espacial dizia respeito a Viena. Por essa razão, seu

---

[1] Freud (1962-1975a), p. 61 e segs.
[2] Freud (1962-1975a), p. 60.
[3] Freud (1919h), p. 250.

relacionamento com essa cidade não é irrelevante para a compreensão de seu ímpeto por viagens.[1]

Freud viveu quase oitenta anos (de 1860 a 1938) em Viena, sendo 47 anos na Berggasse 19, no 9º distrito. Suas afirmações sobre a capital da monarquia do Danúbio soam inequívocas. Aos dezesseis anos, ele escreveu a Emil Fluβ: "Quero poupá-lo [...] de lhe contar a impressão que Viena exerceu sobre mim. Foi nojento".[2] E 26 anos mais tarde, Wilhelm Flieβ ouve queixas semelhantes: "[...] Você não sabe o quanto a cidade de Viena me enoja".[3] Ou, voltando do Adriático, ele escreve: "[...] mal estou há três dias aqui e já fui tomado por todo mau humor de Viena e dos vienenses. Morar aqui é uma desgraça [...]".[4] E uma semana mais tarde, lemos: "[...] esta cidade fere a alma e expõe tudo o que tinha começado a se recobrir em dois meses".[5] As dificuldades que Freud enfrentava para implantar a psicanálise em Viena não ajudavam a mudar sua atitude. Em *A história do movimento psicanalítico* lemos: "Mas a cidade de Viena fez também de tudo para renegar sua parte no surgimento da psicanálise. Em nenhum outro lugar a indiferença hostil dos círculos eruditos e cultos ao analista foi tão perceptível quanto em Viena".[6] Apesar disso tudo, parece que Freud também tinha ligações positivas com a cidade. No dia de sua chegada à emigração londrina, depois de ter deixado Viena para sempre, foram escritas as seguintes linhas: "O sentimento de triunfo da libertação se mistura demais ao pesar, pois ainda amávamos muito a prisão da qual fomos liberados".[7] Expressa-se aqui a ambivalência que, por um lado, impelia Freud a deixar Viena por alguns meses quase todos os verões e, por outro, fazia qualquer decisão entre escolher Viena ou outra cidade como

---

[1] Cf. também Tögel (1996).
[2] Freud (1969a), p. 109.
[3] Freud (1985c), p. 344.
[4] Freud (1985c), p. 357.
[5] Freud (1985c), p. 359.
[6] Freud (1914d), p. 81.
[7] Freud (1960a), p. 439.

moradia fixa pender para Viena. Desde a juventude ele brincava com a ideia de deixar a Áustria-Hungria. A Inglaterra exercia uma forte atração sobre ele. Já em 1882 ele escreveu à noiva Martha Bernays: "Estou ávido por um pouco de independência, por viver meus pendores. A Inglaterra sempre aparece diante de mim [...] todas as impressões indeléveis que se impregnaram em mim na viagem de sete anos atrás, que se tornou determinante para toda minha vida, despertaram com absoluta vivacidade. Temos de ficar aqui, Marthinha? Se pudermos ir a algum lugar, vamos escolher um lar onde a dignidade humana é mais prezada. Um túmulo do cemitério central é a coisa mais assustadora que posso imaginar".[1]

A atitude ambivalente de Freud em relação "à sua amada prisão" Viena encontra um paralelo em sua postura ambivalente em relação ao viajar. Durante muito tempo, seu ímpeto em viajar foi acompanhado por um medo de viajar. Há diversas interpretações em relação às causas desse medo de viajar. Por ocasião de um "congresso" próximo com Fließ em Breslau, o próprio Freud escreve em novembro de 1897: "Breslau também tem um papel em minhas lembranças de infância. Na idade de três anos, passei por sua estação durante a baldeação de Freiberg para Leipzig, e as chamas de gás que vi pela primeira vez me evocaram os espíritos em chamas no inferno. Lembro pouco do contexto. Meu medo de viajar, já superado, está também ligado a isso".[2] Dois anos mais tarde, Freud cita um paciente que o ajudou a esclarecer posteriormente seu medo de viajar: "Ele me mostrou a realidade de meus ensinamentos no próprio corpo, à medida que me ofereceu, com uma transformação surpreendente, a solução para a qual eu não atentara de minha antiga fobia de trens [...] Minha fobia era uma fantasia de empobrecimento ou, melhor, uma fobia de fome, dependente de meu apetite infantil e evocada

---

[1] Depois de sua primeira estadia em Roma, Freud pensou também na possibilidade de se estabelecer na Cidade Eterna; cf. Jones (1960-1962), vol. 2, p. 30. E ainda antes do casamento, ele escreveu a Martha: "Aqui [em Viena] as coisas não andam rápido o suficiente, como é de se esperar – o jovem médico necessita de capital, do qual não disponho – por isso quero ir à Inglaterra, talvez aos Estados Unidos ou à Austrália"; Jones (1960-1962), vol. 1, p. 215 e segs.

[2] Freud (1985c), p. 310.

pela falta de dote de minha mulher (da qual sou tão orgulhoso)".[1] Ernst Jones é de opinião que o medo de viajar de Freud existia desde 1887 e que ele libertou-se desse medo por meio de sua autoanálise. Jones resume assim o resultado da autoanálise em relação ao medo de viajar: "Descobriu-se que esse medo se relacionava com o medo de perder a pátria (o peito de mãe, em última análise) e com um medo pânico de morrer de fome, que deve ser uma reação a uma avidez qualquer".[2] Max Schur, desde 1928 médico pessoal de Freud e uma das pessoas mais próximas a ele, acredita que ele enxergava esse medo de viajar em relação com a viagem de Leipzig para Viena em 1860, "na qual deve ter havido um pernoite em conjunto e uma oportunidade de vê-la [a mãe de Freud, C. T.] nua".[3] Realmente Freud cita na mesma carta também seu medo de viajar, mas permanece obscura a ligação que ele quis estabelecer entre esse medo e o incidente, no qual viu a mãe nua.

Todas essas interpretações devem trazer um pouco de verdade. Mas elas negligenciam em larga medida o fato de que o medo de viajar de Freud se manifestava principalmente num medo de viajar de trem. E na segunda metade do século XIX, o perigo das viagens ferroviárias era discutido à exaustão. Publicações intituladas "The Influence of Railway Travelling on Public Health", a afirmação de que viajar de trem levava a um dano microscópico da medula, o assim chamado "railway spine", também a neuroses traumáticas, e, não menos importante, as notícias sobre os acidentes ferroviários levavam muitas pessoas a posturas céticas.[4] Tudo indica que Freud também não foi poupado por um tal medo. Antes de suas férias de verão de 1897, ele escreveu a Wilhelm Fließ: "Martha já está muito contente com a viagem, embora as notícias diárias sobre acidentes ferroviários não façam com que um casal de pai e mãe de família tenham muita vontade para isso.

---

[1] Freud (1985c), p. 430.
[2] Jones (2960-1962), vol. 1, p. 31.
[3] Freud (1985c), p. 288; cf. Schur (1973), p. 149.
[4] Cf. p. ex. B. Schivelbusch (1979).

Lembrar que Wilhelm e Ida [mulher de Flieβ] também estão em trânsito me arrancou do medo do próximo acidente de trem".[1] Três meses e meio depois, Freud comentou com Flieβ que tinha superado seu medo de viajar. Esse momento coincide com o início da auto-análise, o que corrobora a tese de Jones e a própria insinuação de Freud de que ele teria conseguido se libertar do medo de viajar por meio da auto-análise.

3. *Alexander (1866-1954), irmão de Freud, em meados dos anos 1890.*

Entretanto, há circunstâncias externas que podem possivelmente ter contribuído para a superação de seu medo de viajar, mesmo sem que ele estivesse consciente disso. É naquele mesmo ano, 1897, Alexander, irmão de Freud e seu constante companheiro de viagem, mais se ocupa com o aparato ferroviário na Áustria-Hungria.

Alexander Freud organizou um "Catálogo de estações ferroviárias das estações de trem e de comunicação postal da Áustria-Hungria",[2] (editora Artaria) que continha todas as estações abertas para o transporte de pessoas e cargas e dados sobre sua situação política e suas superiores instâncias administrativas ferroviárias.

---

[1] Freud (1985c), p. 282.
[2] A. Freud (1897).

4. Catálogo de estações ferroviárias organizado por Alexander Freud.

Apenas um *insider* estaria em condições de montar um catálogo tão exaustivo, e podemos partir do pressuposto de que Alexander tinha uma opinião objetiva em relação ao caráter nocivo e aos perigos dos deslocamentos ferroviários. E visto ser impossível que o medo de Freud das viagens de trem tenha lhe passado despercebido, ele certamente tentou contribuir para sua eliminação. Entretanto, isso foi bastante demorado, visto que em setembro de 1899 Freud escreve de "um trânsito ferroviário muito precário e não inofensivo".[1] Entretanto, seu medo nunca o impediu realmente de realizar uma viagem programada. Trata-se de outra questão saber por que ele não realizou, durante tanto tempo, determinados desejos como a visita a Roma.

---

[1] Freud (1985c), p. 408.

5. *Martha (1861-1951), mulher de Freud, por volta de 1912.*

E o conhecimento adquirido pelas viagens também tinha grande importância para Freud. Em 1875, ano de sua primeira viagem à Inglaterra, ele comprou um livro intitulado *Anleitung zu wissenschaftlichen Beobachtung auf Reisen* [Orientação para observações científicas em viagens].[1] E vinte anos depois, ele escreveu à mulher Martha: "As muitas coisas bonitas que vimos ainda darão outros frutos, sabe-se lá quais".

Para Freud, as viagens de verão eram o ponto alto de cada ano. Ele sempre se preparava de maneira longa e minuciosa para elas, considerando diversas variantes. Em geral, ele passava parte do verão com sua família numa localidade nos Alpes. Em seguida, separava-se da mulher Martha, das três filhas Mathilde (1887-1978), Sophie (1893-1920), Anna (1895-1982) e os três filhos Jean-Martin (1889-1967), Oliver (1891-1969)

---

[1] Neumeyer (1875). Lemos na Introdução: "Nosso livro chega à público agora sob circunstâncias favoráveis. Toda a direção de nosso tempo, principalmente as inúmeras viagens de pesquisa iniciadas pelas academias da Alemanha e da Áustria-Hungria [...] justificam essa suposição". (p. VI)

e Ernst (1892-1970) para uma extensa viagem, em geral pela Itália. Nessas viagens, ele era acompanhado geralmente pelo irmão Alexander ou a cunhada Minna, às vezes também por Sándor Ferenczi e raramente pela mulher Martha. Quando os filhos cresceram, Freud lhes escrevia em trânsito, às vezes uma série de cartões postais com texto contínuo, cada um endereçado a um filho.

A preparação para essas viagens tinha vários aspectos. Primeiro a localidade nos Alpes tinha de ser escolhida. Alexander ajudava nisso com frequência. Em Pentecostes de 1901, eles procuraram por um lugar para passar o verão em Voralberg [estado da Áustria mais a leste] e em 1905, o passeio de Páscoa a Renon [sul do Tirol] e a Val Gardena [nas montanhas Dolomitas] tinha sido dedicado a esse objetivo. Mas a família acabou passando o verão de 1905 não no sul do Tirol, mas em Altaussee [pequena cidade mais ao centro da Áustria]. Talvez Sigmund e Alexander tivessem prestado atenção a Klobenstein durante suas pesquisas, onde os Freud festejaram suas bodas de prata em setembro de 1911. Ferenczi também ajudou uma vez na procura por um lugar para passar o verão.

Outro ponto do planejamento da viagem era a determinação da rota, as datas e as conexões mais favoráveis. Nos primeiros anos, entre 1895 e 1905, Alexander era o homem certo para a parte técnica das viagens. Graças ao seu trabalho como redator do catálogo geral de tarifas e do catálogo das estações ferroviárias,[1] ele dispunha de ótimas informações sobre a malha ferroviária, horários de viagens e preços.[2] Mais tarde, Oliver, filho de Freud e engenheiro como Alexander, assumiu essa tarefa.

A parte mais importante da preparação da viagem, no que diz respeito ao conteúdo, era o estudo dos manuais de viagem e da bibliografia sobre regiões e cidades que se pretendia visitar. Esse era o domínio de Freud. Ele se preparava de maneira muito minuciosa para a visita a locais da Antiguidade Clássica, principalmente Roma, Pompeia e Paestum. Já

---

[1] A. Freud (1897).
[2] Segundo Freud, Alexander era "a primeira autoridade do sistema tarifário austríaco"; Freud (1985c), p. 421.

em abril de 1897, ou seja, bons cinco anos antes de Freud conseguir visitar Pompeia, ele confessa a Flieβ que está estudando as ruas de Pompeia nas horas vagas.[1] Duas semanas mais tarde ele teve um sonho em que a palavra "via" apareceu: "Via (ruas de Pompeia, que estou estudando), [...] ou seja, nossas conversas de viagens".[2] E em maio de 1901, ele escreve: "Um cesto de orquídeas me faz lembrar do esplendor e do calor do sol, um pedaço de parede de Pompeia com centauro e fauno me leva à desejada Itália".[3] Suas informações sobre Pompeia são coletadas principalmente das seguintes obras:

6. *Minna Bernays (1865-1941), cunhada de Freud, por volta da época da última viagem que fizeram juntos juntos, em 1913.*

Johannes Overbeck: *Pompeji in seinen Gebäuden, Alterthümern und Kunstwerken dargestellt* [Pompeia apresentada por seus edifícios, antiguidades e obras de arte]. 4ª ed. Leipzig: Engelmann, 1884.

---

[1] Freud (1985c), p. 250.
[2] Freud (1985c), p. 251.
[3] Freud (1985c), p. 484.

Carl Weichardt: *Pompeji vor der Zerstörung. Reconstructionen der Tempel und ihrer Umgebung* [Pompeia antes da destruição. Reconstruções dos templos e seus arredores]. Leipzig: Koehler, 1987.

August Mau: *Pompeji in Leben und Kunst* [Pompeia em vida e obra]. Leipzig: Engelmann, 1900.

Freud parece ter lido de maneira minuciosa principalmente o livro de Overbeck. Supostamente ele também estudou as ruas de Pompeia a partir do grande mapa anexado à publicação. Além disso, o segundo capítulo da parte principal enfatizava as "ruas e praças de Pompeia".

Mas Freud dedicou mais tempo aos preparativos de suas viagens a Roma do que a Pompeia. Evidente que aqui sua "nostalgia neurótica por Roma"[1] exercia um papel importante. Essa nostalgia se tornou tão torturante no final dos anos 1890 que, em suas horas livres, Freud mal conseguia fazer outra coisa "além de estudar a topografia de Roma".[2] As melhores condições para tal eram oferecidas pelo terceiro volume de *Handbuchs der klassischen Altertums-Wissenschaft*,[3] [Manual da antiguidade clássica] obra em nove volumes organizada por Iwan Müller, da qual Freud dispunha. A terceira parte desse volume era composta por uma "Topografia da cidade de Roma", de autoria de Otto Richter. Mas Freud também podia consultar mais outras trinta monografias sobre Roma, entre elas obras gerais como *Vom alten Rom* [Roma antiga],[4] de Eugen Petersen, mas também publicações específicas como o relato de Christian Huelsen sobre *Die neuesten Ausgrabungen auf dem Forum Romanum* [As mais novas escavações no Fórum Romano].[5]

Claro que Freud não podia viajar com uma pilha de livros. Por isso, ele escolhia o *Baedeker* como guia de viagem de bolso, já naquela época o mais renomado do mundo. Em setembro de 1905, ele escreveu de

---

[1] Freud (1985c), p. 30.
[2] Freud (1985c), p. 363.
[3] Müller (1887-1890).
[4] Petersen (1989).
[5] Huelsen (1905).

Rapallo para Alexander, que até então o acompanhara em oito viagens: "Não damos conta de fazer nada, o sol celestial e o mar divino – Apolo e Poseidon – são inimigos de todas as tarefas. Percebo que aquilo que ainda permanece em nós foi aquele pouco de obrigação séria, com o Baedeker na mão, de verificar novos lugares, museus, palácios, ruínas [...]".[1] Infelizmente os Baedeker que Freud levava nas viagens não se mantiveram entre os volumes de sua biblioteca. É possivel também que eles fossem do irmão Alexander.

Ernst Jones escreve em sua bibliografia sobre Freud: "Freud viajava, sem dúvida, de maneira bastante modesta. Ele se satisfazia, essencialmente, com hospedarias simples e charretes de correio".[2] Mas muitos dos hotéis em que Freud pernoitava eram tudo menos casas simples, e sim estabelecimentos de primeira classe, hotéis grandes e luxuosos (Eden em Roma, Bristol-Britannia em Veneza, Continental des Etrangers em Gênova, Hotel des Alpes em San Martino di Castrozza). E ele andava muito raramente com a charrete de correio, até por ela não ser mais barata que o trem de passageiros de terceira classe. Desde cerca de 1897 Freud não tinha mais necessidade de ser especialmente econômico nas viagens. No final do século XIX, 15 a 25 liras por dia eram suficientes para uma viagem pela Itália; em estadias mais prolongadas numa localidade, 10 a 12 liras. Embora seu consultório, nos anos 1890, passasse por grandes oscilações, desde 1896 ele ganhava cerca de 70 e 100 gulden, o que correspondia a cerca de 200 liras. Dessa maneira, Freud podia financiar quase uma viagem de duas semanas pela Itália com a receita de um dia de trabalho.[3] Mesmo levando em conta que ele fumava muito (um Havana custava entre 25 e 60 centesimi, um Virginia entre 8 e 18 centesimi) e que gastava diariamente de 1 a 2 liras em cartas, cartões postais ou telegramas, desde o final dos anos 1890 ele pro-

---

[1] Freud (1960a), p. 256; cf. também p. 209 neste livro

[2] Jones (1960-1962), vol. 1, p. 392.

[3] Em fevereiro de 1897, Freud escreve a Flieβ: "Uma semana passada foi de 700 fl, p. ex.; não se ganha isso do nada. Enriquecer deve ser muito difícil"; Freud (1985c), p. 244.

vavelmente não deve ter vivido de maneira espartana em trânsito ou até renunciado a alguma viagem por motivos financeiros.

No que diz respeito às viagens em si, seu transcurso já foi mencionado. Em agosto e setembro, quando a família tirava férias num local determinado, Freud se separava dela por até quatro semanas e seguia com um companheiro de viagem até o sul. Seu dia era incrivelmente corrido, de modo que a cunhada Minna afirmou que o ideal de férias de Freud era passar cada dia numa localidade diferente.[1] Seu aluno Hanns Sachs também escreve que "os acompanhantes de suas viagens [...] se queixavam de que ele os exauria".[2]

Freud tinha uma extraordinária capacidade de captação e retinha na memória uma quantidade incomum de detalhes de suas viagens. O seu diário de viagens – infelizmente não encontrado até hoje – com certeza ajudava-o nisso.[3] Para Freud, era importante que o transcorrer externo das viagens se diferenciasse da vida em Viena: rápidas trocas de lugares em oposição à imobilidade do contexto vienense e dias passados sem família e rituais preestabelecidos. Em março de 1900, depois de catorze anos de casamento e uma prática profissional igualmente longa, ele escreveu a Fließ sobre o planejamento de uma excursão de Páscoa com Alexander: "Hoje, em três semanas, se não houver nenhum incidente nesse meio tempo, vamos partir, viver por quatro dias como estudantes e turistas, assim como sempre fazemos".[4]

Mesmo se as viagens representassem uma espécie de fuga, em hipótese alguma era uma fuga de seu mundo interior – muito pelo contrário: ele sempre buscava nas viagens incrementos a suas teorias, e alguns de seus trabalhos ou partes deles foram concebidos longe de casa. Assim, o famoso ato falho de Freud, ao se esquecer do nome de Signorelli, está ligado a duas

---

[1] Jones (19560-1962), vol. 1. p. 387.
[2] Sachs (1982), p. 99 e segs.
[3] Cf. Freud (1900a), p. 173.
[4] Freud (1985c), p. 446.

de suas viagens: ele viu os afrescos desse grande pintor na catedral de Orvieto pela primeira vez em setembro de 1897 durante sua segunda grande viagem à Itália, e o distúrbio de memória aconteceu um ano mais tarde, numa viagem de carro de Ragusa (hoje Dubrovnik) à Herzegovina. Ele trata longamente desse exemplo de esquecimento de nome no ensaio "O mecanismo psíquico do esquecimento"[1] e em *Sobre a psicopatologia da vida cotidiana*.[2] Numa edição posterior desse último texto, há mais um capítulo sobre o esquecimento, dessa vez de um nome geográfico – o da cidade italiana de Castelvetrano. Nesse ponto, Freud fala de dois homens, um mais velho e outro mais jovem, "que há seis meses viajaram juntos à Sicília".[3] Ele havia visitado a Sicília com Sándor Ferenczi em setembro de 1910.

Em *A interpretação dos sonhos*, Freud apresenta uma série de sonhos com Roma, "que têm como base o desejo de ir a Roma".[4] Nesse contexto, ele analisa a causa desse desejo e os motivos por não ter avançado muito além do lago Trasimeno em suas primeiras viagens à Itália, entre 1895 e 1900. Ele os enxerga numa identificação com Aníbal, o herói predileto de seus anos de ginásio, a quem não foi concedido tomar Roma: "Aníbal e Roma simbolizam ao jovem a oposição entre a tenacidade do judaísmo e a organização da Igreja católica. Desde então, o significado do movimento antissemita para nossa vida sentimental ajudou na fixação dos pensamentos e das sensações daqueles primeiros tempos. Dessa maneira, o desejo de ir a Roma, tornado pretexto e símbolo para outros desejos ardentemente desejados na vida onírica, em cuja concretização gostaríamos de trabalhar com a perseverança e o caráter ilimitado da punição e cuja efetivação por vezes é tão pouco favorecida pelo destino quanto o desejo de Aníbal de entrar em Roma".[5]

---

[1] Freud (1898b).
[2] Freud (1901b).
[3] Freud (1901b), p. 34.
[4] Freud (1900a), p. 199.
[5] Freud (1900a), p. 203.

Freud, porém, não parou nessa interpretação. Ele foi em frente e incluiu a relação com seu pai no complexo problemático: por volta dos dez anos, quando Freud soube pelo pai como este tinha sido humilhado por um cristão e não se defendeu, o garoto confrontou essa situação "com outra, que, na minha percepção, era mais adequada, a cena na qual o pai de Aníbal, Amílcar Barca, faz o filho jurar diante do altar doméstico que se vingará dos romanos. Desde então, Aníbal tinha um espaço em minhas fantasias".[1] Aníbal não conseguiu manter seu juramento, mas, depois de seus avanços em 1901, Freud foi seis vezes a Roma.

As viagens de Freud tinham também um lado culinário; foram principalmente suas estadias na Itália que fizeram com que ele se tornasse um especialista em vinhos. O "vino santo" do sul do Tirol era considerado por ele "saboroso"; o vinho do Tivoli, por sua vez, era comparado com o gosto de permanganato de potássio. Ele se alegrava ao ser "hospedado e alimentado divinamente", e parecia possuir a capacidade de ampliar o aspecto hedonista de suas viagens por meio de alegrias gastronômicas.

Freud raramente viajava sozinho. Seus principais companheiros eram o irmão Alexander, a cunhada Minna e Sándor Ferenczi.

Além disso, sua filha Anna acompanhou-o em duas viagens (março de 1913 para Veneza e setembro de 1923 para Roma); os feriados de Páscoa de 1914 foram passados com Otto Rank na ilha Brioni e em 1897 ele levara até a Umbria e a Toscana, além de Alexander, Felix Gattel. Van Emden e van Ophuijsen acompanharam-no por um *tour* pela Holanda no verão de 1920.

Para Freud, seu companheiro de viagem tinha excepcional importância, e as cartas para Fließ mostram o quanto ele investia nessa escolha, sempre justificada de maneira bem detalhada. A substituição mais imediata para o caso de Alexander não poder viajar era a mulher de Freud, Martha. Em setembro de 1895, Freud passou duas semanas com a família em Lovrana, na Ístria, supostamente com pouco entusiasmo. "Estou indo sem vontade para Lovrana, mas Martha, que raramente deseja alguma

---

[1] Freud (1900a), p. 203 e segs.

Os principais companheiros de viagem

		ALEXANDER	MINNA	MARTHA	FERENCZI
Agosto	1895	Veneza			
Setembro	1896	Florença			
Agosto	1897			Veneza	
Setembro	1897	Toscana			
Páscoa	1898	Aquileja			
Agosto	1898		Norte da Itália/Suíça		
Setembro	1898			Dalmácia	
Setembro	1900		Sul do Tirol	Sul do Tirol	
Pentecostes	1901	Vorarlberg			
Setembro	1901	Roma			
Agosto/Setembro	1902	Roma/Nápoles			
Agosto	1903		Sul do Tirol		
Agosto/Setembro	1904	Atenas			
Páscoa	1905	Sul do Tirol			
Setembro	1905		Norte da Itália		
Setembro	1907		Roma		
Setembro	1908		Sul do Tirol		
Setembro	1910				Roma/Sicília
Páscoa	1911				Sul do Tirol
Páscoa	1912				ilha de Arbe
Setembro	1912				Roma
Setembro	1913		Roma		

coisa, dessa vez faz questão da viagem [...]".[1] Na realidade, não se tratava de uma viagem, mas antes uma temporada de férias numa localidade definida. Em agosto de 1897 ele viajou pela primeira vez com a mulher para o exterior; o destino era Veneza. Nesse contexto, Fließ é comunicado do seguinte: "Em 26/27 começam as férias de meu irmão e, assim, a viagem de três semanas pela Itália. Dessa vez, Martha deve conhecer Veneza sem maiores delongas, a primeira ideia era de que as viagens seriam combinadas. Mas uma mulher cumpre com tanta dificuldade o cronograma geral; especialmente por sua causa tenho de partir oito dias antes, no mais tardar nos dias 21 ou 22, a fim de viajarmos sozinhos e mandá-la de volta antes de 1º de setembro".[2] Na próxima carta, depois de um novo estabelecimento de datas, Freud constata: "Está claro que essas combinações foram fixadas pelo incômodo de Martha por volta de 1º de setembro e pela viagem de meu irmão, e que temos de organizar nossos planos a partir disso, por causa da falta de outros pontos de apoio".[3] Em agosto de 1898, durante a segunda viagem mais extensa com Martha, para a Dalmácia, Freud teve de prolongar a estadia em Ragusa (Dubrovnik) por causa de um distúrbio estomacal, e em setembro de 1900 ele viajou com ela pela última vez. Sobre o planejamento dessa viagem, ele escreve: "Em agosto, passarei provavelmente uma semana com minha mulher em Trafoi e tenho de evitar o período em que ela não estiver disponível".[4] Supostamente os incômodos de Martha com a menstruação constituíam-se num grande problema para as viagens em conjunto. O planejamento e a realização dependiam muito disso. E graças ao seu distúrbio estomacal em Ragusa, ela foi poupada de uma cansativa viagem de carro até a Herzegovina. Seja lá qual for o motivo, a partir de 1900 Martha não constava mais entre os companheiros de viagem.

---

[1] Freud (1985c), p. 90.
[2] Freud (1985c), p. 277.
[3] Freud (1985c), p. 278.
[4] Freud (1985c), p. 461 e segs.

7. Com a filha Anna nas montanhas Dolomitas (1913).

O lugar dela foi tomado por sua irmã, Minna Bernays. A primeira viagem de Freud com a cunhada foi em 1898. Na grande viagem pelo sul do Tirol, em agosto de 1900, ele foi acompanhado primeiro por Martha e, posteriormente, por Minna. Freud parece ter esperado muito por ela, pois escreveu a Fließ: "Finalmente [...] veio a rendição; estou me referindo a Minna [...]".[1] Seguiram-se cinco viagens em conjunto. Além disso, Freud passou pelo menos quatro temporadas em estâncias hidrominerais com a cunhada. É patente que Martha não valorizava muito as viagens de verão com o marido e esse, por sua vez, preferia Minna como companheira de viagens e de conversas. Se, para além disso, Freud mantinha relacionamentos mais íntimos com Minna – como Jung afirmava,[2] ou

---

[1] Freud (1985c), p. 465.
[2] Cf. Billinsky (1969).

como Swales[1] tenta mostrar – não está comprovado. Embora as viagens conjuntas oferecessem oportunidades suficientes, elas não se constituem por si em indícios para um "relacionamento". Entre 1910 e 1912, Sándor Ferenczi foi o único companheiro de viagem de Freud. Ambos os homens se conheciam desde 1908 e criaram uma forte ligação de amizade que tinha o caráter de uma relação pai-filho.

Depois de velho e de ter passado por muitas operações de câncer, Freud percebeu a psicodinâmica de seu ímpeto de viajar. Na última frase de sua carta a Romain Rolland em 1936, ele aponta para a conexão entre sua relação com o pai, sua própria doença e a idade avançada: "E agora o senhor certamente não irá se espantar que a lembrança da experiência em Acrópolis me traz tanta nostalgia, desde que eu fiquei velho e tenho limitações e não posso mais viajar."[2]

---

[1] Swales (1982, 1998).
[2] Freud (1936a), p. 293.

Correspondência de viagem

Veneza

23 de agosto a 2 de setembro de 1895

No verão de 1895, Freud decidiu pela primeira vez viajar apenas por prazer. Seus acompanhantes lhe eram extremamente importantes, e ele justificava sua decisão sempre de maneira bem detalhada. Assim sendo, em 16 de agosto de 1895 Freud escreveu a Wilhem Fließ, amigo de Berlim: "Viajo entre os dias 22 e 24 para Veneza com meu irmão menor e, por isso, infelizmente [...] não posso estar ao mesmo tempo em Oberhof. Meu motivo para *tal* decisão, já que eu tinha de me decidir por *um deles*, era a preocupação com o garoto, que divide comigo a responsabilidade por dois velhos, assim como pelas mulheres e crianças. Trata-se de um neurastênico muito torturado, que escapa demais de minha influência, e fiz um trato com ele: minha companhia em Veneza será quitada pelo acompanhamento dele até Berlim. Para mim, é quase mais importante que você *o* acolha do que *me* acolha."[1]

---

[1] Freud (1985c), p. 138.

Essa preocupação se manteve também mais tarde. Em fevereiro de 1900, Freud escreveu: "Meu irmão, cuja posição como especialista só faz crescer e que é citado em todas as enquetes etc. como homem de confiança do governo, já percebe que tudo é apenas exploração. Ele não vai receber nem ao menos o título de professor, que mereceu como palestrante na academia de exportação, e o cargo no funcionalismo público também não vai dar em nada. Afinal, na Áustria tudo é austríaco. Ele se mata de trabalhar e você conhece minhas preocupações quanto ao seu futuro. Atualmente ele está com 34 anos".[1]

Entretanto, outras considerações foram levadas em conta na escolha de Alexander como o primeiro e mais constante acompanhante. Ele era "o colega de viagem mais barato e mais próximo"[2] e, além disso, especialista no campo dos transportes e das tarifas, de maneira que Freud estava na melhor companhia possível em relação ao transcurso organizacional de suas viagens. Assim, Freud unia o útil ao agradável, de um lado exercendo sua influência sobre Alexander e, por outro, aproveitando as vantagens oferecidas pelos conhecimentos do irmão.

Durante esse verão e também durante a viagem dos irmãos para Veneza, a mulher de Freud ficou no "Bellevue", em Kobenzl (Viena). Esse imóvel era de propriedade da família Ritter von Schlag; foi lá que Freud tivera o "sonho da injeção de Irma" que se tornou exemplo paradigmático de sua obra central *A interpretação dos sonhos*.[3] Com a sensação de ter feito uma grande descoberta, cinco anos mais tarde ele escreveu a Wilhelm Fließ: "Você acha que algum dia haverá no imóvel uma placa de mármore com os dizeres: 'Aqui o dr. Sigm. Freud desvendou, em 24 de julho de 1895, o significado dos sonhos'? até agora, a probabilidade disso acontecer é pequena".[4]

---

[1] Freud (1985c), p. 439.
[2] Freud (1985c), p. 442.
[3] Freud (1900a), pp. 111-126.
[4] Freud (1985c), p. 458.

8. Casa Kirsch, atual Hotel Metropole.

25 de agosto de 1895
Cartão-postal de Veneza para Martha Freud

Domingo, 25.8. 8h da manhã
Casa Kirsch
Riva Degli Schiavoni

Coisa engraçada, totalmente maluca, tenho de mostrar-lhe no próximo ano, se ainda estiver de pé. Nenhuma foto e nenhuma descrição consegue substituir isso. Tomaremos café em S. Marco e depois iremos ao banho. A viagem noturna foi maravilhosa. Mais à tarde, quando eu estiver mais composto. Lembranças cordiais.

Seu Sigm

Para ti e todos os pequenos e a sra. dra. B [ardas][1]

---

[1] Conhecida dos Freuds.

9. Canal em Veneza; foto comprada por Freud.

26 DE AGOSTO DE 1895
CARTÃO-POSTAL DE VENEZA PARA MARTHA FREUD

MANHÃ DE SEGUNDA

Ontem ainda as coisas mais inacreditáveis, como um passeio de gôndola à noite pelos canais laterais e Canale Grande. Camas maravilhosas. Zanzare[1] pediram desculpas. Hoje saudamos um dia após uma noite de chuva. Interessante que ontem Alex arrancou por 5 vezes 1 lira dos embusteiros. Resumindo, tudo muito curioso e divertido. Lembranças cordiais a todos, espero receber notícias em breve.

Sigm

---

[1] Mosquitos.

27 DE AGOSTO DE 1895
CARTÃO DE VENEZA PARA MARTHA FREUD
PARCIALMENTE PUBLICADO EM: FREUD (1960A), P. 243
CARTÃO TIMBRADO DE FREUD[1]

MANHÃ DE TERÇA, A BORDO PARA LIDO

MEU QUERIDO TESOURO,
É claro que você não receberá muitas descrições. Não dá para tanto nesse estado de êxtase que Veneza coloca a todos nós. Estamos muito bem e passamos o dia andando a pé, nos deslocando, olhando, comendo e bebendo. Cedo sempre ao Lido, 20 min. a fim de nadar no mar, sentir a areia maravilhosa nos pés. Ontem o dia foi frio e o mar, movimentado; hoje começa quente. Ontem subimos a torre de S. Marco, percorremos a cidade a partir de Rialto, o que permite ver as coisas mais interessantes, visitamos uma igreja Frari[2] e a Scuola S. Rocco,[3] apreciamos Tintorettos, Tizianos e Canovas até nos fartarmos, fomos 4 vezes ao Café Quadri na praça, escrevemos cartas, entabulamos tratativas para compras e os 2 dias se parecem meio ano. Claro que já estou muito ansioso para ouvir notícias de vocês. Única carta de Minna poste rest.[4] Espero que você e todos os pequenos estejam muito bem. Testolini ficou com a pulseira.[5]

Lembranças cordiais,
seu Sigm

---

[1] O cabeçalho do cartão timbrado é o seguinte: Dr. Sigmund Freud / IX. Berggasse 19/ ord. 3-5ʰ.

[2] Basílica gótica de tijolos, na verdade Santa Maria Gloriosa dei Frari, a maior igreja de Veneza depois da basílica de São Marcos. Na nave esquerda encontra-se o túmulo de Antonio Canovas, na direita um monumento a Ticiano e no altar principal, o mais importante de seus primeiros quadros, "Assunção". Além disso, o túmulo de Monteverdi fica em uma capela lateral e no transepto à direita, a estátua de João Batista, de Donatello.

[3] Casa da confraternidade de São Rocco; construída no século XVI, abriga a principal coleção de pinturas de Tintoretto, entre elas "A fuga do Egito" e muitas pinturas nas paredes e no teto.

[4] *Poste restante*, isto é, posta restante.

[5] Esta frase não foi publicada em Freud (1960a); provavelmente trata-se do comerciante de arte Marco Testolini.

10. *A Assunção da Virgem, de Ticiano, na Santa Maria Gloriosa dei Frari.*

28 de agosto de 1895
Cartão-postal de Veneza para Martha Freud[1]

Manhã de quarta
6h.

Não aponta insônia, mas uma excursão para Chioggia. Escrevo junto à janela com a mais linda vista de S. Maria della Salute[2] e S. Giorgio Ma-

---

[1] No mesmo dia 28 Freud escreveu de Veneza para Wilhelm Fließ e anunciou sua visita a Berlim no dia 4. 9; publicada em Freud (1985c), p. 140.

[2] A igreja foi erguida no século XVII sobre uma fundação de mais de um milhão de estacas de madeira em memória de uma epidemia de peste que contabilizou 40 mil vítimas mortais. Ela está situada na saída do Canale Grande, não distante da Casa Kirsch.

ggiore.[1] – Muito obrigado por seu telegrama de ontem, espero hoje a carta ali prevista, não tenho nada contra ter anunciadas boas novas antes de passados 4 dias. Ontem estivemos em Murano,[2] onde ficam as fábricas de vidro. Agradeça a Alex caso eu *não* te traga as coisas mais lindas, como as de há 250 anos, datados da guerra dos 30 anos, pelo menos. Pensamos em sair daqui no sábado à noite (?), é que ainda falta a lua[3].

As mais cordiais lembranças [a] ti, aos pequenos, sra. dra. Bardas e sra. v. Schlag[4]

Seu Sigm

29 DE AGOSTO DE 1895
CARTÃO DE VENEZA PARA MARTHA FREUD
CARTÃO TIMBRADO DE FREUD

MANHÃ DE QUINTA

MEU QUERIDO TESOURO

Acabo de encontrar sua segunda carta na fresta da porta. Agradeço de muito grado a compensação. A saudade de você e dos pequenos foi abafada nos primeiros dias pelas novas impressões; mas certamente não é sua supressão a causa de nosso bem-estar, mas Veneza. Você mal nos reconheceria, nada cansados, nada sérios; rimos e nos divertimos como

---

[1] A igreja, construída entre 1566 e 1610 por Andrea Palladino, fica numa ilha em frente ao lugar onde Freud estava hospedado.

[2] Ilha ao norte de Veneza, desde 1929 sede da indústria de vidro. Freud comprou uma "lembrancinha de vidro" para Ida Fließ; cf. Freud (1985c), p. 140.

[3] Para Freud, a lua tinha sempre um papel especial. Certa vez, ele escreveu ao amigo de juventude Eduard Silberstein: "Ainda amo [...] viver em consonância com as fases da lua e começo um livro novo ou um novo assunto ou um novo método de preferência no início de uma nova semana, se possível de um novo mês". Freud (1989a), p. 100.

[4] Mulher do proprietário do "Bellevue".

dois colegiais em férias. Que estejamos nos dando maravilhosamente também não é desagradável. Você não vai querer descrições daqui.

A partir de uma alusão, concluo que a bravura de Oli resistiu não por alegria. No mais, as histórias dele são sempre muito bonitas.

Ontem, o dia inteiro em Chioggia[1] e Sottomarina[2]. Hoje provavelmente igrejas e quadros. O tempo das compras também se aproxima. Então, logo chegará o fim. Não consigo mais esperar pela resposta a esta carta. Um espelho veneziano já foi despachado para você. Informamos nossos horários por telegrama. Estou tendendo a adiar, a lua cresce a olhos vistos.

As mais cordiais lembranças e beijos a ti, todos os pequenos e a senhora dra. Bardas.

Seu Sigm

ALEXANDER MANDA LEMBRANÇAS

29 DE AGOSTO DE 1895
CARTÃO-POSTAL DE VENEZA PARA MARTHA FREUD

QUINTA-FEIRA
29.8.95

MEU QUERIDO TESOURO,

Hoje está desumanamente quente, de modo que dormimos e perdemos a hora do nosso programa. São 5h, Alexander está deitado desde as 3h. A luz maravilhosa quase compensa isso. Queremos partir no domingo, ainda não vimos tantas coisas. Estaremos segunda em Viena[3] e viaja-

---

[1] Pequena cidade insular a 30km ao sul de Veneza com grande porto e lindas vielas.
[2] Localidade menor, situada antes de Chioggia, com praia própria para banhos.
[3] 01.09 partindo de Veneza 14h10, 02.09 chegando na estação oeste de Viena 7h50 (*Cook's Welt-Reise-Zeitung*, ano 6, n. 8, agosto de 1895).

mos terça à noite [para] Berlim.[1] Mais por telegrama. Terça à tarde ainda posso ver Minna. Peço 12x ao dia que você estivesse aqui, é inacreditável. As mais cordiais lembranças [a] todos os pequenos

Seu Sigm

30 DE AGOSTO DE 1895
CARTÃO-POSTAL DE VENEZA PARA MARTHA FREUD

MANHÃ DE SEXTA-FEIRA
30.8.95

MEU QUERIDO TESOURO,
Acabo de receber seu cartão de quarta, agradeço pela recém-descoberta característica de um excelente correspondente. Deve estar quente no mundo inteiro agora,[2] na água e nos canais laterais está bem suportável. Mas estamos muito elegantes. Programação de hoje: mercado de peixes, compras, 2 igrejas e a Giudecca (uma ilha).[3] À tarde, banho, à noite, gôndola no Canale Grande. Comprei mais um guarda-fogo veneziano para você, igual ao que vi em Biach. Tudo é ridiculamente barato. Com as mais cordiais lembranças a ti, a todos os pequenos e à sra. dra. Bardas.

Seu Sigm
A PULSEIRA JÁ FOI REQUISITADA.[4]

---

[1] De 4 a 13.09, Freud e Alexander visitam Wilhelm Fließ em Berlim; Freud passa por diversas operações no nariz conduzidas por Fließ; *Freud* (1985c), p. 180 e segs.; Sigmund Freud – Martha Freud, 5-10.09.1895 (Freud Archives, Livraria do Congresso, divisão de manuscritos, a seguir LoC).

[2] Na Europa, as temperaturas realmente estavam quase três graus acima da média de vários anos.

[3] Ilha situada ao sul de Veneza, que recebeu seu nome dos judeus que lá moravam no início da Idade Média.

[4] Cf. cartão de 27.08.1895 neste volume.

11. Vista do quarto de Freud na casa Kirsch.

12. Rota de viagem de 1896.

Toscana

30 de agosto a 11 de setembro de 1896

Em junho de 1896, o pai de Freud adoeceu gravemente. Freud aguardava por sua morte e por essa razão não queria se afastar muito de Viena. Ele desmarcou encontros com Wilhelm Fließ por duas vezes.[1] Mais tarde, decidiu viajar até sua família em Aussee, onde esteve desde o dia 26 de julho. Ao mesmo tempo, muitas personalidades estavam presentes em Aussee nesse verão: Hugo von Hofmannstahl, Theodor Herzl, Karl Lueger, Karl Kautsky, Karl Kraus.

No começo de agosto, Freud foi de Aussee até Salzburg, subiu a montanha Schafberg e fez alguns passeios com seus filhos até Hallstatt e Ercherntal; visitou a garganta Lichtenstein e atravessou a pé o vale Kapruner.[2] De 26 a 29 de agosto ele acabou se encontrando com Wilhelm Fließ

---

[1] Freud (1985c), p. 203 e seg., 205 e seg. O pai de Freud, Jacob, morreu em 23 de outubro de 1896 aos quase 81 anos.

[2] Em relação a essa estadia de verão, cf. entre outros Jones (1960-1962), vol 1, p. 386 e segs., Freud (1985c), p. 206, 208; Freud (1900a), p. 146; Swales (1986), p. 76.

em Salzburg,[1] que o presenteou com um livro de Victor Hehn sobre a Itália.[2] Freud leu-o de pronto e a simpatia do autor pelo jovem Estado nacional italiano influenciou-o. Logo após a despedida, ele escreveu a Flieβ: "O livro é realmente verdadeiro, corajoso e contém tudo o que é essencial saber do período histórico".[3]

Por outro lado, Freud empreendeu a viagem à Toscana com o irmão Alexander. As cartas disponíveis não indicam onde Alexander se juntou a ele, provavelmente em Innsbruck.

Percurso da viagem
26.8   Aussee – Salzburg
30.8   Salzburg – Steinach – Veneza
31.8   Veneza – Pádua – Bolonha
1-2.9   Bolonha
3.9   Ravenna, Faenza
4-11.9   Florença
11-12.9 Florença – Franzensfeste – Bischofshofen – Aussee

---

[1] Freud (1985c), p. 208; Sigmund Freud – Martha Freud, 26.8.1896 (LoC).
[2] Hehn (1896).
[3] Freud (1985c), p. 208.

26 de agosto de 1896

Cartão-postal de Salzburg para Martha Freud

Após maravilhosa viagem, chegamos a Salzburg sob horrorosa tempestade de granizo, passeamos agora na chuva aprazível de Salzburg. Seguindo conselho de Minna, descemos no Hôtel Nelboeck.[1] As mais cordiais lembranças [a] ti, Alex e os pequenos.

Seu Sigm

Quarta, 4h

30 de agosto de 1896

Cartão-postal de Steinach para Martha Freud

11h25

Steinach

Após as mais risíveis complicações (não encontramos o carro, Dr. Schr.[2] na estação) chegamos; avisamos que telegrafaremos assim: p. ex. "Tarde Bolonha", i.e. que a partir da tarde até o próximo telegrama estaremos em Bolonha. Este telegrama mostra onde estamos agora.

S./A.

---

[1] Não distante da estação.

[2] Possivelmente Dr. Schreiber, gerente do sanatório Alpenheim em Aussee. Freud o conhecia desde 1884, quando ele devia representar esse último, profissionalmente, por duas semanas; cf. Sigmund Freud – Martha Bernays, 3.4.1884 (LoC).

13. *Café Quadri em Veneza.*

30 DE AGOSTO DE 1896
CARTÃO-POSTAL DE VENEZA PARA MARTHA FREUD

QUADRI, S. MARCO, DOMINGO 30.8
6H TARDE

Chuva toda noite e manhã. Vivemos no confinamento de galinhas, que pareciam ter 4-6 pernas. Acabou de clarear, Veneza junto, dia lindo, todos os prazeres renovados, banho no Lido, praça de S. Marcos, a velha magia. Teremos de fazer força para ir embora. Intensa lamentação posterior, que você não a veja. Partiremos amanhã à noite ou terça cedo. Telegrafo ainda hoje e depois todos os dias – Selters significa tempo bom ou "água de chuva".

As mais cordiais lembranças
S. A.
[ACRÉSCIMO DE ALEXANDER FREUD:]
LEMBRANÇAS CORDIAIS
ALEXANDER

31 DE AGOSTO DE 1896
CARTÃO-POSTAL DE VENEZA PARA MARTHA FREUD

CITTÀ DE FIRENZE 12H30
SEGUNDA 31.8.96

Vamos hoje 2h35 para Pádua e à noite, são trechos muito curtos (2 h), até Bolonha, onde pernoitaremos e passaremos a terça 1 set. Se você escrever de pronto, receberemos uma carta na quarta, 2 set., em Ravenna, mais garantido claro é Florença 3, 4 etc. – Foi difícil convencer Alex a deixar Veneza, quase não saímos do lugar. – Choveu à noite, hoje mais fresco, mas bonito dia. Telegrafo hoje de Pádua.

Lembranças cordiais
Sigm

31 DE AGOSTO DE 1896
CARTÃO-POSTAL DE PÁDUA PARA MARTHA FREUD[1]

SEGUNDA, 8H DA NOITE , 31/8 96

Storione é um restaurante [em] Pádua,[2] onde queremos descansar depois de 4 h. de trabalho. Chegamos às 3h30, vimos monumentos, igrejas

---

[1] Em *A interpretação dos sonhos*, Freud descreve essa estadia em Pádua: "Minha primeira visita à cidade universitária foi insatisfatória, não consegui ver os afrescos de Giotto na Madonna dell'Arena e dei meia-volta no meio do trajeto até lá quando me informaram que a igrejinha estava fechada naquele dia". Freud (1900a), p. 16.

[2] Logo ao lado da universidade.

e a palmeira de Goethe,[1] o túmulo de um troiano,[2] uma praça com 82 estátuas de ouvintes famosos da universidade [3] e nos divertimos esplendidamente. 11h30 da noite para Bolonha, como anunciado por telegrama. Dia foi bonito exceto por meia hora. A igreja de S. Antonio é muitíssimo engraçada.[4] Não consegui comprar nada.

As mais cordiais saudações a todos
Sigm

Espero que vocês estejam tão bem quanto nós, aqui.

14. A catedral San Antonio, em Pádua.

---

[1] Uma *Chamaerops humilis* plantada em 1585 no mais antigo jardim botânico do mundo. Goethe inspirou-se nela durante sua estadia na Itália para escrever "A metamorfose das plantas" (1790) (*Viagem à Itália*, 27 de setembro de 1786).

[2] Segundo a lenda, Pádua foi fundada pelo ilustre troiano Antenor: assim consta em Virgílio, Tácito e Dante. Provavelmente Freud e Alexander visitaram um túmulo que se supõe ser de um troiano.

[3] Em 1775, iniciou-se a formação de um arvoredo circundado por um canal no Prato della Valle, a futura Piazza Vittorio Emanuele II. Estátuas de famosos nativos de Pádua e alunos da universidade ficam ao longo do canal; Goethe também os menciona em *Viagem à Itália*.

[4] Provavelmente refere-se aos inúmeros estilos de construção: basílica de pilastra gótica com telhado cônico sobre o cruzeiro e seis cúpulas redondas do século XV.

1 de setembro de 1896

Cartão-postal de Bolonha para Martha Freud

Bologna Tre Zucchetti
Terça-feira, 1.9.96, 12h30 pm

Restaurante, depois de descobrirmos meia cidade. Cidade maravilhosa, muito limpa, com praças e monumentos colossais. Fizemos um Museo civico,[1] Alex morto, eu lépido. O dia foi bonito, não foi quente, vinho delicioso. Aqui é uma provável oportunidade de comprar quinquilharias. Igrejas e arte aqui felizmente menos exaustivas. Já estou animado pelas torres tortas[2] e a universidade, à tarde. Ficarei aqui ainda amanhã, quarta 2/9, por isso telegrafei por notícias.

Cordiais sds.
Sigm

P.S. Comida saborosa, próxima estadia no campo em Bolonha.
PPSS Comida fabulosa.

2 de setembro de 1896

Cartão-postal de Bolonha para Martha Freud

Tre Zucchetti
2 set. hora do almoço

Ontem fiquei muito feliz com o telegrama. Vi uma igreja muito bonita e o *camposanto*,[3] comprei 2 fotos dele. Hoje vi o quadro mais bonito de

---

[1] Museu fundado em 1712 com antiguidades pré-históricas, egípcias, etruscas e celtas.
[2] Torres de tijolos com alturas de 98m (Torre Asinelli) e 47m (Torre Garisenda) erguidas para fins de defesa.
[3] Cemitério.

15. Torres em Bolonha; foto comprada por Freud.

Rafael, a Santa Cecilia.[1] Agora finalmente chove e estraga nosso passeio com programação de vista. Amanhã deve ser um dia de trabalho. Partimos cedo 5h30 para Ravena, onde há muito para se ver e nada para se comer e, à noitinha, de lá para Florença, chegada tarde. A comida aqui é quase boa. Nós realmente não suscitamos nenhuma preocupação.

As mais cordiais saudações a todos
Sigm

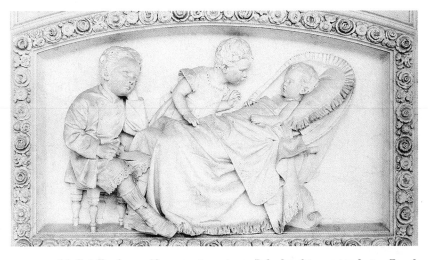

16. Detalhe de sarcófago, camposanto em Bolonha; foto comprada por Freud.

3 DE SETEMBRO DE 1896
CARTÃO-POSTAL DE RAVENNA PARA MARTHA FREUD

QUINTA-FEIRA, 11H
RAVENNA HOTEL BYRON 3.9.96[2]

Ravenna é um lugar miserável, com casebres de argila, que contêm os restos mais fantásticos da arte cristã dos séculos V-VIII e ostrogodos. Um

---

[1] O quadro se encontra na Pinacoteca.
[2] Freud escreve 3.8.

pedaço do palácio Dietrich de Berna[1] serve como muro para uma miserável casa de empregados.[2] – Acordamos às 4h, chegamos às 9h, trabalhamos até agora. Severos ataques de sede, sal na boca, nenhuma confiança no hotel. – Mas Dante foi enterrado aqui, os ostrogodos dominaram aqui, Teodorico o Grande está enterrado aqui, Justiniano está representado num mosaico,[3] 2 imperadores romanos em seus caixões,[4] Byron morou aqui por 2 anos[5] e assim esperamos estar à noite em Florença.

Sds
Sigm

17. *Entrada do palácio de Teodorico, o Grande; foto comprada por Freud.*

---

[1] Teodorico, o Grande (454-526).
[2] Freud escreve *Gesindelhaus* em vez de *Gesindehaus*.
[3] Na igreja de San Vitale.
[4] Os sarcófagos do imperador Constantino III (morto em 421) e Valentiano III (e19-455) encontram-se no mausoléu de Galla Placidia, erguido por volta de 440.
[5] 1820/21.

3 DE SETEMBRO DE 1896

CARTÃO-POSTAL DE FAENZA PARA MARTHA FREUD

FAENZA 3/9[1]
NOITE

Ravenna acabou sendo muito rica em atrações. Teodorico, Dante, amêndoas, figos da árvore junto ao túmulo de Teodorico, velhas igrejas, mosaico, uma floresta de pinheiros cantada por Dante,[2] pêssego, vinho e café se uniram numa harmonia grandiosa. Como estamos viajando desde cedo, nos satisfizemos apenas com Faenza em vez de Florença (mais 2h), onde estamos sentados na Corona.[3] – A partir de agora, evitamos hotéis alemães. Passamos por Byron. Estamos ótimos, creio que o vinho tem sua parte nisso.

Cordiais sds,
Sigm

4 DE SETEMBRO DE 1896

CARTÃO-POSTAL DE FLORENÇA PARA MARTHA FREUD

RESTAURANTE TOSKANA
SEXTA-FEIRA, 4 SET. 7H30

Ao meio-dia saímos da quieta Faenza, onde procuramos em vão comprar *fayence*,[4] depois de viagem maravilhosa, apesar de 40-50 túneis de 3-7

---

[1] Freud escreve: 3/8.

[2] *Divina comédia*, "Purgatório", canto XVIII. A citada floresta de pinheiros, "Pineta di Classe", fica próxima a Ravenna, a 5 km a sudeste de San Apollinare.

[3] Pequena hospedaria com 50 camas.

[4] Nos séculos XV e XVI, a cidade era famosa por sua faiança, cuja produção foi retomada no século XIX.

minutos de extensão, chegamos aqui mortos, descemos no centro da cidade ao lado de uma catedral gigante de mármore preto e branco, lavamos a fuligem, o que foi fácil, fomos ao correio, onde li três cartas com muita alegria, depois fomos ao restaurante com as últimas forças, passando por igrejas gigantes, estátuas no meio da rua, palácios e fortificações. Fantástico, espetáculo macabro, demasiado para um ser humano, mais amanhã.

Sds,
Sigm

18. Imagem de Justiniano na igreja San Vitale; foto comprada por Freud.

5 de setembro de 1896
Cartão-postal de Florença para Martha Freud

I Toscana
Sábado, 12h30

Recebi cartas. Meus parabéns a Minna, ele é mesmo muito avarento.[1] – Estou economizando dinheiro para vocês ao não telegrafar. Florença é de

---

[1] Conexão não esclarecida.

uma magia incrível. As preciosidades estão espalhadas pelas ruas. E Viale dei colli: pense na alameda central circundando uma colina, de ambos os lados o parque de Abbazia,[1] no meio os palácios da rua circular, e além disso, uma vista inédita da cidade e da colina. – Planejamos caminhadas pela cidade ainda hoje, Galeria apenas amanhã pela manhã. Temo que Verona caia fora.

As mais cordiais saudações,
Sigm

19. Cena de rua em Florença.

5 DE SETEMBRO DE 1896
CARTÃO-POSTAL DE FLORENÇA PARA MARTHA FREUD

II SÁBADO

Vivemos barato – quarto no centro por L 3.50 para os dois. As grandes refeições (maravilhosas), cada qual 4-5 L, ou seja, 14 L para duas

---

[1] Freud passara a primeira metade de setembro de 1894 com a família em Lovrana (Abbazia), assim podia fazer referências ao lugar para transmitir suas impressões à mulher; cf. Freud (1985c), p. 90; Freud, Martin (1957), p. 45 e segs.

TOSCANA – 63

pessoas.[1] A conversão = 6,30 fl. Claro que o dinheiro será usado para compras e entradas. A sede obriga a sorvete, café, melões, visto que água não [é de] beber. As pessoas comuns são desavergonhadas e enganadoras, o tempo não está quente, encoberto, desde nossa partida choveu meio dia. Resumindo, fantástico! Dá vergonha aproveitar isso sozinho, mas as peripécias antes foram grandes. Agora comecem a escrever seus desejos.

Cordiais sds
Sigm
Estamos sempre um pouco – do vinho

6 de setembro de 1896
Cartão-postal de Florença para Martha Freud

Domingo, 6. 9. 96

Domingo em Florença, quente e belo. Pela manhã, vimos bronzes e algumas obras-primas na Tribuna,[2] depois mais e mais túmulos famosos na igreja S. Croce.[3]

Nadamos em arte e ficamos altivos, um pouco *blasés*. Ontem foi um dia de sede terrível. Hoje à tarde, jardins de Boboli[4] e uma viagem de carro. No geral, uma correria maravilhosa, mas nada para uma dama que não esteja em viagem de núpcias e, ainda por cima, passando mal. As noites são compridas, a lua faz muita falta, as estrelas estão geralmente no Baedeker.

Cordial sd
S.

---

[1] Cf. as observações na introdução, p. 31>

[2] Sala 18 da Galeria dos Ofícios com a Vênus de Médici e outras estátuas antigas, entre outras de Praxiteles.

[3] Na igreja de Santa Croce encontram-se, entre outros, os túmulos de Michelângelo, Galileu, Maquiavel, Rossini e Cherubini. O cruzeiro de Brunelleschi é um dos pontos altos do início do Renascimento.

[4] Instalado na margem leste do Arno por Niccolò di Raffaello de Pericoli em 1560.

20. Vênus de Médici na Tribuna.

6 DE SETEMBRO DE 1896
CARTÃO-POSTAL DE FLORENÇA PARA MARTHA FREUD

NOITE DE DOMINGO
AVENTURA!

O mais belo de Florença são as colinas plantadas com azeitona e vinho ao redor. Numa delas fica a torre de Galileu, que agora é de um tal Comte Galleti. Fomos até lá, escutamos por acaso que havia quartos e alugamos por 4 dias a pensão e todo o resto. Em boa companhia, ali Milton visitou Galileu,[1] no quarto ao lado um autorretrato de Michelângelo[2]

---

[1] Sobre sua visita a Galileu, em setembro de 1640, Milton escreve: "There it was that I found and visited the famous Galileo, grown old a prisoner to the Inquisition, for thinking in astronomy otherwise than the Franciscan and Dominican licensers thought"; Milton (1644), p. 41. O pintor florentino Annibale Gatti retratou essa visita em óleo (Istituto e Museo di Storia della Scienza).

[2] A pintura foi considerada, erroneamente, um autorretrato de Michelângelo; é provável que se trata de uma cópia de um retrato de Michelângelo, de Jacopino del Conte. O conde Galetti vendeu-a a don Giovanni del Drago, em , cf. Thode (1908), p. 548. Hoje a obra está nos Ofícios e uma cópia contemporânea na Casa Buonarotti.

TOSCANA — 65

etc. Cartas como de costume para a Casa Nardini,[1] apenas eventuais telegramas para a Torre di Galileo.[2]

Saudações
Sigm

7 DE SETEMBRO DE 1896
CARTA (4 PP.) DE FLORENÇA PARA MARTHA FREUD

TORRE DEL GALLO
OU DI GALILEI[3]
SEGUNDA, 7 SET. 96

MINHA QUERIDA

Nossa última experiência merece um relato detalhado e a comodidade caseira encontrada pela primeira vez aqui não é desfavorável para a escrita. É que a viagem à Itália não é tão sem queixas como havíamos esperado. Embora Veneza seja apenas prazer e deleite, a partir dali encontramos pequenas cidades sem qualquer conforto ou cidades grandes com todas suas desvantagens. Sentimos falta da maioria daquilo que nos acostumamos a gostar, nos convencemos de que tudo tem de ser barato, mas mesmo assim continua custando dinheiro. As viagens de trem são horrorosas, túneis infinitos, vagões ruins, fumaça para sufocar, a comida em geral é maravilhosa, mas ainda incomum, sentimos sede, ataques terríveis de sede, no combate aos quais estragamos o estômago com prazer. A novidade e a beleza da arte e da natureza compensam largamente tudo, mas em relação à arte, chega um momento em que nadamos num prazer constante, acredito que deve ser assim, não se

---

[1] Pensão na Piazza S. Giovanni, junto à basílica.
[2] A torre se chama Torre del Gallo, segundo a família Galli; a forma Torre di Galileo deve ter sido uma invenção de Freud.
[3] Cf. a nota anterior.

consegue mais chegar a nenhum êxtase, onde igrejas, Madonas, choros ao pé de Cristo tornam-se indiferentes e sentimos falta de algo distinto, não sabemos bem do quê. Enquanto chegamos logo a Florença, a cidade oprime e subjuga, os monumentos estão às meias dúzias espalhados pelas ruas, as lembranças históricas fervilham de tal maneira que não conseguimos distingui-las, os florentinos fazem um espetáculo infernal, gritam, batem com os açoites, sopram trombetas na rua, resumindo, é impossível suportar. Ficamos com os pés em frangalhos e não dormimos. As refeições não tinham mais sabor. Ao redor, as mais lindas colinas verdes, cultivadas com azeitonas e vinho, o guia de viagem fala de piqueniques e o tempo não é suficiente para as igrejas mais necessárias. Nessas condições, chegamos ontem à tarde aos jardins de Boboli, um tipo de Schönbrunn dos Médicis com os mais maravilhosos grupos de estátuas de mármore, anfiteatro, obelisco, ilha de Netuno e afins. Então, lemos sobre um miradouro sobre as colinas, a Torre del Gallo, onde supostamente Galileu morou durante longos anos e observou o céu.[1] Chegamos no escuro, o custódio acende a lâmpada, nos mostra o quarto de Galileu, retratos dele, seu telescópio[2] e afins. Na sequência, ouvimos que ainda há cômodos com coleções, vemos um

21. Retrato de Michelângelo de Jacopino del Conte.

---

[1] Galileu não morou na Torre del Gallo, mas na Villa Il Gioiello, também em Arcetri e a poucos minutos de distância da Torre del Gallo. A edificação, construída no final do século XV pela família Masi, foi alugada por Galileu em 1631, e ele lá viveu de dezembro de 1633 até sua morte, em 1642; cf. Mudry (1987), vol. 2, p. 304.

[2] Hoje no Istituto e Museo di Storia della Scienza, onde também se encontram outros instrumentos de Galileu: ímãs, compassos, lentes etc.

22. *Il Gioiello, a villa de Galileu.*

retrato de Michelângelo pintado por ele mesmo, uma carta de Cromwell ao rei Carlos I,[1] um autógrafo de Benvenuto Cellini,[2] as portas da casa de Maquiavel e afins. Então descobrimos que tudo pertence a um Comte Galetti, que mora no andar de cima e aluga os quartos de baixo. Num lampejo, tomamos a decisão; a solenidade do lugar, a calma, vista, o jardim nos prendem, chamamos o conde – a propósito, um homem chamativamente bonito –, ele se comporta de maneira condescendente o suficiente a nos fazer um preço alto para a Itália, razoável para Viena. Converto: dividido por 2, reduzido a gulden, resumindo, na manhã seguinte nos mudamos com pensão completa. Quero descrever nosso almoço. Sobre a mesa está pendurado o famoso retrato de Galileu de autoria de Sustermans,[3] na frente o cardeal Francesco Medici. O aparador encontra-se sob uma Madonna com filho e moldura dourada do século XI, armas, ampulhetas, bronzes, a carta de Cromwell debaixo do vidro etc. O custódio nos serve. Como Alexander diz, a refeição inteira vem do jardim,

---

[1] Cromwell, o líder político e militar da "revolução puritana", organizou um grupo de elite, os "ironsides", e em 1644 bateu o exército real. Carlos I foi condenado à morte em 1649 e Cromwell reinou como lorde protetor com plenos poderes ditatoriais. Sob seu governo, surgiram as bases para a posição da Inglaterra como principal força colonial, marítima e comercial. Sobre a identificação de Freud com Cromwell, cf. Tögel (1994), pp. 25-27. A carta citada por Freud não pôde ser encontrada. A maior parte da coleção de Il Gioiello foi comprada há anos por um colecionador de arte. Não se conhece o paradeiro dos objetos; informação pessoal de Elena Montali do Istituto e Museo di Storia della Scienza em Florença, 16.6.2001.

[2] Escultor e ourives florentino (1500-1571), conhecido principalmente por causa de sua autobiografia; cf. Cellini (1818). O autógrafo não foi encontrado; cf. nota anterior.

[3] O artista flamengo Justus Sustermans (ou Stuterman) vivia em Florença desde 1620 e era pintor da corte dos grã-duques de Médici. Seu retrato de Galileu, de 1653, encontra-se hoje nos Ofícios, uma cópia no Istituto e Museo di Storia della Scienza.

à exceção da – excepcional – carne de vaca. Figos frescos, pêssegos, amêndoas de árvores que conhecemos pessoalmente. O jardim se espalha de maneira irregular, meio parque, meio vinhedo, meia hora ao redor da casa em todas as direções, louro, castanhas, oliveiras (espécie não autêntica: a chamada árvore Caraffindel, oliveira, na qual cresce o vinho), amendoeiras, resumindo, toda vertigem de beleza sulina que conhecemos de Lovrana.[1] Agora, enquanto escrevo, a partir de muitos pontos enxergamos Florença como um mar de luzes parecido com a vista de Bellevue, apenas que no lugar de Viena é Florença. Dispomos de três cômodos, a sala com o conteúdo descrito, um grande com três camas, claro que também com 3 quadros, ornamentos e antiguidades, e um menor para Alex, além de algo que é muito considerado aqui, um *luogo comodo*[2] decorado de maneira muito pessoal. Toda a maravilha dura apenas 3 dias, na sexta cedo telegrafamos novamente a viagem de retorno, na qual certamente iremos expiar todos os pecados. É no vinho que vemos como o ano foi ruim, ele está estragado em todos os lugares, caminhamos sob parreirais que não dão quase nada aceitável.

Compras são mais difíceis do que imaginamos, seria possível gastar muito dinheiro. Mas agora meus olhos estão fechando. Saúdo a ti, a Min-

23. *Retrato de Galileu de 1624, originalmente na Torre del Gallo; reprodução comprada por Freud.*

---

[1] Em 28 de maio de 1633, a filha de Galileu, Maria Celeste, escreve sobre esse jardim ao pai, que estava em Roma: "No que se refere ao jardim, as vagens [...] estão maravilhosamente verdes [...] As laranjeiras têm poucas flores [...] Os limões estão tão maduros que vocês têm de vir e colhê-los; de tempos em tempos um cai e eles são realmente bonitos e muito gostosos"; Mudry (1987), vol. 2, p. 105.

[2] Toalete.

na e a todos os pequenos carinhosamente e confesso que em meio a todo o belo muitas vezes me vem à lembrança de que em casa a beleza é maior.

Seu Sigm

8 de setembro de 1896
Cartão-postal de Florença para Martha Freud

Terça, 8.9.96

Pantomina, Emmanuel tem razão aqui.[1] Hoje, feriado inesperado.[2] Tudo fechado, mais um dia passado em branco, não sabemos como. Não conseguimos fazer nada em meio à beleza divina, paralisante. Hora de partir. Sexta cedo, provavelmente. Você acredita que não estivemos nas galerias, a não ser 5 minutos de tribuna? O jardim paradisíaco do alto ainda faz efeito, de modo que dormimos horas sob figueiras. Sem mais, adeus

Sigm

9 de setembro de 1896
Cartão-postal de Florença para Martha Freud

Quarta, 10h
9/9/96

Finalmente espero entrar na Galeria, estou de novo esperando diante da porta. Sexta à noite viagem de regresso, cuja rota ainda não foi determinada, ou seja, as cartas de vocês não são mais necessárias. Aliás, hoje

---

[1] Provavelmente essa observação refere-se a uma carta do meio-irmão de Freud, Emmanuel (1833-1914), que não foi conservada.
[2] Nascimento de Maria.

não recebi nenhuma. Dia maravilhoso, disposição em alta, só o garoto é rabugento demais.

Saudações
Sigm

24. Palazzo Pitti.

10 DE SETEMBRO DE 1896
CARTÃO-POSTAL DE FLORENÇA PARA MARTHA FREUD

QUINTA, 10/9
6H

Finalmente tudo se une. Hoje Pitti[1] e pequenas compras. Vocês adivinharam o plano de viagem. Sexta às 9h partimos daqui, até Franzenfeste

---
[1] Um dos três palácios mais significativos de Florença, ao lado do Palazzo Vecchio e Palazzo Medici-Riccardo. Sua coleção de pinturas quase não fica atrás da dos Ofícios.

juntos, depois provavelmente vou [até] Bischofshofen, onde chego às 7h, passo a noite e pela manhã sigo até Aussee. Ainda vou telegrafar o plano. Últimos tempos maravilhosos, mas a saudade de casa já é muito grande.

Cordiais sds
Sigm

[Acréscimo de Alexander Freud:]
Chapéu de palha e casaco de inverno não existem.

Veneza, Toscana, Úmbria

25 de agosto a 18 de setembro de 1897

O acontecimento mais importante de 1897 foi o início da autoanálise de Freud. Poucos dias antes do início da viagem, ele escreveu para Flieβ: "O principal paciente que me ocupa sou eu mesmo. [...] A análise é mais difícil do que qualquer outra. Também é ela que me tolhe a força psíquica para apresentar e relatar o que consegui até agora. Ainda assim acredito que é preciso fazê-lo e se trata de uma etapa necessária em meus trabalhos".[1]

Além disso, Freud aguardava também sua nomeação como professor extraordinário. Em 12 de junho, o colégio dos professores tinha aceito, com 22 votos a favor e 10 contrários, o pedido de Hermann Nothnagel e Richard von Krafft-Ebing para a nomeação de Freud como professor *extraordinarius*. Em 25 de junho, o decanato da faculdade de

---

[1] Freud (1985c), p. 281; sobre a autoanálise de Freud, cf. também Anzieu (1990).

Medicina enviou a deliberação do colégio de professores ao Ministério de Aulas.[1] Na correspondência de Freud com Fließ, ambos sempre voltam à questão da nomeação: "No próximo congresso, você vai me chamar de 'senhor professor' [...]".[2]

A família passou o verão em Aussee, visitada por Freud de 5 a 7 de junho e de 26 a 29 de junho. De 24 de julho a 19 de agosto, ele permaneceu o tempo todo em Aussee. Um dia antes da partida, ele reconheceu numa carta a Wilhelm Fließ que, por causa dos "relatos diários de acidentes ferroviários", estava com medo da viagem próxima ao Sul do Tirol e à Itália.[3] Mas esse medo nunca o impediu de fazer uma viagem.

Na primeira parte da viagem, Freud foi acompanhado por sua mulher. Em 20/21 de agosto, ambos estavam em Bolzano e, em seguida, atravessaram o Sul do Tirol e foram para Veneza. Em 2 de setembro, Martha viajou de volta e seu papel de companheira de viagem ficou com Alexander, o irmão de Freud, e Felix Gattel.[4]

Freud escreveu a Fließ sobre seu estado durante essa viagem: "Nos esbaldamos em beleza que nos é estranha e um ímpeto gigante de criação, ao mesmo tempo também minha tendência ao grotesco, psíquico-perverso, cobra seu preço".[5]

---

[1] Em maio de 1898, foi tomada a decisão: Freud não estava entre os docentes nomeados como professores extraordinários; cf. entre outros Freud (1985c), p. 270; Gicklhorn & Gicklhorn (1960), p. 94, 108; Sigmund Freud – Martha Freud 14. 6. 1897 (LoC).

[2] Freud (1985c), p. 271.

[3] Freud (1985c), p. 282.

[4] Neurologista berlinense, nascido nos EUA, que manteve um contato próximo com Freud entre 1897 e 1898, em parte como aluno, em parte como paciente. Para mais detalhes sobre sua biografia, cf. Sulloway (1982), pp. 695-698; Hermanns/Schröter (1990); Schröter/Hermanns (1994).

[5] Freud (1985c), pp. 282 e segs.

Percurso da viagem:

25.8 – 3.9	Veneza
4.9	Pisa e Livorno
5 – 8.9	Siena
8.9	Siena – San Gimignano – Poggibonsi – San Gimignano – Chiusi – Orvieto
9.9	Passeio a Bolsena
10.9	Orvieto – Terni – Spoleto
11.9	Spoleto – Assisi
12.9	Assisi – Perugia
13.9	Perugia
14.9	Perugia – Arezzo – Florença
15 – 17.9	Florença
17 – 18.9	Florença – Viena

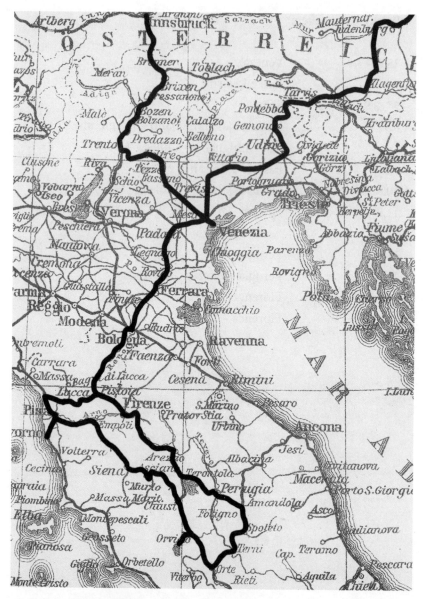
25. Rota da viagem de 1897.

26. *Detalhe do quadro "Ambasciatori", de Vittore Carpaccio. Reprodução comprada por Freud.*

3 DE SETEMBRO DE 1897
CARTÃO-POSTAL DE VENEZA A MARTHA FREUD

SEXTA-FEIRA

Recebi ontem à noite seu telegrama de Selzthal,[1] fiquei muito satisfeito, espero que a viagem de vocês não tenha sido ruim. Hoje à noite ambas as janelas bem abertas, dormi maravilhosamente; cessar-fogo dos *zanzares*.

---

[1] Seltzhal era a confluência das linhas de trem para Aussee e Bischofshofen. Supostamente Martha telegrafou de lá para o marido, antes de seguir para Aussee e Obertressen.

Programação academia,¹ banho, pagamento, despedida de Veneza, últimas compras. Ontem calor horrível, banho refrescante. Por todos os lados, agora só se fala alemão.² Italianos de escanteio.

As mais cordiais saudações a todos,
Sigm
[Acréscimo de Adolfine Freud:]
e de Dolfi³

3 DE SETEMBRO DE 1897
CARTÃO-POSTAL DE VENEZA PARA MARTHA FREUD

SEXTA, 9H

Recebi cartão de Selzthal e carta de Mathilde. Malas prontas, esperamos a gôndola. Comidas, garrafas de vinho, bagagens. Os 2 dias foram os mais quentes do século, inacreditável, ótimo humor, Gatt[e]l novamente em contato. Bad Wellenschlag, encantador. Mais que hora de partir. Pacientes, conhecidos já fervilham. Adeus, querido mar. Próxima notícia *após* Siena.

As mais cordiais saudações,
Seu Sigm
GIOVANNI⁴ PERGUNTOU POR VOCÊ.

---

[1] Accademia di Belle Arti com famosa galeria de pintura, entre outros com obras de Giorgione e Veronese. Nesse lugar, Freud comprou uma série de reproduções de artistas famosos – a maioria de Vittore Carpaccio – e fotos de Veneza.

[2] Provável referência às consequências da política mundial iniciada por Guilherme II com sua fala de 18.01.1986, por ocasião do 25º aniversário da fundação do Império, na qual explicava: "A partir de hoje, o império alemão é um império mundial!". Geiss (1983), p. 541.

[3] Irmã de Freud, Adolfine (1862-1942), que estava em Veneza na mesma época. Freud não mantinha um contato muito próximo com ela. Depois da anexação da Áustria, ela não conseguiu emigrar, tendo sido deportada para Theresienstadt, onde veio a morrer; cf. Leupold-Löwenthal (1988); Tögel (1990).

[4] Referência incerta. Não se pode excluir totalmente que se trate de Giovanni Brentano, filho de Franz Brentano, na época com nove anos. Brentano vivia desde 1896 em Florença. Freud assistira palestras em sua casa, encontrara-se duas vezes com ele e tratara de uma cunhada da mulher de Brentano de 1888 a 1893.

27. *"O triunfo da morte", detalhe em cemitério, Pisa. Reprodução comprada por Freud.*

4 DE SETEMBRO DE 1897
CARTÃO-POSTAL DE PISA PARA MARTHA FREUD

PISA, 4 SET. 10H

Acabamos de chegar depois de viagem noturna nada terrível, ainda a caminho da praça da catedral surpreendidos pela ardentemente desejada tempestade, escrevo-lhe esta a caminho da marcenaria. O plano é à tarde ir para Livorno e amanhã à noite para Siena. – 2 h no trem para Livorno. Tudo visto, subimos torre inclinada, sol maravilhoso após tempo ruim. 4 construções numa praça.[1] Para variar, Alex com acessos de raiva, Gatt[e]l curado. Vivemos do que trouxemos, Pisa é uma deserta cidade morta, total porcaria italiana.

As mais cordiais saudações
Sigm

---

[1] Torre inclinada, catedral, batistério e pátio interno do *camposanto*.

4 DE SETEMBRO DE 1897

CARTÃO-POSTAL DE LIVORNO PARA MARTHA FREUD

4/9
LIVORNO, SÁBADO
6H30

Ah! Livorno se parece com Trieste, cidade rica, bela, com praia maravilhosa, muita agitação hoje, cansei-me, muito revigorado. Estamos no Grand Hotel junto à praia, negociamos de pronto 3 liras pelos quartos. Passeio na cidade, descobrimos um restaurante maravilhoso, Tazza d'Oro, onde acabamos de comer ainda melhor do que em Città di Firenze. O calor parece não cessar. Aqui sem arte, sem história, tudo moderno. Muitos judeus, mulheres bonitas, mas homens mal barbeados. Alamedas de tamarindeiros que são algo de novo. Por ora, todo o grupo está bem.

As mais cordiais saudações,
Sigm

N.B. REVI MISS MINION NA TORRE INCLINADA, APÓS GÊNOVA.[1]

5 DE SETEMBRO DE 1897

CARTÃO-POSTAL DE SIENA PARA MARTHA FREUD

DOMINGO, 4H

Depois de viagem magnífica, chegamos a esta bela cidade, onde ficaremos 2-4 dias.[2] Não encontrei nada no correio. Amanhã, tomara. Hos-

---

[1] Com "miss Minion", Freud está fazendo uma referência à figura de Mignon no romance *Os anos de aprendizado de Wilhelm Meister*, de Goethe; todo o resto não está claro; Freud não visitou Gênova nesta viagem, sua primeira estadia lá foi em 1905.

[2] O sonho de Freud "Auf Geseres" contém recordações dessa visita a Siena (a Porta Romana e o manicômio); cf. Freud (1900a), p. 247 e segs.

pedados no Palast Hotel Continental, parecido com Brun[1] em Bolonha. O tempo não está muito quente. Chegamos mais cedo porque queríamos fazer o passeio a S. Gimignano[2] apenas a partir daqui. Logo aviso por telegrama o lugar para onde vocês devem escrever ou passo um telegrama-resposta. Embora seja apenas o segundo dia de viagem, Veneza está totalmente esquecida, Viena nem se fale, mas não Aussee. Se vocês escreverem hoje ou amanhã, endereço Orvieto p. rest.

As mais cordiais saudações, também do Dr. G[attel].

Sigm

6 DE SETEMBRO DE 1897
CARTÃO-POSTAL DE SIENA PARA MARTHA FREUD[3]

SIENA, SEGUNDA 6.9

Acabo de receber sua carta. Tomara que chegue mais amanhã, quinta cedo viajamos para Orvieto onde espero nesse dia encontrar outra carta. Siena é típica pequena cidade italiana, hoje impressiona menos do que ontem. Fiz negócio com donos de restaurantes, baixei o jantar de ontem de 10,9 para 9 L e hoje no almoço de 6,65 para 6. Humor e estado geral magníficos, também Gatt[e]l. Alex infelizmente mal-humorado e indisposto. A catedral aqui é lindíssima, quadros interessantes, nada de primeira beleza. Quase que nada de coisas para trazer, pena, exceto as poucas fotografias. A calça brilhante rasgou. – Acrescento a ontem que comemos divinamente em Livorno. Nos tornamos tão materiais.

Cuidem-se
Sigm

---

[1] Grand-Hotel Brun, em Bolonha, no qual Freud se hospedou no ano anterior.
[2] Freud também diz com frequência "S. Gemignano".
[3] No mesmo dia, Freud escreveu também para Wilhelm Fließ; cf. Freud (1985c), p. 282 e segs.

28. Catedral em Siena; fotografia comprada por Freud.

7 DE SETEMBRO DE 1897
CARTÃO-POSTAL DE SIENA PARA MARTHA FREUD

TERÇA 7/9
ALMOÇO

Siena desaparece diante de nossos olhos, à tarde hoje não tão ocupados. Amanhã cedo rumo a S. Giminiano, de onde no almoço seguimos para Orvieto, onde pretendo encontrar cartas enviadas. Peço que envie a próxima carta para *Perugia*. Hoje o correio me decepcionou. Vi coisas interessantes no Palazzo Publico[1] e quadros muito bonitos de Sodoma.[2]

De inconvenientes, privações etc. até agora nem sinal.

Cordiais saudações
Sigm

---

[1] Construção gótica com afrescos da escola de Siena.

[2] Na igreja de Sant'Agostino encontram-se alguns quadros de Sodoma (Giovanni Antonio Bazzi, 1477-1549) e na igreja San Domenico, afrescos importantes do pintor.

29. Sodoma: Retrato de Abbazia de Monte Oliveto Maggiore; reprodução comprada por Freud.

8 DE SETEMBRO DE 1897
CARTÃO-POSTAL DE SIENA PARA MARTHA FREUD

SIENA 8.9.97
CEDO

Saímos às 8h para S. Gimignano. Ontem à noite teatro. *Sonâmbulos*,[1] camarote no terceiro andar, Alex comprou a chave e abriu, 8 liras 3 pessoas, grande espetáculo, bem cantado. O começo foi pouco depois das 8h30, final 12h. Ontem comprei um maravilhoso chapéu novo, também primeira peça para trazer, trabalho em ferro, antigo. Há 3 dias o calor não aparece. Espero encontrar carta em Orvietto.

Saudações
Sigm

---

[1] Trata-se da ópera *La sonambula* (A sonâmbula), de Vicenzo Bellini, que estreou em Milão em 1831.

30. San Gimignano; fotografia comprada por Freud.

8 DE SETEMBRO DE 1897
CARTÃO-POSTAL DE SAN GIMIGNANO PARA MARTHA FREUD

S. GIMIGNANO
8/9 MEIO-DIA

 S. Gimignano, cidade desatinada situada na montanha com 13 torres (50 no século XV), 2 igrejas,[1] afrescos maravilhosos,[2] restaurante ruim, 1h15 de volta daqui com o carro até Poggibonsi. Vista inacreditável da antiga fortificação. Uva fragola do pé. Agora de novo no carro e de volta para o trem em Poggibonsi. À noite Orvieto.

Sds
Sigm

---

[1] A catedral e a igreja Sant'Agostino.
[2] Provavelmente refere-se aos afrescos da vida de são Agostino de Benozzo Gozzoli (1420-1497) em Sant'Agostino.

31. Orvieto; fotografia comprada por Freud.

9 DE SETEMBRO DE 1897
CARTÃO-POSTAL DE ORVIETO PARA MARTHA FREUD

ORVIETO QUINTA 9/9 97
MANHÃ

Ontem ainda viagem até Chiusi e para cá tarde da noite. Muitas impressões encantadoras. Orvieto fica numa rocha alta como Hohensalzberg, com trem e cremalheira[1] à cidade com túnel sombrio. Tudo aqui é massivo e alto, com iluminação elétrica. Pessoas escuras como ciganos na antiga Etrúria.[2] Hotel Belle Arti *limpo* como tudo até agora, vinho famoso,[3] sabor de vinho do Porto. Catedral colorida, ainda não vi a fachada de dia. Espero aqui carta ou telegrafo para vocês.

As mais cordiais saudações
Sigm

---

[1] À época, havia uma cremalheira para levar os visitantes até o alto.

[2] A Etrúria fica no centro da Itália entre o mar Tirreno a oeste, o rio Arno no norte e o Tibre no leste e no sul; não havia ciganos na "antiga Etrúria".

[3] Os vinhos brancos de Orvieto e Montepulciano eram tidos como os melhores da Úmbria.

32. Detalhe dos afrescos de Luca Signorelli na catedral de Orvieto; reprodução comprada por Freud.

9 de setembro de 1897
Cartão-postal de Bolsena para Martha Freud

Bolsena, 9/9
Quinta 6h

Quadros Signorelli[1]

Aguardo telegrama de resposta. Ainda não posso dar a próxima parada, de todo modo escreva para Florença por favor. Ontem e hoje ponto alto. Chiusi à noite, lugarzinho maravilhoso, chegamos à noite em Orvieto, fica como uma fortaleza em Salzburg, subimos do trem com a cremalheira. Cidade rochosa massiva, catedral colorida! Túmulos etruscos, comprei antiguida-

---

[1] Freud está falando dos afrescos na catedral, que são um ponto alto da pintura do século XV. Um ano mais tarde, ele vai se referir aos quadros de Signorelli em seu ensaio "O mecanismo psíquico do esquecimento" e em "Psicopatologia da vida cotidiana", o primeiro exemplo do esquecimento de nomes próprios também trata de Signorelli; cf. Freud (1898b), pp. 13-18.

des, paisagem magnífica. Agora passeio três horas de carro até Bolsena num lago curioso, fora isso vilória, enquanto Orvieto limpa. Passando muito bem.

33. Túmulos etruscos em Orvieto; fotografia comprada por Freud.

10 DE SETEMBRO DE 1897
CARTÃO-POSTAL DE SPOLETO A MARTHA FREUD

SPOLETO, SEXTA
10H DA NOITE

Cidade encantadora, localização maravilhosa, realmente barata, 1,50 L a cama no salão. Um aqueduto sobre um desfiladeiro incrível, ao mesmo tempo ponte, no alto um castelo no qual Lucrecia Borgia morou como duquesa. Água, da qual é possível beber uma vez feito um camelo. Vinho branco, não tão doce como em Orvieto, mas fino. De manhã vimos as quedas d'água indescritíveis de Terni, colhemos cíclames,[1] mas no almoço em Terni a única refeição ruim até agora. O céu escurece aqui apenas por horas. G[attel] muito simpático, A[lexander] menos.

Cordiais saudações
Sigm

---

[1] Freud tinha uma relação especial com cíclames – Alpenveilchen. Meio ano mais tarde foi publicada a monografia "O gênero cyclamen" de Friedrich Hildebrand. Ela se tornou o gatilho para o sonho da monografia botânica; cf. Freud (1900a), p. 184 e segs.; Freud (1985c), p. 329; Métraux (2001).

34. Catedral de Spoleto.

35. Templo romano em Spoleto; fotografia comprada por Freud.

36. As quedas d'água de Terni.

37. Assis.

11 DE SETEMBRO DE 1897
CARTÃO-POSTAL DE ASSIS PARA MARTHA FREUD

ASSIS SÁBADO
11/9 7H DA NOITE

A Itália se torna cada vez mais italiana. Aqui na cidade de S. Francisco nosso hotel[1] é a casa ao lado da igreja gigante; tudo montanha, é claro. Vista inacreditável sobre a cidade, colina e um rio com pouca água.[2] Ao meu lado na varanda está a estival Duse[3] (não é brincadeira, passando o verão aqui).

---

[1] O hotel Subasio, na época com oitenta camas.

[2] O rio Tescio.

[3] Eleonora Duse (1858-1924), a grande atriz italiana que se tornou conhecida principalmente por seus papéis em peças de Gabriele D'Annunzio e Henrik Ibsen. Freud a admirava e escreveu em sua "Psicopatologia da vida cotidiana": "Sobre a grande atriz Eleonora Duse, um amigo que aprendeu a prestar atenção em sinais me contou que em um de seus papéis ela apresenta uma ação sintomática, que mostra assim de qual profundidade ela traz sua interpretação. Trata-se de um drama sobre um adultério; ela acabou de se altercar com o marido e agora está perdida em pensamentos, antes de o sedutor se aproximar dela. Nesse curto intervalo, ela brinca com sua aliança no dedo, tira-a, para depois recolocá-la, e a tira de novo. Agora ela está pronta para o outro". Freud (1901b), p. 227.

Hoje andamos com o carro em vez do trem em meio a antiguidades romanas, tempestade e manobras. Amanhã Perugia. Aguardo as cartas de vocês.

38. A igreja de são Francisco, em Assis.

39. Eleonora Duse.

12 DE SETEMBRO DE 1897
CARTÃO-POSTAL DE PERUGIA PARA MARTHA FREUD

PERUGIA, 7H NOITE, DOMINGO 12/9
TABLE D'HÔTE[1]

Hoje terrivelmente nobre, primeiro hotel, hordas de ingleses, ontem Assis modesto. Assis não é bonita, o santo pressiona tudo. Chegamos de carro aqui, maravilhosos túmulos etruscos[2] no caminho. Perugia é bem elegante, ficaremos aqui provavelmente até terça cedo, logo depois Florença. Hoje encontrei um cartão, fiquei muito feliz, telegrafe para Orvieto, provavelmente será encaminhado. Muito animado, apenas os humores de Alex são terríveis.

Cordiais sds,
Sigm

13 DE SETEMBRO DE 1897
CARTÃO-POSTAL DE PERUGIA PARA MARTHA FREUD

PERUGIA 13/9 97

Primeiro dia, com chuva, que felizmente passou e nos permitiu ver Perugia; aqui, pela primeira vez, a água de torneira não é boa, por isso água mineral. Ontem, Table d'hôte sem graça e cara. Quais nossos planos? Fazer o caminho de volta por Florença, onde passaremos quarta, quinta e parte de sexta. A partir deste cartão, você só precisa escrever uma vez para Rimini. Vou me comunicar por telegrama, o que não signi-

---

[1] Menu fixo, diferentemente dos pedidos por meio de cardápio.
[2] É provável que Freud esteja se referindo ao túmulo dos Volumni, a 5 km antes da Porta Constanzo, um dos túmulos etruscos mais bem conservados.

VENEZA, TOSCANA, ÚMBRIA — 91

fica que você deva responder caso a resposta não estiver paga. Bem-estar se mantém, da peste apenas o mais manso. Escrevo depois de Orvieto.

As mais cordiais saudações,
Sigm

13 de setembro de 1897
Cartão-postal de Perugia para Martha Freud

Perugia 13/9 97
noite

Na pequena *trattoria* que descobrimos, encontramos frutas de formidável qualidade (além de carne muito boa e *pommes frites* corretas, café autêntico e etc. com os preços muito baratos), peras grandes, figos, uvas verdes e vermelhas, que decidimos enviar este cartão como lembrança.

[Acréscimo de Felix Gattel:]
Acabo de descobrir que Adão não foi seduzido por uma maçã – através das uvas, que acabamos de comer, estivemos todos por um instante no Paraíso.

Melhores votos
Dr. Gattel

[Acréscimo de Alexander Freud:]
Três garotos estiveram em Perugia[1] – eles comeram uvas e gritaram Ah! Depois tomaram café preto – e subiram aos céus de alegria!

---

[1] Possível referência às primeiras duas linhas do livro *Das Rabennest* [O ninho de corvos], de Wilhelm Busch: "Dois rapazes, jovens e alegres, carregam uma escada [...]". Freud também gostava de citar Busch e, durante algum tempo, havia livros dele em sua sala. cf. Roazen (1999), p. 142.

15 DE SETEMBRO DE 1897
CARTÃO-POSTAL DE FLORENÇA PARA MARTHA FREUD

FLORENÇA 15/9 97

Ontem, de Arezzo[1] para a tempestade. Encontrei aqui todas as suas cartas. Prontos para visitar as *Uffizi* que abriram às 10h. Hôtel d'Italie. O plano é ficar até sexta à noite aqui, depois pernoitar em Rimini, Ancona no sábado, de onde parte à noite um navio para Fiume.[2] Domingo cedo Fiume, domingo à noite ou se perdermos a conexão segunda à noite em Aussee, noite seguinte com você para Viena, dar um fim às férias. Muito bem e satisfeito com o sucesso.

Cordiais saudações
Sigm

15 DE SETEMBRO DE 1897
CARTÃO-POSTAL DE FLORENÇA A MARTHA FREUD

FLORENÇA 15/9 97

Hoje foi um dia divertido. De manhã, regozijo ao rever Pitti e Uffizi.[3] À tarde, comprei fotografias, um mármore para Rie[4] e miudezas. Amanhã pela manhã mais imagens novas e depois passeio. Preciso ainda procurar

---

[1] As cartas de Arezzo não foram conservadas; ainda existem apenas as fotos e as gravuras que Freud comprou lá.
[2] Atual Rijeka; Freud rapidamente desistiu desse plano; cf. cartão-postal de 16.09.
[3] Cf. entre outros o cartão-postal de 10.09.1896.
[4] Para o amigo e colega Oscar Rie (1863-1931). Freud publicou com ele um ensaio sobre "Paralisia cerebral em crianças"; cf. Freud (1891a).

uma Pallas Athena para Mathilde.[1] Os senhores agradecem o convite, mas não virão. O bom tempo parece ter ido embora daqui também, chove diariamente, nem a mais mínima necessidade de um sobretudo novo.

Cordiais sds
Sigm

16 de setembro de 1897
Cartão-postal de Florença para Martha Freud

Florença quinta 16/9

Hoje choveu muito de novo. A sede se torna terrível. Mudei o plano, viajo direto daqui abrindo mão do percurso marítimo na sexta à noite; chego então no sábado à noite em casa, ainda telegrafo. Compras difíceis. O tempo ficou muito bom à tarde. Alex. viaja ao mesmo tempo, mas outro percurso, Dr. Gatt[e]l algumas horas antes por Ancona.

As mais cordiais saudações, até mais ver,
Sigm

---

[1] Filha mais velha de Freud (1887-1978); cf. também notas de rodapé 2 e 3, p. 331> deste livro.

Sul do Tirol, Norte da Itália, Suíça

4 a 14 de agosto de 1898

Já durante a Páscoa, de 8 a 11 de abril, Freud tinha se permitido um período curto de férias e havia viajado com o irmão Alexander para Aquileia, Grado, a gruta de Rodolfo e as grutas de San Canziano.[1] A carta para Fließ com o relato da viagem é uma das mais belas e bem-humoradas que Freud escreveu. Sobre a visita em Aquileia, ele disse: "Na catedral [..] estavam reunidas várias centenas das mais belas garotas de Friuli para a missa festiva. O fausto da antiga basílica romana ficava bem em meio à pobreza da Idade Moderna. No caminho de volta, vimos um pedaço de uma antiga estrada romana aparecendo em meio a um campo. Um bêbado, bem mais recente, estava deitado sobre as antigas pedras do pavimento." Ele caracterizou da seguinte maneira o guia na gruta de Rodolfo:

"Ele era o próprio descobridor da gruta, supostamente um gênio arruinado, falava sempre de sua morte, de seus conflitos com os religiosos e de suas

---

[1] Freud (1900a), p. 450; Freud (1985c), p. 336 e segs.

conquistas nesses impérios subterrâneos. Quando ele disse que já tinha estado em 36 'buracos' em Carso, reconheci-o como neurótico e suas conquistas como equivalente erótico. Poucos minutos mais tarde aconteceu a confirmação, pois quando Alexander perguntou a ele o quanto era possível adentrar as grutas, ele respondeu: 'É como com uma virgem; quanto mais se avança, mais gostoso'.

A ideia do homem é vir algum dia a Viena, a fim de pegar nos museus modelos para o batismo de suas estalagmites. Recompensei com alguns *gulden* a mais o 'maior lúmpen de Divaça', que é como ele se chama, para que ele consiga sair desta vida pela bebida mais rapidamente."

E, por fim: "As grutas de San Canziano [...] são uma maravilha natural terrível, um curso de rio subterrâneo através de tetos arqueados incríveis, quedas d'água, estalagmites, noite, trilhas escorregadias, com corrimões de ferro. O puro Tártaro. Se Dante tivesse visto algo parecido, não precisaria de tanto esforço criativo em seu Inferno. O senhor de Viena, Dr. Carl Lueger,[1] esteve junto conosco na gruta, que nos cuspiu para a luz novamente após 3 horas e meia."[2]

Nesse ano, Freud trabalhou intensamente em *A interpretação dos sonhos* e decidiu-se em definitivo por sua publicação. Em maio, soube que seu nome tinha sido preterido na escolha para uma cadeira de professor universitário. Mas supostamente ele estava preparado, pois nem nas cartas a Fließ nem naquelas à família há indícios de uma decepção imprevista.

A família tinha passado o verão em Aussee, e Freud juntou-se a ela em 23 de julho. Durante a viagem de trem, ele teve o sonho com o "Conde Thun".[3] Em 24/25 de julho, Wilhelm Fließ chegou a Aussee para um "congresso". Freud deve ter ficado muito impressionado com o amigo, pois poucos dias depois ele o chamou de "Kepler da biologia".[4]

A companheira de viagem de Freud dessa vez foi sua cunhada Minna Bernays.

---

[1] O antigo prefeito – antissemita – de Viena.

[2] Freud (1985c), p. 338.

[3] Conde Thun (1847-1916), político austríaco reacionário, que à época do sonho de Freud era primeiro-ministro; cf. Freud (1900a), p. 218 e segs.

[4] Freud (1985c), p. 350 e segs; Swales (1982), p. 34.

Percurso da viagem

4.8	Aussee – Bischofshofen – Munique
5.8	Munique – Kufstein – Innsbruck – Landeck
6.8	Landeck – Pfunds – Finstermünz
7.8	Finstermünz – Prad
8.8	Prad – Trafoi – Stilfser Joch – Bormio
9.8	Bormio – Bolladores – Tirano – Lago di Poschiavo – Le Prese
10.8	Le Prese
11.8	Le Prese – passo Bernina – Pontresina
12.8	Pontresina
13.8	Pontresina – St. Moritz – Maloja
14.8	Maloja
15.8	Maloja – Landeck – Aussee

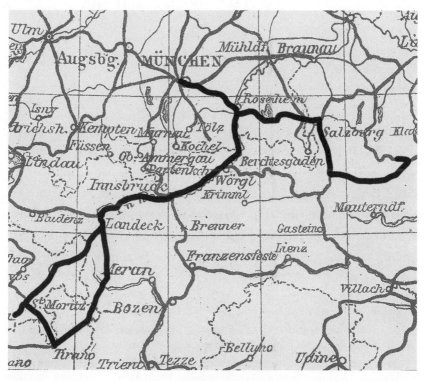

40. *Rota de viagem Sul do Tirol, Norte da Itália, Suíça 1898.*

4 de agosto de 1898
Cartão-postal de Minna Bernays de Bischofshofen para Martha Freud

Restaurante da estação de Bischofshofen

Até agora tudo está muito bem, parada aqui de 1h17 min, grande confusão. Meia loja[1] na estação de Aussee, mas que foi de terceira classe. Esperamos pelo melhor e vamos relatar tudo direitinho. Tempo melhor do que pela manhã, mas gélido. Luvas muito bem-vindas. Simpáticos companheiros de viagem. Também um médico idoso (Sigi está irado). Sigi queria comer Frankfurter com raiz forte por aqui, mas não deixei

4 de agosto de 1898
Cartão-postal (Hotel Roth) de Munique para Martha Freud

Quinta-feira 4/8 98
Minha querida!

Recebi seu telegrama à noite, agora também uma carta no Bayerischer Hof. Ontem à noite jantar interessante no Löwenbräukeller, também já relatei. Hoje pela manhã está chovendo, mesmo se não é granizo. Planos: à tarde na galeria Schak,[2] à noite 6h45 até Kufstein para pernoitar, mais barato que Innsbruck e viagem mais curta. Munique não é cara, novamente não foi possível pagar o hotel, assim como antes no Josefinum.[3] M[inna] infelizmente não suporta que eu compre algo no Win-

---

[1] Os membros da loja Viena da agremiação humanitária israelita B'nai B'rith.

[2] Galeria de pintura fundada em 1862 por Adolf von Schack com obras de Anselm Feuerbach, Moritz Schwind, Arnold Böcklin, Carl Spitzweg, Franz von Lenbach.

[3] Freud e a mulher Martha haviam se encontrado em agosto de 1894 com o casal Fließ em Munique, que possivelmente pagou a estadia no Josefinum; Freud (1985c), p. 83; Sigmund Freud – Rosa Freud, 14. 08.1894, 15.08.1894. (LoC).

terhalter.[1] Quando você receber a correspondência, estaremos entre Innsbruck e Landeck, onde queremos passar a próxima noite. Senão, sempre vou telegrafar com resposta pré-franqueada, também darei uma próxima parada para poste restante. Cordiais saudações

Sigm

5 DE AGOSTO DE 1898
CARTÃO-POSTAL DE KUFSTEIN PARA MARTHA FREUD

KUFSTEIN, SEXTA-FEIRA
4H

Foi uma parada intermediária muito bonita, fizemos ainda um pequeno passeio e em meia hora vamos para Innsbruck. O tempo abre. Não se assuste se chegar um pacote de Munique, é apenas uma camisa que chegou tarde demais no hotel desorganizado e que vai me faltar, claro.

[Acréscimo de Minna Bernays:]
Munique seria encantadora se não fosse pela comida, Bertha[2] devia abrir um restaurante lá. Ontem ainda Jardim Inglês e galeria Schack. O nervosismo de Sigi ainda não diminuiu. Hoje um pequeno hotel muito simpático, ficaremos apenas 2 horas e meia em Innsbruck, à noite estamos em Landeck. Lembranças mil

Minna

---

[1] Provavelmente um comerciante de antiguidades.
[2] A cozinheira de Freud.

6 de agosto de 1898

Carta (4 pp.) de Landeck para Martha Freud

Landeck
Manhã de sábado

Meu querido tesouro,
Aqui estamos em viagem. Minna faz as malas, às 12h50 parte o correio para Pfunds; lá devemos almoçar e serão mais 2 horas até Finstermünz, lá pernoitamos. É que pegamos o caminho sobre o passo dello Stelvio em Oberengadin.

Minna não quer deixar o Hôtel Post em Landeck, de tanto que gostou dele. Já vou sacudi-la um bocado. Cada vez entendo mais porque as pessoas confundem vocês. Ela é bem parecida com você, sei que à noite, depois da viagem, ela vai xingar como você. Agora ela deve estar vez ou outra encantada. Está muito bom em Landeck e o melhor ainda virá.

Ontem: carta em Kufstein, fiz curto passeio, depois para Innsbruck com o trem expresso-luxo 1h15. Recuperação da comida de Munique no Sonne[1]. Com carro, passamos rápido por todas as grandes atrações, também Andreas Hofer[2] e às 3h20 para Landeck, viagem não muito quente, maravilhosa, no trem de passageiros. Aqui é maravilhoso, tive de prometer a Minna mostrar o lugarzinho também a você. Disposição e humor esplêndidos. Tomei até banho. Economizamos muito a água. Minna chegou à conclusão que apesar de tudo trouxe coisas demais.

As mais cordiais saudações
Sigm

---

[1] Provavelmente o hotel Goldene Sonne [Sol dourado].
[2] Monumento de grandes proporções erguido em 1893 no monte Isel por Heinrich Natter, em homenagem a Andreas Hofer.

41. Monumento em homenagem a Andreas Hofer em Innsbruck.

[Acréscimo de Minna Bernays:]

Coração! Até então tivemos a felicidade de dormir a cada noite numa outra cama, que é o ideal de Sigi. Ele está com a aparência *ótima*, descabida e absolutamente animado, claro que não para um minuto. Apesar de que hoje ainda programamos esse grande passeio, já estivemos num castelo que fica bem no alto.[1] A região é indescritivelmente bela e o hotel,[2] encantador, um público já bem internacional que não se preocupa com os outros. Ontem pensei muito em você, querida mãezinha, o Sonne[3] é mesmo exatamente como você o descreveu, o salão de refeições maravilhoso, onde também "os garçons se mantêm parados e os preços, altos";[4] mas vale o

---

[1] O castelo Landeck, situado numa rocha íngreme sobre a cidade.

[2] O hotel Post foi o primeiro endereço no lugar, com oitenta quartos, aquecimento central, restaurante com terraço e pomar.

[3] O hotel Goldene Sonne, em Innsbruck.

[4] Referência ao verso do poema "Canção de Mignon" de Goethe: "*Die Myrte still und hoch der Lorbeer steht*" [Eis que se ergue a murta calma, olha altivo o louro! (trad. Paulo Quintela; in Goethe, J. W., *Poemas*. Coimbra: Por Ordem da Universidade, 1958)]; Goethe (1960 e segs.), vol. 1, p. 111.

dinheiro. Esperamos estar em Engadin em 3 a 4 dias, por favor escreva quando receber esta para Pontresina *poste restante*. Recebemos seu telegrama hoje cedo, espero que todos estejam bem. O tempo aqui está divinamente sem nuvens. Em Munique, houve chuva de granizo na quinta-feira. Vou escrever diariamente, pena que sabemos tão pouco de vocês.

Saudações mil
Minna

9 DE AGOSTO DE 1898
CARTÃO-POSTAL DE BORMIO PARA MARTHA FREUD

BORMIO, MANHÃ DE QUINTA

Um pedacinho da Itália, ora. O céu não estava sorrindo azul, mas do alto do passo delle Stelvio fomos recepcionados por um terrível tempo frio com vento e chuva, que hoje promete melhorar. A viagem de ontem foi ótima, hoje para Tirano e Leprese até onde poderemos começar o trajeto sobre o Bernina até Pontresina. O ar exaure. Até agora, tudo correu bem.

As mais cordiais saudações
Sigm

10 DE AGOSTO DE 1898
CARTA (8 PP.) DE LE PRESE PARA MARTHA FREUD

CABEÇALHO IMPRESSO: A. CONZETTI/STABILIMENTO BAGNI/LE PRESE
LE PRESE 10 AGO 98

MEU QUERIDO TESOURO
Espero que você ache que estamos escrevendo com a frequência suficiente; haverá mais ainda para contar. Ontem o dia na Itália (Bormio) começou

42. *Passo delle Stelvio.*

ruim o bastante, mas melhorou no trajeto, na estação do almoço, Tirano, o tempo estava bom, os vinhedos montanhas acima também não foram maus, mas a hospedaria foi horrível, de modo que fui embora irado. Decidimos então entrar na Suíça a pé, nossa bagagem será enviada depois, pelo correio. Estivemos em Veltlin, no vale do Adda, que é o mais terrível riacho de cor suja que se pode imaginar. Depois subimos um vale lateral, pelo qual corre o Poschiavino, rico, cheio de castanhas autênticas e vinho. A subida continuou, passamos a fronteira suíça, encomendamos guarida para nossa bagagem que virá posteriormente, uma missão que Minna assumiu, daí volta a subir ainda mais, caminhos quase como o de Tressen, um vento com pó terrível e assim marchamos à tarde até enxergarmos um lago, pintado de verde, redondo feito uma caçarola, inacessível por um lado. À distância, um vilarejo, lá uma casa vermelho-amarronzado. Deve ser Leprese, um balneário, magnificamente situado entre o Engadin e o planalto do Adda, onde queremos pernoitar. Chegamos, sem lugar. Dois quartinhos no sótão, onde costumam dormir as telegrafistas, na pequena casa postal em frente. Pergunto pelo telegrama, digo meu nome, recuperamos forças com vinho e assado e daí aparece o maitre d'hôtel para dizer que quartos reservados não foram ocupados, podemos nos transferir, quarto imperial com vista para o lago, um com varanda. Em seguida, começa: senhor doutor p/ lá e p/ cá, encantados e honrados, decidimos descansar e passar o dia. A viagem de ontem foi exaustiva, pelo menos para mim, nenhum esforço fatiga Minna. Assim, estamos hoje aqui e não lamentamos. Conhecemos o médico da estância, que é florentino e se hospedou há vinte anos no Hôtel de France. Conversas em francês e italiano. Sentimo-nos quase como antes no Hôtel d'Europe, em Salzburgo,[1] o que certamente deve ser devido ao estado médico. A casa é encantadora. Amanhã cedo queremos atravessar o passe Bernina com o correio, até Pontresina. Vimos tantas coisas imensamente belas. Em breve, os planos para a viagem de regresso. Em Pontresina, espero por notícias detalhadas suas.

---

[1] Provavelmente Freud está se referindo a um encontro com Minna em Salzburgo entre 12 e 20 de agosto de 1887 (cf. Sigmund Freud – Rosa Freud, 18.1.1887 [LoC]) e 8/9.8.1894; cf. Freud (1985c), p. 83.

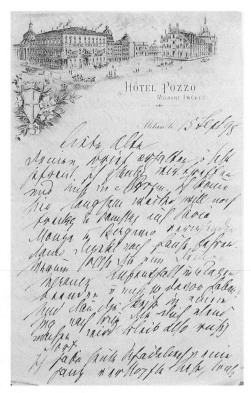

43. *Carta de Freud de Le Prese.*

[acréscimo de Minna Bernays:]
Tenho de te contar uma coisa, mas você não vai acreditar. Seu marido comeu o cardápio fixo, ele gostou muito e faremos de novo à noite. Ele parece outro, fez amizade com o médico do balneário, conversa com todo mundo e está aproveitando mais do que eu a elegância e o conforto. Você consegue imaginar mais ou menos como aqui é bonito. Tanto que Sigi se decidiu voluntariamente a ficar mais um dia, até agora viajamos correndo porque queremos ficar dois dias em Pontresina, mas aqui foi encantador demais, elegância e comodidade unidos e a região é um verdadeiro conto de fadas. E tempo divino, ensolarado e fresco, estamos com uma gigantesca sorte no tempo, apenas ontem cedo uma tempestade terrível em Bormio e a primeira parte da viagem gélida. Finstermünz, Prad e Bormio, os três últimos lugares que pernoitamos, não seriam nada para você, que-

rida, está tudo lotado e temos de ficar muito aliviados em sermos aceitos, por essa razão estamos nos regalando mais ainda aqui. Mamãe já não falou várias vezes: Minna certamente vai ter um colapso no meio do percurso? Mas eu posso assegurar a ela que não é assim e que há anos não me sinto assim e suporto tudo esplendidamente. O vinho, que é tão bom e barato em todos os lugares, certamente contribui para isso. O dia mais fantástico deve ter sido segunda-feira, saímos de Prad às 7h30 da manhã, depois fomos a Trafoi, onde eu te escrevi, nenhuma descrição dá conta de sua beleza e, fora aqui, o mais bonito que vimos. Você tem de ir algum dia, não é preciso ficar no hotel grande. O Post também é encantador. Depois de Trafoi começa o caminho de Stellvio, horas serpenteando montanha acima, claro que descemos bastante e Sigi colheu as flores mais lindas e eu as guardei. Às 4 estávamos no pico (2.800 m), a neve ainda forma montes altos e dá para tocar nos glaciares, isso embora o caminho seja tão grandioso que caminhei com meus sapatos amarelos rasgados. Lá em cima há revista italiana de alfândega, mas todos se afastam, cheios de respeito, de nossa bagagem, e ela não foi aberta nehuma vez. A descida para Bormio também foi interessantíssima, mas tão terrivelmente gelada que nem todas as camadas não adiantaram. Em Bormio, acomodação ignominiosa, um pequeno hotel-balneário italiano, no grande hotel nos ofereceram salas para fumar e de bilhar, mas preferimos dormitórios de verdade. Sigi já descreveu o dia de ontem e você já deve ter recebido meu cartão de Bolladore, certo? Hoje descansamos totalmente. Eu finalmente estou me apresentando com o vestido de flanela e todos os adornos, e claro que Sigi sempre me acha muito elegante, se os outros também, não sei, mas em trânsito ficamos totalmente indiferentes, as outras coisas são mais importantes. Já estou muito contente por provavelmente termos notícias de vocês amanhã em Pontresina, isso é realmente é a única privação. Por favor, previna todos com delicadeza para o fato de não trazermos nada, realmente não é possível.

Fique bem, coração, e receba saudações mil de
sua Minna

12 de agosto de 1898
Carta (3 pp.) de Pontresina para Martha Freud
Cabeçalho impresso: Hotel Enderlin / C. Gredig-Enderlin / Pontresina / Engadin

Sexta, 12/8 98

Meu querido tesouro

Aqui estão nossos planos definitivos. Amanhã cedo partimos daqui através de todo Oberengadin até o passo del Maloja, onde queremos pernoitar no hotel, domingo, se estiver bonito, ficar lá e fazer passeios. Segunda cedo regresso para casa pelo caminho mais curto até Landeck, desviando das muitas excursões bonitas que seriam possíveis de se fazer na Suíça. O dinheiro está ficando curto e prometemos estar de volta no máximo em 14 dias. Haverá muito para contar, pois foi maravilhoso.

Pontresina é um tipo de Karlsbad no alto da montanha, há uma porção de alemães no nosso hotel. St. Moritz, por onde queremos apenas passar amanhã, parece ser ainda mais incrível. Hoje estivemos num glaciar[1] de verdade depois um passeio de 1h15 e fomos passear numa caverna aberta no gelo. Você pode imaginar a surpresa de Minna, que, aliás, estava e está muito simpática.

Recebemos suas duas cartas aqui, também muito abalados com a notícia da srta. Wertheim.[2] Você já procurou Kalchberg?[3] Depois de 14 dias de descanso em Aussee será a nossa vez. A pouca quantidade de tinta é tão infame que vou encerrar logo.

Cumprimente os pequenos e previna-os de que não podemos trazer nada além de belas recordações.

Seu Sigm

---

[1] Supostamente o glaciar Roseg.
[2] Não identificada.
[3] Não identificado.

44. Pontresina.

[Acréscimo de Minna Bernays:]

Minha querida! Foi muito bom termos buscado suas cartas logo ao chegarmos em Pontresina e só ouvirmos coisas boas de vocês. Também fiquei totalmente pasma sobre a srta. Wertheim. Quem pode ter sido?

Pontresina nos irritou um pouco nas primeiras horas. Até altas horas da noite é uma animação como na Kärntnerstraβe no Natal, com a claridade mais ofuscante do sol e campos nevados inacreditáveis. Max e Alice chegam apenas por volta do dia 20. Os jovens Braun,[1] que estiveram aqui com os filhos, foram embora no domingo, por isso não temos conhecidos. Em geral alemães do norte e ingleses. Até a partida, quando o diretor do hotel me deu um buquê encantador, Leprese foi incomparavelmente bela. Recebemos seu telegrama na quarta à noite, quando tive de balbuciar francês com a mulher do professor, mas foi mais ou menos bem.

Acho que estaremos de volta na terça ou quarta, Sigi já escreveu que tomaremos a rota mais curta, eu quis muito isso. Pois se não formos rigorosos com o tempo, a coisa se torna facilmente uma grande agitação. Sempre esquecemos de dizer o ótimo tempo, indescritível, que temos. A bem da verdade, aqui parece que quase não chove, mas logo neva.

Cuide-se, querida!

Sua Minna

13 DE AGOSTO DE 1898
CARTÃO-POSTAL DE MALOJA PARA MARTHA FREUD

MALOJA, SÁBADO 13/8 98

Tenho de expressar meu encantamento, senão você ficará surpresa quando o ouvir de nós. A viagem de Pontresina para cá e Maloja em si com glaciar, lago, montanhas, céu incomparável! Estamos de um jeito, pena que vocês não podem nos ver. Descemos numa hospedaria suíça modesta, diante de nós uma fortaleza de hotel. Amanhã ficamos aqui.

Saudações
Sigm

---

[1] No círculo estendido dos conhecidos de Freud havia várias famílias chamadas Braun.

Dalmácia

31 de agosto a 13 de setembro de 1898

Depois de regressar da Suíça, Freud ficou novamente duas semanas com a família em Aussee. Ele se ocupou com sonhos, leu *In Nacht und Eis*, de Fridtjof Nansen, e esperava aproveitar bem os sonhos de Nansen, visto que eles eram "quase transparentes". Além disso, relatou pela primeira vez o esquecimento de um nome.[1]

Em 31 de agosto, ele partiu para a única viagem maior na qual a mulher Martha o acompanhou. O percurso os levava de barco, de Trieste, para Ragusa (atual Dubrovnik). De lá, Freud empreendeu sozinho uma excursão até Trebine, na Bósnia. Numa conversa com um colega, durante esse passeio, ele não conseguiu se lembrar do nome do pintor de afrescos da catedral de Orvieto, Signorelli. Mais tarde, ele analisou esse ato falho e usou-o em seu texto *Psicopatologia da vida cotidiana* como exemplo pa-

---

[1] Freud (1985c), pp. 352 e segs., 354 e segs., p. 356.

radigmático para o esquecimento de nomes.[1] O pano de fundo desse ato falho foi o trabalho de Freud com a morte e a sexualidade, ambas áreas problemáticas que nesse momento de sua vida tinham um papel especialmente importante.

Na viagem de volta, Freud levou a mulher até Merano (Maia Alta), onde ela queria descansar dos esforços da viagem. Freud seguiu sozinho pelo Norte da Itália.

É possível reconstruir o percurso da viagem a partir de uma carta para Wilhelm Fließ, assim como com a ajuda de *A interpretação dos sonhos* e *Psicopatologia da vida cotidiana*.[2]

Percurso da viagem

31.8	Aussee – Trieste
1.9	Trieste – Ragusa
por volta de	
5.9	Ragusa – Trebinje – Ragusa
7.9	Ragusa – Cattaro
8.9	Spalato
9.9	Spalato – Trieste
10.9	Trieste – Veneza
por volta de	
12.9	Veneza – Verona
13.9	Verona – Merano

---

[1] Cf. Freud (1901b), p. 14 e segs; também a análise crítica dessa falha por Swales (2000).
[2] Cf. Freud (1985c), pp. 355 e segs.; Freud (1900a), p. 217; Freud (1901b), pp. 14 e segs.; Tögel (1989), pp. 113-115.

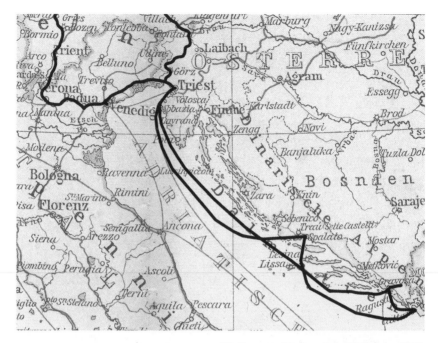

45. Percurso da viagem da Dalmácia, 1898.

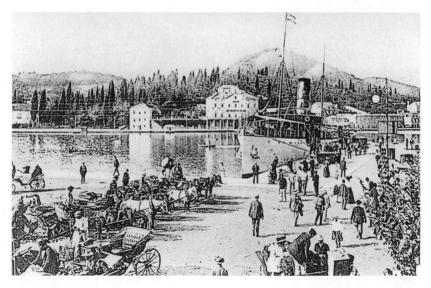

46. Ragusa (Dubrovnik).

DALMÁCIA – 113

7 DE SETEMBRO DE 1898
CARTÃO-POSTAL COM FOTO DE RAGUSA[1] PARA MINNA BERNAYS

QUARTA, MANHÃ DE 7 DE SET.

Às 9h30 vamos com Panonia para Cattaro,[2] depois de 2h de parada regresso sem baldeação e chegamos amanhã cedo 4-5 h em Spalato.[3] Queremos ficar 1-2 dias lá e voltar. De novo é maravilhoso, mas de novo mais quente. Disposição e humor elevados, corpo e rosto cheios de picadas de mosquitos. Compras = zero, também pensando na necessidade da volta para casa.

Cordiais saudações
Sigm

47. Cattaro (Kotor).

---
[1] Atual Dubrovnik (Croácia).
[2] Atual Kotor (Montenegro).
[3] Atual Split (Croácia).

48. Cattaro (Kotor) hoje.

9 DE SETEMBRO DE 1898
CARTÃO-POSTAL COM FOTO DE SPALATO PARA MINNA BERNAYS (ILUSTR. 47)

SEXTA, 9 SET.

O dia inteiro dedicado às antiguidades,[1] que achamos muito bonitas, mas nada para eu comprar. Ma[rtha] conseguiu gastar um pouco de dinheiro, economizado na comida.[2] É que sua alimentação na Dalmácia está difícil. Às 10h da noite de sábado pretendemos estar em Trieste. Em seguida, uma pequena lamúria. Ainda não tenho vontade de voltar para casa. Ma[rtha], acho, estará com vocês antes das náuseas. Tempo maravilhoso. Ma[rtha] muito bem comportada, mas castiga com desprezo. (A carta de

---

[1] A mais conhecida construção antiga em Split é o palácio do imperador romano Diocleciano, construído entre 295-305. Depois de sua renúncia, ele viveu ali até morrer em 316.

[2] Em A *interpretação dos sonhos*, Freud cita que sua mulher comprara de um comerciante chamado Popovic "muitas fazendas turcas"; cf. Freud (1900a), p. 213.

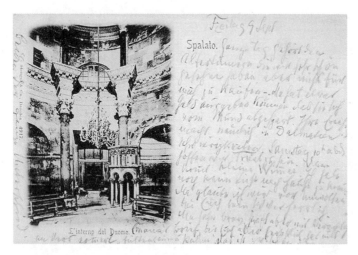

49. Vista interna da catedral de Spalato (Split).

mamãe, com vocês tudo imerso em outono, nos lembrou do verso "abeto e palmeira".[1] Essa é toda a diferença entre ambas.)

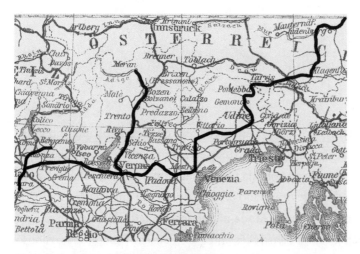

50. Rota da viagem Norte da Itália 1898.

---

[1] *Buch der Lieder* (Heine [1972], vol. 1, p. 85): Um abeto solitário / nas alturas vazias do norte / dormita; o cobertor é branco / gelo e neve o recobre. / Ele sonha com uma palmeira / que ao longe / solitária e silenciosa sofre / sobre um rochedo escaldante. [Trad. livre]

Norte da Itália

13 a 18 de setembro de 1898

Depois de Freud ter se separado da mulher, ele prosseguiu a viagem sozinho e foi até o Norte da Itália, onde se concentrou essencialmente na pintura. Visitou galerias de arte e comprou livros sobre o tema, como primeiro *Il Moretto da Brescia*, lançado por ocasião de uma exposição comemorativa aos quatrocentos anos de morte do pintor.[1] E em Milão ele comprou o livro de Giovanni Morelli, *Della pittura italiana. Studii storici-critici*.

Possivelmente esse interesse tenha uma relação direta com o ato falho relacionado a Signorelli, que Freud havia cometido poucos dias antes na Bósnia.[2]

---

[1] Molmenti (1898).
[2] Cf. especialmente Swaltes (2000).

Percurso da viagem

13.9	Merano – Brescia
14.9	Brescia – Milão
14 – 16.9	Milão
16.9	Excursões a Pavia e Monza
17.9	Excursão a Bergamo
17 –18.9	Milão – Viena

13 DE SETEMBRO DE 1898

CARTÃO-POSTAL DE BRESCIA PARA MARTHA FREUD

BRESCIA 13/9 NOITE

Tomara que você esteja recuperada em Merano. Depois da despedida, cheguei aqui em 2 h. Um pedacinho do Lago di Garda não me impressionou, tão sonolento que estava. Hoje trabalhei muito e pesado e refestelei-me em quadros,[1] templos[2] e museus. Muito mais do que em Verona. Também comprei alguma coisa. Estar sozinho é muito engraçado. Hotel é bom e barato (quarto 2,5 L). Pintor aqui é Moretto, e justo agora há uma exposição pelo jubileu,[3] como Paolo V[eronese] em Verona, maravilhosa, incrível. Amanhã às 7h15 vou para Milão. Espero dormir muito hoje.

Saudações
Sigm

14 DE SETEMBRO DE 1898

CARTÃO-POSTAL DE MILÃO PARA MARTHA FREUD

POZZO,[4] 14 SET.
10H45

Acabo de chegar, encontrei seu cartão, obrigado pelo alerta. Cidade grande, hotel bem instalado. Telegrafo a você sobre a data, ficarei aqui

---

[1] Supostamente na Pinacoteca Tosio Martinengo, que possui quadros de Raffael e Vincenzo Foppa.

[2] A referência aqui deve ser o Templo Capitolino, dedicado a Júpiter, Juno e Minerva.

[3] Moretto, na verdade Alessandro Bonvicino, nasceu em 1498 e Brescia festejou em 1898 seu 400º aniversário de morte.

[4] Freud tinha descido no Hotel Pozzo.

certamente por 3 dias, no terceiro excursões a partir daqui para cidadezinhas.[1] Dia não muito quente, ontem à noite tempestade em Brescia, mas pouca chuva. Espero receber aqui cartas também de Minna. Curioso em saber o que você achou de Merano e redondezas.

Saudações
Seu Sigm

51. *Coroação da Virgem, de Moretto.*

---

[1] Em 14/09, Freud comprou, além do livro de Morelli *Über die italienische Malarei*, o de Luca Beltrami, *La Certosa de Pavia*. Biblioteca do Museu Freud London.

15 DE SETEMBRO DE 1898

CARTA (3 PP.) DE MILÃO PARA MARTHA FREUD

CABEÇALHO: HOTEL POZZO, MORINI FRÈRES
15 SET 98

MINHA VELHA,
Recebi sua carta e gostei muito. Acho que não nos encontraremos em Bolzano. Avanço lentamente aqui, quero passar sexta e sábado em Pavia, Monza e Bergamo, depois seguir direto para casa. Por que você tem de encerrar sua estadia em Merano em 4 dias e não aproveitar 10? E depois a viagem de trem até Viena, que vai deixá-la acabada. Então, continue por lá.

Hoje estou com dor de cabeça e um nariz todo entupido, mas não me incomoda e até agora vi muitíssimo, na verdade trabalhei duro. Fui à catedral hoje cedo, infelizmente a vista mais distante estava fechada, como sempre me acontece. Claro que a última ceia, de Leonardo,[1] é incrível e, apesar dos danos, mais bonita do que todas as cópias. Se continuar viajando assim por meses, vou me tornar especialista.

Mais algumas igrejas e o hospital hoje à tarde (só como edifício).[2] Amanhã e depois de amanhã pequenas excursões para Pavia, Monza, Bergamo, das quais com certeza estarei de volta pela noite. O dinheiro vai dar. Estou evitando os lagos para deixá-los para o próximo ano.

O hotel é bom, não excessivamente barato, comida não excessivamente boa, mas ficarei mesmo assim. Evidente que estar sozinho na viagem diminui a diversão, para o estudo é mais vantajoso. As muitas coisas belas que se vê ainda darão frutos, não sabemos quais. Na cidade, o barulho infernal é no mínimo como o de Paris, incomparavelmente maior do que em Viena. As ruas abertas são a única semelhança.

---

[1] No refeitório da igreja Santa Maria della Grazia.
[2] Ospedale Maggiore, primeiro hospital da cidade, iniciado em 1457 por Antonio Filarete, mais tarde terminado como construção gótica e renascentista.

52. *Carta de Freud, de Milão.*

Lembranças cordiais minhas a ti e mamãe e vou avisá-la de minha partida por telegrama.

Seu Sigm

17 de setembro de 1898
Cartão-postal de Bergamo para Martha Freud

Bergamo 17/9 98

Última cidade, muito simpática, muito próxima das montanhas (por isso o nome). Saindo da cidade nova, passamos com funiculares[1] curiosos

---

[1] Cremalheira.

sobre uma porção de carretéis até a cidade velha, onde estou sentado [junto à] Piazza Garibaldi no Albergo Sole e de tanta fome (11h) quase não consigo esperar. As coisas lindas estão dispostas pela praça, Palazzo Veccio e Nuovo, 2 igrejas que são muito belas, tudo é alto e apertado. Torq[uato] Tasso vagueia por aqui porque a casa de seu pai está aqui.[1]

Seu telegrama muito alegrou, visível preguiça altamente louvável. Viajo hoje 23h15.

Saudações
Sigm

---

[1] Segundo algumas fontes, Bernardo Tasso, pai de Torquato Tasso, nasceu em Bergamo; outras afirmam que foi em Veneza.

Sul do Tirol

26 de agosto a 10 de setembro de 1900

O acontecimento mais importante nos meses anteriores à viagem foi a publicação de *A intepretação dos sonhos*. Freud considerava superficiais as resenhas divulgadas até então; ele se sentia cientificamente isolado. Restava-lhe a troca com Wilhelm Fließ, com o "congresso" em Achensee de 31 de julho a 4 de agosto, que seria o último deles.

Logo na sequência, Freud viajou com Martha pelo sul do Tirol. Conhecemos as paradas da viagem pelas suas cartas a Wilhelm Fließ: Trafoi, Sulden, o passo dello Stelvio, Merano, passo della Mendola (Freud encontrou aí seu colega Sigmund Lustgarten), Nonsthal (Cles). Martha foi para casa depois por Bolzano e Freud continuou até Veneza,[1] onde ficou por um dia e meio. Na cidade ele tornou a se encontrar com Sigmund Lustgarten, além da irmã Rosa Graf,[2] que tinha adoecido por causa de uma infecção com

---

[1] Freud (1985c), p. 465.

[2] Freud tinha um relacionamento especialmente próximo com Rosa desde a infância. Os golpes do destino que ela sofreu – perdeu o marido precocemente, o filho na guerra, e a filha se suicidou – tornaram-na amarga. Isso fez com que a relação com o irmão também esfriasse um pouco; cf. também Tögel (1900).

ostras, e do marido dela, Heinrich.[1] De Veneza, Freud foi para Berghof no Ossiacher See, a fim de encontrar com a irmã Anna Bernays e os filhos dela,[2] que passavam o verão na Europa. Além disso, sua mãe, seu irmão Alexander e todas as outras irmãs[3] também estavam em Berghof. No dia 26 chegou finalmente também a cunhada de Freud, Minna Bernays,[4] e no dia seguinte eles começaram uma viagem juntos pelo sul do Tirol e foram "em pequenas paradas atravessando o Val Pusteria até Trento".[5]

Percurso da viagem

27.8	Ossiacher See – Trento
27.8 – 29.8	Trento com excursão para o Castel Toblino
29.8 – 3.9	Lavarone
3.9	Lavarone – Torbole – Riva
4.9	Viagem de barco até Salò
6.9	Viagem de barco até Sirmione
8.9	Riga – Merano
10.9	Merano – Viena

---

[1] Freud (1985c), p. 465; Freud – Bernays (s.d.), p. 101 e seg.

[2] Anna (1858 – 1959) tinha se casado com um irmão de Martha, mulher de Freud, e em 1892 foi para Nova York. Ela foi a única das irmãs a sobreviver à era do nazismo. De tempos em tempos retornava à Europa a fim de visitar seus parentes. Quando Freud visitou Nova York em setembro de 1909, eles se reviram novamente; cf. entre outros Freud – Bernays (s.d.); Appignanesi & Forrester (1994), p. 35 e seg.

[3] Adolfine, Rosa, Marie (1861 – 1942) e Pauline (1864 – 1942). Todas elas foram mortas, mais tarde, em campos de concentração; cf. Leupold-Löwenthal (1988); Tögel (1990).

[4] Bernays (1980), p. 216; Freud (1985c), p. 465; Freud – Bernays (s.d.), p. 101 e seg.

[5] Freud (1985c), p. 465.

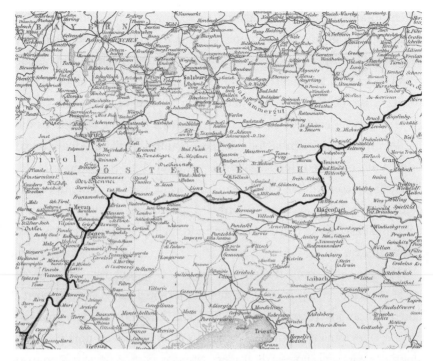

53. *Rota da viagem de 1900.*

1 DE SETEMBRO DE 1900
CARTA (6 PP.) DE LAVARONE PARA MARTHA FREUD

LAVARONE, 1 SET 1900

VELHA QUERIDA,

Suas duas cartas acabaram de chegar com extras de Mathilde e mamãe, três gerações de escritoras! Minna reconhece a senhorita na secretaria administrativa distrital de Borgo[1] e aproveita a oportunidade para uma saudação cordial. A administração dos telegramas também é complicada aqui;

---

[1] Borgo di Val Sugana; parece que Minna já tinha passado pelo lugar numa viagem anterior e conhecia os funcionários.

ontem foram quatro! Seu telegrama sobre a nomeação[1] não me abalou muito, apenas fiquei contente, pois já tinha desistido de Königstein. De pronto parabenizei a ambos por telegrama.[2] As chances para sua nomeação como professora devem ter aumentado agora, você chegará lá antes da Kassowitz.[3] Esses títulos têm pouco que ver com a ciência e todo o resto.

Em atenção aos seus desejos transmitidos a Minna e os pedidos das mulheres, antecipei minha volta, isto é, organizei-a em oito dias a partir de amanhã, domingo. Terei as manhãs para trabalhar, passando as tardes até o dia 14 com vocês. Vou deixar Minna em Merano, onde deverá se cuidar por 1-2 semanas com o dinheiro que sobrou da viagem. A tosse dela ainda está forte, mas está se sentindo melhor e começa a ficar com boa aparência.

Prossigo agora com a descrição da viagem. O caminho até Lavarone, de início assustadoramente incrível, de súbito se tornou dócil no alto e percorreu florestas e campos como lá no alto de Mendola.[4] Lavarone então foi uma surpresa e, antes, uma decepção. De caráter totalmente nórdico, uma paisagem alpina de pedra. Rala floresta de alerces, campinas, paredes de pedras, animais pastando sobre um platô muito ondulado, muito grande, perpassado por ruas de um branco ofuscante, encantadoramente construídas, aqui e acolá grupos de 5-6 casas com uma capela e um poço. 22 desses grupos[5] distribuídos sobre 14 km formam Lavarone, isso é em todo o lugar e em lugar nenhum. Cenário

---

[1] Em março de 1899 o colégio de professores em Viena sugeriu dez docentes para serem nomeados como extraordinários. Ao lado de Freud havia Heinrich Paschkis, 111, Josef von Metnitz, Jakob Pal, Arthur Biedl, Conrad Clar, Salomon Ehrmann, Norbert Ortner e Leopold Königstein. Todos, exceto Freud, foram nomeados; cf. Gicklhorn & Gicklhorn (1960), p. 110 e segs.; Freud (1985c), p. 381; Worbs (1983), p. 228; Arquivo da Universidade de Viena, Med. Dek.Akt 964 ex 1898/99.

[2] Supostamente Freud parabenizou, além de Königstein, também Salomon Ehrmann, seu amigo desde 1874; cf. Ehrmann (1926), p. 132.

[3] Emilie Kassowitz, mulher de Max Kassowitz, colega de Freud, que desde 1891 era professor extraordinário de pediatria; cf. Pagel (1901).

[4] A estrada Mendel, que a sudoeste de Merano se dirige para o Passo Mendola.

[5] Ainda hoje Lavarone é constituída por dezessete localidades.

de montanha, uma bela cabeça, a Filadonna (veja cartão-postal),[1] num ponto de vista para os gigantes do grupo de Brentano, mas que não querem ficar bem visíveis. O principal lugar dessa região curiosa é a chamada *parocchia*, onde também ficam as lojas, isto é: um comércio de mercadorias variadas, uma loja de têxteis (roupas de baixo etc.) e mais outra, cujo caráter é difícil precisar. O correio fica junto, atrás o pequeno lago,[2] sobre o qual costuma balançar uma canoa. Ar encantadoramente puro, água como de fonte de montanha. 25 min. adiante, num outro agrupamento de casas, do qual é possível enxergar a *parocchia*, está o nosso hotel, na verdade uma construção sóbria, não totalmente pronto também no seu interior. Imagine nossa surpresa quando percebemos que éramos os *únicos* hóspedes do hotel. Fiquei mal-humorado por algumas horas, mas logo isso mudou. O cuidado e o tratamento atencioso, a boa comida, o silêncio delicioso, o maravilhoso bosque de pinheiros que descobrimos meia hora adiante, os passeios surpreendentes que conduzem cada vez a uma nova Lavarone, o bem-estar que resulta disso tudo, nos seduziram tanto que partiremos muito a contragosto. No bosque de pinheiros, que é mais bonito do que em Aussee, Berchtesgaden e Berghof, encontramos ontem, quase sem procurar, 18 cogumelos *porcini*, que o cozinheiro infelizmente não sabe preparar tão bem quanto Bertha, Mali[3] ou a senhora Ortler.[4] Hoje saímos com um "Zöger",[5] que mal consegui carregar depois de ele estar carregado com 30 unidades dos cogumelos mais belos.[6] Deixamos o tesouro para a dona do lugar, que na segunda vai receber o arquiduque Rainer[7] com seu estafe. Aqui há militares estacionados que brincam de soldado e apresentam batalhas e dão um pouco

---

[1] Becco de Filadona (2150 m), a maior elevação da região; o cartão-postal não foi conservado.
[2] Lago di Lavarone.
[3] Provavelmente uma empregada da família Freud.
[4] Não foi encontrada.
[5] Cesto de palha trançada.
[6] Cogumelos porcini.
[7] O arquiduque Rainer foi presidente do conselho de ministros entre 1861-1865 e desde 1862 curador da academia de ciências.

de vida à região. Pela manhã, permitiram muito cortesmente que passássemos com o cesto pela estrada ocupada pelos militares.

Então por que vamos deixar esse lugar ideal, belo e tranquilo, cheio de cogumelos? É porque temos somente uma semana curta e nosso coração, que, como ficou patente, aponta para o sul, para figos, castanhas, louro, ciprestes, casas com varandas, antiquários e afins. Em Castel Toblino tomamos o primeiro gole da bebida e agora queremos mais. Riva, que ainda é austríaca, deverá ser nossa base principal. De lá envio, como prenúncio, minhas roupas sujas de volta. Entrar com roupas sujas na Itália é como carregar corujas para Atenas. Quero assim arrumar espaço para pequenas lembranças. Em Trento não havia nada para comprar e aqui nada mesmo.

Estou muito descansado e leve e na verdade ainda não me cansei das férias. Mas partir um pouco mais cedo não é ruim. Fico contente que vocês estejam bem e espero revê-los todos alegres.

A mais cordial saudação
Seu Sigm

54. Montanhas Brenta.

5 DE SETEMBRO DE 1900
CARTA (3 PP.) DE RIVA PARA MARTHA FREUD[1]

RIVA 5 SET 1900

QUERIDA VELHA,
O escrevinhador logo retornará, como você sabe. Vou lhe contar rapidamente sobre os belos dias no lago de Garda. Vir aqui foi o mais acertado. É paradisiacamente belo, te prometo o lago Maggiore para o próximo ano. Não está quente, i.e. o Sol faz bem em vez de arder, há uma deliciosa brisa na hora do almoço, o frescor da noitinha é mais intenso do que em Grinzig. Muita poeira na estrada, mas em compensação a certeza total do tempo. Depois de termos passado a primeira noite num Hôtel barulhento e abafado no centro da pequena cidade, encontramos na manhã seguinte a hospedagem mais divina nas dependências de um outro hotel a 20 min. fora de Riva, dois quartos, o primeiro com vista para o lago, luz elétrica à vontade, refletores do lago até a cama, um jardim ou melhor um parque ao redor, sobre aquele de Lovrana e no [hotel] próximo, refeições na Tabel des Todes, onde nunca a vi mais rica e melhor, mais leve e apetitosa. Dá para entender que Minna está crescendo bem assim. Diante de mim há um buquê de árvores meridionais, assim como o formamos na Dalmácia. Há pouca coisa para trazer, vou indenizar os pequenos com dinheiro.

Ontem estivemos no lago de 12h20 até 7h45 e percorremos a costa até Salò.

Envio cartões-postais em seguida. Foi bonito demais e permanece para ser contado oralmente. Amanhã, novamente viagem no lago, o dia inteiro até Sirmione.[2] Depois de amanhã, partida para Merano (sexta).

---

[1] No mesmo dia, Freud escreveu um cartão-postal com a placa de Torbole em memória de Goethe para Wilhelm Fließ; cf. Freud (1985c), p. 464.

[2] Cf. também carta de Freud para Fließ de 14.9.1900; Freud (1985c), p. 465.

O grupo do hotel é formado pelas pessoas mais simpáticas, entre elas muitos conhecidos, professores universitários e conselheiros do governo, como Czermak[1] (Viena), Dimmer[2] (Graz), Felsenreich,[3] Jodl[4] (Viena), Sigm. Mayer[5] (de quem eu deveria ser assistente), de Praga.[6] Como não-professor e acompanhado não da esposa verdadeira, tento me manter distante.

O funcionamento do correio excelente, recebi hoje carta sua e dos pequenos e também de mamãe. Estou em constante contato com a Antonoff.[7] Você pode consolar todos os pequenos e Geldbringer com a segunda-feira.

Com as mais cordiais saudações e beijos
Seu Sigm
HOJE PEQUENA VIAGEM TERRESTRE PARA ARCO.

---

[1] Wilhelm Czarmak era médico-assistente na clínica oftalmológica de Viena; desde 1895, diretor da clínica oftalmológica universitária na universidade alemã de Praga; cf. Pagel (1901).

[2] Friedrich Dimmer trabalhou ao mesmo tempo que Freud (01.01.1885 – 31.5.1885), sob direção de Ernst Fuchs, na II Clínica para Doentes dos Olhos do Hospital Geral de Viena; cf. *Ärztlicher Bericht des k. k. allgemeinen Krankenhauses zu Wien*, Viena, 1886. Ele era um dos concorrentes para a bolsa de viagem, concedida por ocasião do jubileu da universidade, para o ano letivo de 1885/86, pela faculdade de medicina. Freud a recebeu e usou-a para sua estadia em Paris; cf. Freud (1960a), p. 151

[3] Anton Felsenreich trabalhou em 1882 sob direção de Carl Braun na clínica ginecológica do Hospital Geral de Viena; cf. *Ärztlicher Bericht des k. k. allgemeinen Krankenhauses zu Wien*, Viena, 1883.

[4] Friedrich Jodl, filósofo e psicólogo, lecionava na Universidade de Viena. Mais tarde, Freud trocou algumas cartas com ele, que em parte não foram publicadas e que se encontram na livraria do Congresso, em Washington, assim como na Stadt- und Landesbibliotek de Viena. Em meados de outubro de 1908 ele recebeu de Jodl seu Lehrbuch der Psychologie; cf. Freud (1974d), p. 196.

[5] Sigmund Mayer era professor de medicina em Praga, tendo trabalhado anteriormente com Ernst von Brücke como histologista; cf. Freud (1985c), p. 465.

[6] Em uma carta a Fließ, Freud cita além disso Franz Hillebrand, professor de filosofia e psicologia em Innsbruck; cf. Freud (1985c), p. 466.

[7] Conhecida de Freud.

55. A chamada Villa de Catull em Sirmione, lago de Garda.

Roma

1º a 14 de setembro de 1901

No final de fevereiro, Freud encerrara sua obra mais popular: *A psicopatologia da vida cotidiana*. Pouco antes tinha sido encerrado o registro do caso Dora, o "mais sutil" escrito por ele até então.[1] Lá encontra-se também uma bela comparação entre o trabalho do arqueólogo e o do psicanalista: "Tendo em vista a incompletude de meus resultados analíticos, não me restou alternativa senão seguir o exemplo daqueles pesquisadores afortunados por trazerem à luz do dia, após longo tempo soterrados, os restos inestimáveis, mesmo que mutilados, da Antiguidade. Complementei o incompleto segundo os melhores padrões conhecidos por mim de outras análises, mas, de todo modo, tão pouco quanto um arqueólogo minucioso consigo afirmar onde minha construção se baseia no autêntico".[2]

---

[1] Freud (1985c), p. 476.
[2] Freud (1905e), p. 169 e segs.

De meados de julho até 1º de setembro, Freud esteve com a família em Thumsee, na localidade de Bad Reichenhall. Durante esse tempo, ele se ocupou principalmente com a ideia da bissexualidade. Ele queria publicar um livro intitulado "A bissexualidade humana", mas não seguiu adiante. Na verdade, a ideia era de Fließ, mas Freud internalizou-a em larga medida e também conversou com alunos e pacientes sobre esse projeto. Dessa maneira, ele chegou a Hermann Swoboda e Otto Weininger, gerando uma longa e desagradável discussão sobre plágio, na qual Freud estava envolvido indiretamente.[1]

Embora já tivesse estado várias vezes na Itália, Freud nunca havia visitado Roma. Em *A interpretação dos sonhos* ele apresenta vários sonhos "que se baseiam no desejo de ir a Roma".[2] Ele analisa a causa para esse desejo e os motivos por nunca ter ido muito além do lago Trasimeno em suas primeiras viagens à Itália entre 1895 e 1900.[3]

Seu irmão Alexander acompanhou-o novamente em sua primeira – do total de sete – viagens a Roma.

---

[1] Cf. Schröter (1999); Schröter (2002); Tögel & Schröter (2002).
[2] Freud (1900a), p. 199.
[3] Cf. p. 37 deste livro.

1 DE SETEMBRO DE 1901

Cartão-postal de Trento para Martha Freud

1 SET
Hotel Trento

Aqui é muito belo mais uma vez! Temos mesmo de partir, nos perguntamos nas primeiras vezes que fomos mimados. Mas é preciso estar amanhã pelo almoço em Roma. Ao desembarcar, sentimos muito calor aqui por um instante. Depois tudo bem. Vimos castelo[1] e museu,[2] o que também era novidade para mim.

Leio tanto nos jornais sobre picadas de víboras na Baviera. Peça para as crianças tomarem cuidado. Até agora, tudo segue de maneira exemplar.

Lembr. cordiais
Sigm

56. Castelo em Trento.

---

[1] Castello del Buon Consiglio, desde o século XIII sede dos bispos do principado, reformado em 1525 no estilo renascentista.

[2] Museo del Risorgimento, que mantinha antiguidades e pinturas.

2 DE SETEMBRO DE 1901

CARTÃO-POSTAL DE ROMA PARA MARTHA FREUD

SEGUNDA 2 SET
9H DA NOITE

Chegamos a Roma depois das 2h, às 3h trocamos de roupa depois do banho e nos tornamos romanos. Não há dúvida de que ficaremos. Inacreditável não termos vindo anos antes. Deve ter estado quente, mas muito suportável e logo um vento fresco. O dia de viagem encoberto até 2h. Temos um belo quarto no Hotel Milano[1] no 3º andar por 8 L (4 L por pessoa), luz elétrica. Não acredito direito no perigo da malária. Muitas coisas são indescritivelmente boas aqui, não dá para falar das maravilhas do mundo num postal. Não encontrei nada no correio.

Lembranças
Sigm

57. *Panteão.*

---

[1] O hotel ficava na Piazza di Montecitorio, a poucos metros de distância do Panteão e da Piazza Colonna.

3 DE SETEMBRO DE 1901
CARTÃO-POSTAL DE ROMA PARA MARTHA FREUD

TERÇA 3 SET

Almoço defronte ao Panteão, tive medo disso durante tantos anos! Está quase que adoravelmente quente, e isso quer dizer que uma luz maravilhosa se espalha por tudo, até na Sistina. Fora isso, vive-se uma vida de rei – quando não é preciso fazer economia de guerra. Água, café, comida, pão são maravilhosos. O vinho em geral é bom. Trabalhamos duro. Hoje saímos às 7h30, S. Pedro com cúpula, Sistina, *stanza* de Rafael,[1] prazeres de raríssimo tipo. À tarde, provavelmente igrejas.

Recebi seu telegrama ontem com muita alegria. Checamos o correio à noite por aqui.

**Lembrança cordial,
Sigm**

58. *Piazza Bocca della Verità com o templo de Vesta.*

---

[1] Uma sequência de três quartos e uma sala no Vaticano, que Rafael decorou entre 1508 e 1520 com afrescos.

4 de setembro de 1901

Cartão-postal de Roma para Martha Freud

4 set

Durante o *risotto*, tive finalmente de pensar em vocês! Estamos tão longe, esquecemos facilmente de tudo em Roma, também sem tempo para escrever. Recebi finalmente sua carta e de Mathilde. Por favor, transmita meus cumprimentos ao sr. dr. Pachmayr.[1] Não deve ter sido difícil perceber que estamos muito bem aqui. Hoje coloquei a mão dentro da Bocca della verità,[2] com a promessa de que retornarei. Me informem por telegrama as mudanças.

Lembranças cordiais
Sigm

5 de setembro de 1901

Cartão-postal de Roma para Martha Freud

8h da manhã

Quinta, 5 set

Hoje à noite houve uma tempestade, tão forte e genial como se tivesse sido criada por Michelângelo. Pelo barulho era como se estivéssemos afundando, mais gritaria das ruas, badaladas de sinos, bombeiros. Os relâmpagos foram tão belos que alguns hieróglifos dos obeliscos diante de nossa janela me impressionaram profundamente.[3] Seria possível ler de verdade não fosse – o camponês com os óculos.[4] Durante o dia houve *scirocco*, e por

---

[1] Proprietário da pensão em Thumsee, na qual a família de Freud passou as férias; cf. Gödde [no prelo].

[2] A Bocca della Verità, na parte sul da piazza homônima, é um antigo disco de mármore com máscara de Tritão. Supostamente os antigos romanos colocavam as mãos dentro da sua boca na hora das promessas. Freud também jogou uma moeda na Fontana di Trevi; cf. Freud (1985c), p. 494.

[3] Na Piazza di Montecitorio há um obelisco egípcio de 26m de altura, do século VI a.C.

[4] Como o camponês que acha que poderia ler caso dispusesse de óculos.

volta do momento da tempestade estava realmente opressivo. Hoje está fresco e lindamente radiante. Ontem estivemos de carro, do qual não se pode prescindir, no M. Pincio,[1] o Praterberg de Roma, onde subimos curvas fechadas entre palmeiras e dali enxergamos S. Pedro.

É maravilhoso.
Lembr. cordiais
Sigm

5 DE SETEMBRO DE 1901
CARTÃO-POSTAL DE ROMA PARA MARTHA FREUD

I QUINTA-FEIRA, 5 SET

Obrigado por suas informações. Preocupações conosco parecem supérfluas. É uma vida maravilhosa, com trabalho e prazer, no qual nos esquecemos de nós mesmos e todo o resto. Hoje p.ex. 2 ½ h Museo Nazionale[2] pela manhã e de 3 – 7h viagem de carro até a velha rua dos túmulos,[3] incrivelmente emocionante, belo, animado e sem complicações. Não se deve economizar no carro, custa 2 L a hora. Roma se reaviva a cada dia. Aparecem Baedeker, carruagens, gente bonita, falta lugar nos cafés, o Corso lotado.[4] No hotel
[continuação próximo postal]
não somos mais os únicos. A tempestade incrível à noite refrescou bem, o tempo de chuvas se aproxima. Moramos bem no centro, algo como Schottenring em frente à câmara de deputados.[5] Resumindo, é indizivelmente belo e não

---

[1] Monte Pincio, nomeado segundo uma importante família do fim da época imperial, fica entre a Piazza di Popolo e a Villa Borghese.

[2] Nome completo: Museo Nazionale Romano delle Terme Diocleziane, também conhecido como museu das termas. Ao lado do museu do Vaticano a mais famosa coleção de obras de arte antigas.

[3] A Via Appia antica com uma sequência de túmulos e mausoléus de romanos ricos de ambos os lados.

[4] Freud deve estar se referindo ao Corso Umberto I, atual Via del Corso.

[5] Não eram mais de 50 metros do hotel de Freud até a câmara dos deputados italiana, a Camara dei Deputati.

guardo papel de carta, também não consigo comprá-lo. O dia é tão cheio. Terei de me obrigar a ir ao barbeiro. Engraçado que em 14 dias terei de estar há tempos no Geschirr! Lembranças a ti, a Minna, aos pequenos e a Pachmeyer.

Seu Sigm

59. *Vista do Monte Pincio.*

60. *Via Appia com o restante do aqueduto de Claudio.*

61. Laocoonte.

6 DE SETEMBRO DE 1901

CARTÃO-POSTAL DE ROMA PARA MARTHA FREUD

SEXTA, 6 SET

ALMOÇO

Recebi cedo a carta de Minna. Pensei que não havia nada de decente para vocês em Salzburgo. Li hoje na NPresse[1] anúncio fúnebre de Bondy[2] e telegrafei a Rie,[3] porque não sei se Flieβ está em Viena ou Berlim. Bem-estar inalterado, animado. O dinheiro se vai aos poucos, o que é acelerado por algumas compras de antiguidades. Acabamos de estar no Museo do Vaticano, Apolo Belvedere, Laocoonte etc.; um pouco abatido, por isso o

---

[1] Neue Freie Presse, jornal.
[2] Philipp Bondy, o sogro de Wilhelm Flieβ.
[3] Oscar Rie, assim como Flieβ, era genro de Philipp Bondy, visto que se casara com a filha Melanie; Flieβ era marido de Ida.

vinho tinto é bom. Está bastante quente, ontem apenas 26º C máx., porém bonito, não mais abafado. Espero que vocês ainda tenham um outono bonito. É difícil arranjar cartões-postais aqui.

Lembr. cordial,
Papai

62. *Estátua de Moisés, de Michelângelo.*

6 DE SETEMBRO DE 1901
CARTÃO-POSTAL DE ROMA PARA MARTHA FREUD

SEXTA, 6 SET

Hoje à tarde algumas impressões, às quais vamos passar anos retornando. Fomos ao Panteão, onde também estão os túmulos de Victor Eman,[1]

---

[1] Vittorio Emanuele II.

Umbert,[1] Raphael, depois na igreja S. Pietro in Vinicoli vimos de repente o Moisés de Michelângelo[2] (de repente por engano). Finalmente pôr do sol do M. Janiculo[3] com vista sobre toda a Roma no lugar do monumento a Garibaldi.[4] Está maravilhoso e nunca me senti tão bem.

Minhas lembranças afetuosas
Pa

63. Monumento a Garibaldi.

7 DE SETEMBRO DE 1901
CARTÃO-POSTAL DE ROMA PARA MARTHA FREUD

SÁBADO, 7 SET

Caminhamos hoje no Palatino sob as ruínas imperiais entre pinheiros, oleandros, laranjeiras etc., com vista maravilhosa, e estou de novo tentado

---

[1] Umberto I tinha sido assassinado um pouco mais de um ano antes, em 29 de julho de 1900, pelo anarquista Gaetano Bresci.

[2] Esta foi a primeira das muitas visitas a essa igreja. Dez anos depois, Freud escreveu um tratado sobre a estátua de Moisés. A figura de mármore era parte do mausoléu do papa Júlio II, de autoria de Michelângelo; cf. Freud (1914b).

[3] O Monte Gianicolo fica na margem oeste do Tibre.

[4] Em *A interpretação dos sonhos*, Freud relata um sonho no qual vê o seu "pai no leito de morte como Garibaldi"; cf. Freud (1900a), p. 429-32.

a declarar isso como o mais belo. Barbeiro e nova gravata (1,50) fizeram sua parte para a euforia. Bem-estar extremo, Alex fica um pouco atrás disso. Grande coleção de vasilhas de barro baratas com ameaçadoras dificuldades de transporte. Sol quente, mas não opressivo. Queríamos passar um dia em Nápoles, exatamente para ter a vista, mas desistimos porque no feriado[1] Pompeia fica fechada. Ou seja, temos um dia de viagem pela frente. Espero que vocês estejam bem e animados depois da partida de Minna.

Lembr. cordiais
Pa

64. Palatin
7 DE SETEMBRO DE 1901
CARTÃO-POSTAL DE ROMA PARA MARTHA FREUD

7.9.1901

Uma carta tão detalhada faz muito bem. Como você sabe, telegrafei logo em seguida, também já mandei um postal para a Haller.[2] De nossa

---
[1] Nascimento de Maria, em 8 de setembro.
[2] Paciente de Freud.

parte, façam bom proveito do calor. Somos bastante independentes um do outro. Apoio muito o seu plano, você ainda vai acrescentar um dia, hospedar-se com elegância por 2 dias em Salzburgo e depois tudo estará bem. Por enquanto não vou me manifestar sobre o noivado de Kurt,[1] história periclitante. – Hoje em 8 dias não estarei mais em Roma. Desta vez estamos realmente muito distantes. Você tem de me mandar por telegrama as mudanças de domicílio.

Lembranças
Sigm

8 DE SETEMBRO DE 1901
CARTÃO-POSTAL DE TIVOLI PARA MARTHA FREUD

TIVOLI, 8 SET

Então, Baden perto de Viena. 1 h de viagem com um trem pequeno. Tudo autêntico, montanha, vinhedo, ciprestes, céu de um azul profundo. Figo, pêssegos e gente muito escura. Além disso, um calor que Alex supõe estar em 93º.[2] Aqui há famosas fontes de água e templos.[3] Mas ainda estamos no restaurante, tomando Aqua Marcia,[4] melhor que Hochquell, esperando o vinho – agora ele chegou e o gosto é de permanganato de potássio.

Lembr. cordiais
Pa

---

[1] Provavelmente Kurt Rie, o irmão mais novo de Oscar Rie. Ele morava desde 1898 em Paris; cf. Sigmund Freud – Martha Freud, 20. 9. 1898 (LoC).

[2] Fahrenheit, isto é, 34º Celsius.

[3] Templo da Sibila (coríntio) e templo de Vesta (jônico).

[4] Água mineral, nomeada segundo o canal romano de cerca de 90 km de extensão – em sua grande parte, subterrâneo – de 144 a.C.

9 DE SETEMBRO DE 1901
CARTÃO-POSTAL DE ROMA PARA MARTHA FREUD

9.9.1901

Então última carta para Th[umsee], depois Bristol.[1] Espero que vocês aproveitem ao máximo os poucos dias. Minha ida a Salzburg significa gasto de dinheiro e grande perda de tempo. Pontebba[2] é muito mais direto. Aqui está realmente quente desde ontem. Em Tivoli, apesar de montanha e árvore, não dava para suportar direito. Alex não está mais animado e talvez haja alguma mudança em nosso plano. As mais belas galerias de quadros ainda estão fechadas. Estou muito surpreso pelo fato de que em 8 dias tudo deverá ter passado, mas muito mais afinado com a ideia de trabalhar de novo.

Lembranças afetuosas
Pa

10 DE SETEMBRO DE 1901
CARTÃO-POSTAL DE ROMA PARA MARTHA FREUD

ROMA, 10. 9. 1901

Heinrich[3] fez uma visita? Ele rabiscou algo no cartão, já estou curioso pela próxima carta. Também gostaria de compartilhar algo dos nossos 29º C. Espero que vocês tenham mais alguns dias bons aqui. Agora o fim se aproxima rapidamente. Já discutimos sobre a viagem de volta. Segunda cedo em Viena! Hoje vimos novamente as coisas mais lindas no Vaticano,

---

[1] A partir de meados de julho, a família de Freud esteve em Thumsee, transferindo-se depois para Salzburgo, no hotel Bristol.
[2] A estação italiana de fronteira da linha férrea para Villach.
[3] Heinrich Graf, o marido de Rosa, irmã de Freud.

das quais nos despedimos como que inebriados. Haverá muito o que contar. Não fique brava se eu não trouxer nada além de cacos velhos, a oportunidade não retornará nunca. Não economize esses dias em Salzburg. Adeus.

Lembr. cordiais
Pa

11 DE SETEMBRO DE 1901
CARTÃO-POSTAL DE ROMA PARA MARTHA FREUD

11. 9. 1901

Acabo de receber seu cartão, admirado por não haver menção a Heinrich, afinal ele o trouxe de Salzburgo. Escrevo hoje pela 2x a Salzburgo. Nossa viagem será assim: sábado à noite num trem, mas com 2x vagão-dormitório, até segunda cedo em Viena.[1] Agora já estou feliz com o reencontro. Passamos o dia inteiro hoje com o carro no campo nas colinas Albanas. Teria sido uma visão adorável para as crianças verem como nós andamos sobre dois burros por 3h.

Lembr. cordiais
Pa

12 DE SETEMBRO DE 1901
CARTÃO-POSTAL DE ROMA PARA MARTHA FREUD

MANHÃ DE QUINTA
12. 9. 1901

Vocês viajam hoje. Minha penúltima mensagem. Ainda aviso a partida por telegrama. À noite tempestade medonha, noite ruim, hoje *scirocco*,

---

[1] 14.9 saída de Roma às 22:10, 16.9 chegada em Viena (Westbahnhof) às 7:50. (Cook's Welt--Reise-Zeitung. ano 12, nº 9, agosto de 1901).

incrivelmente cansado e bem triste. Clima de despedida, necessária. As manhãs têm de ser preenchidas por urgentes visitas a museus. As tardes, nas quais só é possível fazer pouca coisa, livres.

Lembr. cordiais
Pa

12 DE SETEMBRO DE 1901
CARTÃO-POSTAL DE ROMA PARA MARTHA FREUD

QUINTA
12. 9. 01

Ter tão poucas notícias de vocês é irritante, um cartão a cada dois dias. Amanhã escreverei o último. Hoje tivemos *scirocco* autêntico, céu cinzento, ar pesado, agora chove. Totalmente exausto, mas estive pela manhã no Museo[1] e um passeio à tarde foi muito bonito.

Também de Minna só tenho um cartão de Budweis. Logo terá passado. Viajo sábado à noite.

Lembr. cordiais
Pa

---

[1] Provavelmente o Museu Nacional.

Roma, Nápoles

26 de agosto a 15 de setembro de 1902

Provavelmente o acontecimento mais importante desse ano foi a nomeação de Freud como professor extraordinário pelo imperador Francisco José I. Por esse motivo ele escreveu ironicamente a Wilhelm Flieβ: "A participação da população é muito grande. Há uma chuva [...] felicitações e presentes de flores, como se o papel da sexualidade subitamente tivesse sido reconhecido de maneira oficial por Sua Majestade, o significado do sonho confirmado pelo conselho de ministros e a necessidade de uma terapia psicanalítica da histeria tivesse passado no Parlamento com uma maioria de 2/3."[1]

Esse foi o único ano da carreira profissional de Freud em que ele não publicou nada e também mal trabalhou nos manuscritos. Ele certamente tinha a sensação de ter alcançado o ápice de sua carreira, descansando nos louros pela primeira vez e se gratificando com a maior viagem feita até então: ela o levou até Paestum, ao sul de Nápoles. O ponto de partida foi Königsee em Berchtesgaden, onde Freud passara a maior parte de agosto junto de sua família na Villa Sonnenfels.[2] Seu acompanhante foi novamente o irmão Alexander.

---

[1] Freud (1985c), p. 503.
[2] Jones (1960 – 1962), vol. 2, p. 29.

Percurso da viagem

26.8	Königssee – Bolzano
27.8	Bolzano – Trento – Veneza
28.8	Veneza
29.8	Veneza – Bolonha – Orvieto
30.8	Orvieto – Roma
31.8	Roma – Nápoles
31.8 – 2.9	Nápoles
2.9	Nápoles – Sorrento
2 – 5.9	Sorrento
3.9	Visita ao museu em Nápoles
5. 9	Pompeia
6 – 7.9	Capri
9 – 11.9	Viagem por Amalfi e Salerno até Paestum
12 – 13.9	Nápoles
13.9	Vesúvio
14.9	Nápoles – Veneza

65. Rota de viagem de 1902

26 de agosto de 1902

Cartão-Postal de Rosenheim para Minna Bernays

Rosenheim 10h

Últimas saudações da Baviera.
Fleischl[1] e Breuer,[2] claro, estavam no trem. Paul H[ammerschlag][3] me deu *ezzes*[4] no que se refere a Nápoles. As crianças em Viena estavam novamente encantadoras. Maus[5] me entregou margaridas; Hase,[6] papoulas. Rosa[7] me acompanhou com os filhos até Perron. O trem de Freila[ssi]ng[8] até aqui é pura massagem para a alma. Você não aguenta isso, você tem de viajar com trem de passageiros, te escrevo mais a respeito. Em Rosenheim é possível comer assado de vitela com batatas. Pato é melhor.

Lembranças afetuosas
Sigm

---

[1] Provavelmente Otto von Fleischl, irmão de Ernst von Fleischl, um dos antigos colegas admirados por Freud à época, que era viciado em morfina e tinha sido tratado por Freud com cocaína, sem sucesso; cf. Hirschmüller (1990).

[2] Josef Breuer, antigo mentor de Freud e amigo paternal; naquela época, a relação entre eles tinha esfriado muito; cf. Hirschmüller (1978).

[3] Filho do professor de religião de Freud, Samuel Hammerschlag. Freud manteve uma amizade bastante próxima com ele por algum tempo. Desde 1893, Paul Hammerschlag era marido da filha mais velha de Josef Breuer, Bertha; cf. Freud (1985c), p. 468, nota 1; Hirschmüller (1978), p. 48.

[4] Iídiche: conselhos.

[5] Cäcilie Graf, filha de Rosa, irmã de Freud.

[6] Hermann Graf, filho de Rosa, irmã de Freud.

[7] Rosa Graf, irmã de Freud.

[8] Estação de trem em Salzburgo.

27 de agosto de 1902

Cartão-Postal de Bolzano para Minna Bernays

Bolzano, 27. 8. 02
10h

Cara Minna

Fui de carro-leito e nisso vi de maneira maravilhosa meu duplo (não Horch[1]). Isso significa: *Vedere Napoli e poi muori*?[2] Chove em Bolzano, imagine! E eu fiquei elegante. Alex ainda não está aqui,[3] também sem notícias. Equipamento de viagem completo, também papel de carta. Schwarz[4] me deu 49 Kr por 25 Mk, fui tão honesto de devolver 20 Kr depois de um tempo. Se continuar assim, te escrevo à tarde uma carta longa.

Lembr. cordiais a todos
Pa

28 de agosto de 1902

Cartão-postal de Trento para Minna Bernays

Trento – trem, 28/8 02
8h

Em ¾ de hora atravessaremos a fronteira.[5] O sol começa a brilhar sobre Trento. Da hora do almoço até a noite em Veneza, depois viagem

---

[1] No vagão, Freud observou-se ao espelho enquanto fazia a barba. Muitos anos mais tarde, Freud cita numa carta a Martha um certo Ludwig Horch. Não foi possível saber quem seja ou se era parecido com Freud; cf. Sigmund Freud – Martha Freud, 5. 8. 1920 (FM).

[2] "Veja Nápoles e morra!" Essa expressão é citada por Goethe em sua Viagem à Itália; Goethe (1948 e segs.), vol. 11, p. 189.

[3] Supostamente Alexander se atrasou para o encontro combinado em Bolzano.

[4] Arthur Schwarz era clínico-geral no Hospital Geral de Viena e colega de Freud junto a Theodor Meynert; cf. Hirschmüller (1991), p. 52. Mais tarde ele seria um dos ouvintes das conferências de Freud; cf. Gicklhorn & Gicklhorn (1960), S. 172.

[5] Naquela época, o sul do Tirol pertencia à Áustria e a fronteira com a Itália passava ao sul de Trento.

noturna até Orvieto. A partir de lá, será fácil me achar. Tudo bem até agora. Espero que você não tenha precisado de nada nesses dias solitários. A partir de agora, vou numerar nossas cartas e cartões.

Lembr. cordiais a todos
Pa

66. *Campanile após o desabamento.*

28 DE AGOSTO DE 1902
CARTÃO-POSTAL DE VENEZA PARA MINNA BERNAYS

QUINTA-FEIRA, 28. 8.
3 ½H

Recuperação das dificuldades da viagem com um café delicioso e água. Diante de nós o monte de destroços da Campanile atrás de cercas de madeira.[1] A igreja está mais bonita do que nunca, como uma jovem

---

[1] A Campanile desmoronou em 14 de julho de 1902, acarretando severos prejuízos à Loggetta (originalmente um salão de mármore para os membros do Grande Conselho, desde 1569 posto de vigilância da guarda do palácio do Doge) e à velha biblioteca.

viúva após a morte do senhor marido. Depois queremos tomar banho de mar no Lido. A viagem prossegue à noite, 11h. Carro e o viajar em si melhoraram muito. Penso muito em vocês e envio lembranças afetuosas

Pa

29 de agosto de 1902
Cartão-Postal de Bolonha para Minna Bernays

Bolonha, sexta 29. 8. 02
2h25 da noite

Veneza foi inacreditavelmente bela, banho, passeio de gôndola (que teria sido o único meio de transporte para você). Mas o jantar convoca para um passeio noturno, que foi muito interessante e prazeroso. Já é possível novamente tomar café na magnífica restauração da estação, 5 h de espera até a chegada do trem de Munique.[1] Mas está muito bom. Não chove. E aí?

Lembr. cordiais

Pa

30 de agosto de 1902
Cartão-Postal de Roma para Martha Freud

Roma, Rosetta[2]
30.31. 8. 1902

Querida Martha

Que estas minhas lembranças te encontrem bem após a viagem de volta e agora preocupada com a casa e com a tarefa de levar Minna embora. Me envergonho por não ter escrito ontem o dia inteiro, estivemos de 11h – 9h em Orvie-

---

[1] O expresso Norte–Sul de Berlim para Roma e Nápoles, passando por Munique.
[2] Conhecido restaurante perto do Panteão, via Giustiniani, esquina com Via della Rosetta.

to. Hoje festejamos apenas a despedida aqui. Está maravilhosamente quente. Estamos com o quarto antigo no hotel, vamos amanhã cedo para Nápoles.

Telegrama recebido.
Cordiais sds
Sigm

31 DE AGOSTO DE 1902
CARTÃO-POSTAL DE NÁPOLES PARA MARTHA FREUD

N. I
4H NÁPOLES, DOMINGO
31. 8. 02

Chegamos aqui às 2h, nem digo o quanto estava quente no trem. Primeira decepção. O Vesúvio não está soltando fumaça, Alex nem o reconheceu (aqui fumamos cachimbos ingleses). Nenhum encantamento à vista, o céu infelizmente está cinza-azulado e ainda não comemos, mas estamos sentados no melhor restaurante: Giardini di Torino. Depois ao correio. Ainda não entramos definitivamente no apartamento.

31 DE AGOSTO DE 1902
CARTÃO-POSTAL DE NÁPOLES PARA MARTHA FREUD

N. II
GIARDINI DI TORINO
31. 8.

A comida estava maravilhosa. Sopa de macarrão, mas eu a recusei, não foi para isso que viajei a Nápoles com 32º. Depois um peixe, assado de vitela com molho doce, *fagioli*[1] em salada, 3 queijos à escolha e frutas, mais uvas, foi

---

[1] Salada de feijão.

verdadeiramente por isso que vim até aqui. Tudo isso com vinho branco da Ísquia, 2.50 fl. – Alex está infeliz porque Nápoles é muito mais sossegada e limpa do que ele imaginava. Para necessidades modestas, porém, é suficiente.

67. *Baía de Nápoles com Vesúvio.*

1 DE SETEMBRO DE 1902
CARTÃO-POSTAL DE NÁPOLES PARA MARTHA FREUD

SEGUNDA-FEIRA 1 DE SET 1902
N = 4[1]

MINHA QUERIDA

Que Nápoles é bonita todos sabem; a vista que tenho ao escrever agora, de toda a baía do lado do Vesúvio até o pico do Posillipo[2] vale realmente a pena. As pessoas são feias, muitas vezes nojentas, têm a aparência de prisioneiros de galeões. Espetáculo e porcaria como na Idade Média. Mas o

---

[1] O terceiro cartão não foi preservado.
[2] Encosta de montanha no sudoeste de Nápoles.

principal é que está desumanamente quente, não dá para saber direito o quanto; mas ontem chegou a 33,5º C e com isso toda a capacidade de prazer acaba. Vamos amanhã para Sorrento, talvez lá com o banho de mar seja melhor de se suportar. Claro que nós

[continuação no próximo cartão para Minna Bernays]

N = 5

vimos pouco da cidade e não compramos nada. Falta energia para folhear o Baedecker. Pedirei ao correio que me encaminhe as cartas de vocês. A comida, Capri liqu.[1] ou Ísquia, porém, é brilhante e nos mantém em pé. Fumamos, como é sabido, tabaco inglês (Bird's eye)[2] num cachimbo curto de madeira, infinitamente mais barato e muito melhor do que cigarros. Estivemos hoje no aquário, caminhamos (não sem castigo) sob as palmeiras,[3] visitamos o monumento a Conradino,[4] mas fora isso nada. O barbeiro era um artista que trabalhou com calma.

Lembranças afetuosas
Pa

68. *Conradino.*

---

[1] O famoso vinho vermelho e branco de Capri.

[2] Também chamado tabaco "roll cake", feito de tabaco selecionado dos tipos *virginia* e *cavendish*.

[3] Referência ao romance *As afinidades eletivas*, de Goethe. "Do diário de Otilie": "Ninguém vagueia impune sob a copa das palmeiras"; Goethe (1809), p. 355.

[4] Estátua de Conradino da Germânia [Konradin von Hohenstaufen], decapitado aos dezesseis anos em 1268, neto de Frederico II, localizada na igreja Santa Maria del Carmine.

1 DE SETEMBRO DE 1902

CARTÃO-POSTAL DE NÁPOLES PARA MARTHA FREUD

N = 6

SEGUNDA-FEIRA 1 DE SET

Hoje à tarde, de súbito, o abafamento diminuiu um pouco e desde então voltamos a respirar e a viver. Sentimos ter decidido partir para Sorrento, mas vamos manter assim. Provavelmente o tempo aí está igual e nada de Nápoles. Recebi o cartão de Minna de sexta.

Lembr. cordial
Sigm

2 DE SETEMBRO DE 1902

CARTÃO-POSTAL DE SORRENTO PARA MARTHA FREUD

SORRENTO

H. COCUMELLA[1] 2 SET.

Finalmente. A Cocanha[2] é aqui. Não quero me alongar muito em descrições, senão vocês vão me repreender demais por eu ter tomado banho num mar de verdade antes da refeição, pois passei por túneis e cheguei numa pensão, me fartei de comer uma deliciosa omelete de cebolas por 6 L e agora tomo café debaixo de árvores com laranjas amarelas e verdes, uvas, palmeiras e afins. Mas logo depois ao correio, para ter notícias suas.

Seu pai

---

[1] O Hotel Cocumella foi inaugurado em 1822; na época da estadia de Freud, era mantido no esquema de pensão parcial e oferecia um jardim, um terraço e uma boa praia para banhos.

[2] No original, uma brincadeira de palavras usando sua sonoridade: "*Schlaraffen(Giraffen) Land*". *Schlaraffenland* é a Cocanha, e *Giraffen* são girafas. (N. T.)

69. Hotel Cocumella em Sorrento.

3 DE SETEMBRO DE 1902
CARTA (6 PP.) DE SORRENTO À FAMÍLIA
PARCIALMENTE PUBLICADA EM FREUD (1955M), P. 36 E SEGS E JONES (1960-1962), V. 2, P. 36 E SEGS.

SORRENTO 3 SET 1902

MEUS QUERIDOS,
"Conheces a terra onde floresce o limoeiro?"[1] Quem não, quero descrever a vocês o que estou vendo agora do terraço baixo do nosso quarto no 1º

---

[1] Referência ao poema "Mignon", de Goethe: "Kennst du das Land, wo die Zitronen blühn, / Im dunkeln Laub die Goldorangen glühn, / Ein sanfter Wind vom blauen Himmel weht, / Die Myrte still und hoch der Lorbeer steht." Goethe (1960 e segs.), vol. 1, p. 111. Freud se referiu várias vezes a esse poema ou citou seu primeiro verso. [Trad. de Paulo Quintela: "Conheces o país onde floresce o limoeiro? / Por entre a rama escura ardem laranjas de ouro / Do céu azul sopra um arzinho ligeiro, / Eis que se ergue a murta calma, olha altivo o louro!". In Goethe, J. W., Poemas. Coimbra: Por Ordem da Universidade, 1958.]

andar do Cocumella: à esquerda, tenho a sombra de outra ala da casa, e isso é bom, senão não estaria sentado aqui. À direita, na continuação da balaustrada do terraço, segue-se uma confusão de copas do jardim do hotel, da qual 3 pinheiros se erguem, elegantes. No meio, vejo nogueiras altas, figueiras selvagens, tão próximas que quase consigo tocá-las, castanheiras etc. Mas o que é de um verde tão profundo, sem se erguer à altura do muro, sei por experiência, são as laranjeiras e os limoeiros, carregados de frutas verdes, e quando me levanto e olho para baixo no jardim, vejo também junto às árvores mais ao fundo do jardim os grandes balões amarelo-laranja que "ardem entre laranjas de ouro". Uma dessas árvores produz um efeito de cores curioso, visto que permitiu que uma trepadeira com gladíolos azuis imensos crescesse entre seus galhos. Imaginem só.

A floresta à esquerda se estende tanto até que uma montanha de muito respeito a interrompa, para que uma estrada coloque um cinto branco bem no seu centro. No alto ainda há os muros brancos brilhantes de um castelo. Acho que ele é de M. S. Angelo,[1] mas não fico muito tempo lá, pois diante de meu terceiro e mais alto pinheiro o olhar encontra uma outra montanha, em cujo cume realmente paira uma nuvenzinha fina e a cujos pés há uma porção de pequenas casas e se abre um pedacinho de mar. Evidente que se trata do próprio Vesúvio com Torreannunciatta,[2] e Pompeia fica muito próxima. Hoje é possível vê-lo mais claramente do que em geral, infelizmente os últimos dias foram nublados.

Por fim, à minha frente eu só precisava olhar por cima do telhado branco de uma mansão russa e aparece o mar azul, apenas levemente encapelado, defronte uma praia longa, manchada de branco, à qual se chega em 5/4 de hora andando pela água. Lá fica o canil e a jaula de macacos Nápoles, na qual era impossível de se viver, mas que iluminada, à noite, se parece quase mais bonita do que Viena, em seu tempo, vista a partir da Bellevue. O mais magnífico dos pinheiros divide minha vista agora em dois campos iguais. Em seguida, à esquerda, há

---

[1] O Monte Sant'Angelo fica ao sul de Castellamare, no início da península de Sorrento.

[2] Torre Annunziata, localidade sob o Vesúvio.

ainda uma rocha rombuda, que significa a ilha Ísquia, e se não aparecesse a casa novamente, eu teria de descrever Capri, que dista apenas ¾ de hora.

Isso é muito bonito, mas diferente do que havíamos imaginado. A mobilidade para observar tudo e trocar o local na hora da vista panorâmica não existe. Está quente, terrivelmente quente, como todo o mundo diz, apenas há 4 – 5 dias. Mas das 11 – 4h não dá para se mexer e mesmo antes e depois só andar de carro, nadar, andar de barca; mas ai de quem tente caminhar. Assim, todas as excursões ainda estão de molho, esses dois primeiros dias em Sorrento se passaram com banho de mar e *dolce far niente*.[1]

Outras coisinhas: ontem estivemos no teatro (!), onde assistimos das 9h45 – 12h45 a uma opereta muito bem encenada. A céu aberto, claro, um pátio aberto como plateia, um palco ao ar livre, arbustos como os usamos em casamentos e enterros, como cobertura lateral. Presente a mais fina sociedade de Sorrento com o melhor comportamento. Percebemos que as pessoas gostam de viver a noite.

[Trecho inédito:]
Continuando: espero notícias de vocês. Ontem telegrafei com porte pago do lugarejo S. Agnello, onde fica nosso hotel. Hoje do correio principal em Sorrento.

Não tenho cartas desde o cartão N3 de Minna, vou questionar o correio em Nápoles. Já sentimos que estamos fora do mundo. Além disso, não se fala mais na Sicília. Palermo resplandece diariamente com 35º C na lista. Ou seja, não sei se Martha voltou para casa e como. Ficarei mais tranquilo apenas quando o contato for restabelecido. Pensamos em ficar mais uma semana aqui e transformar Sorrento em nosso quartel-general. Depois precisamos mesmo voltar a Nápoles.

Lembranças afetuosas a todos e fico no aguardo de boas notícias de vocês
Seu pai

---

[1] Doce indolência, segundo a frase de Plínio, o jovem: "Illud iucundum nil agere" (livro 8, epístola 9).

4 DE SETEMBRO DE 1902

CARTA (4 PP.) DE SORRENTO A MARTHA FREUD

SORRENTO, 4. 9. 02

MINHA VELHA

Finalmente estou de posse do comunicado oficial de sua chegada e espero ouvir mais de você a partir de agora. Claro que o cachorro do correio em Nápoles não encaminhou as cartas e assim recebi 3 cartões de uma só vez. Nos poucos dias que ainda restam, vou chamar a atenção dele diariamente.

Nápoles marcha agora ao ápice do *calore*,[1] ontem e anteontem superamos Palermo e estamos atrás apenas de Brindisi. Mas nos aclimatizamos. O dia de hoje foi cheio de prazeres, 4 h. no mar, até Nápoles e voltar, no meio o Museo[2] com as coisas maravilhosas de Pompeia, ao qual fiquei devendo segunda visita. Depois, na viagem de volta, uma disputa durante o banho com a bola vermelha do sol se pondo, que ainda estava meio à vista no cantinho de Capri, assim que entramos na água morna. Agora esperamos pelo *pranzo*.[3] Amanhã talvez Pompeia. Já é 4 set.

Não estou satisfeito com as lembranças. Não gosto de nada daquilo que há para comprar, desajeitado e pesado e a miniaturização deixou sem qualquer encanto. Também não me animei com o Mercúrio mensageiro, aliás, não original. Eu seria muito grato por sugestões e dicas, senão pode acontecer de não trazer nada exceto lava resfriada.

Como você depreende da minha carta de hoje, resta tempo suficiente para pensar na casa. É que trabalhar no calor é algo impossível de se fazer.

Não dá para continuar com as viagens de set. na Itália; então, ano que vem, Inglaterra; se tudo correr bem, mas muito bem, você pode vir junto, mas terá de dar conta de verdade de acompanhar. Lembranças afetuosas aos pequenos que aliás não se esforçam nada e à Minna

Seu Sigm.

---

[1] Do calor.

[2] Museo Nazionale, uma das mais importantes coleções de antiguidades do mundo, com afrescos de Pompeia, Herculaneum e Stabiae.

[3] Jantar.

70. Sorrento.

5 DE SETEMBRO DE 1902
CARTÃO-POSTAL DE SORRENTO PARA MARTHA FREUD

SEXTA 5/9 02

Ontem, por causa do telegrama de vocês, um pouco espavorido ao ir às montanhas. Preocupações supérfluas. Estamos muito bem dispostos e vivemos com muito conforto, independente do quão irritante é o grande calor que porá um fim em toda a Itália em set. Estivemos hoje em Pompeia,[1] quentura extrema. Claro que inacreditavelmente interessante, e de lá respondi ao telegrama e tb. remeti 20 postais. Amanhã provavelmente dia de descanso.

Cordiais sds
Seu pai

---

[1] Freud sonhava havia tempos em visitar Pompeia, cujas ruas já estudara anos antes a partir de mapas; cf. Freud (1985c), p. 250.

71. Via Mercurio, em Pompeia.

6 DE SETEMBRO DE 1902
CARTA (4 PP.) DE SORRENTO A MARTHA FREUD

SORRENTO, 6. 9. 02

MINHA VELHA

Finalmente recebi aqui (Cocumella) seu primeiro cartão, em Nápoles certamente há mais algo de antes. A surpresa de vocês sobre os dois telegramas seria fácil de explicar, mas pena pelo espaço. Estou feliz por estar indo tão bem, e que não há maiores questões com vocês. Agora também quero saber logo dos planos de viagem de Minna, talvez ainda consiga encontrá-la em Bolzano, pois não é provável que eu fique neste forno até o último dia.

Ainda não tenho planos mais exatos. Três dias antes da partida daqui vou lhes informar por telegrama o novo endereço para a correspondência.

Mas não quero ser consolado. Na verdade, está maravilhoso e é provável que eu seja terrivelmente ingrato ao me lamentar por qualquer coisa. Além do excelente bem-estar pelo longo banho de mar, o bom vinho tinto e o belo sossego, resumindo: nunca melhor, exceto uma coisa - não quero ficar sempre tão preso ao carro e ao barco. Impossível qualquer passo a pé.

Hoje descansamos após a visita a Pompeia, i.e., nadamos das 9 – 11h, pescamos animais marinhos e planejamos à tarde sair por algumas horas mar afora com a barca. O Vesúvio voltou a se empenhar em soltar fumaça dia e noite e ontem à noite pela primeira vez vimos o fogo novamente. O brilho hoje é indescritível, mas a temperatura também está notável. Compreendo tudo o que costumamos ouvir sobre o efeito do sul sobre o caráter e o empenho. O sol é mais forte, afinal.

Creio que de todo modo estarei ainda aqui ou em Nápoles de domingo a 8 dias, ou seja, até o dia 14, depois iniciarei a viagem de volta, que provavelmente vai se prolongar por mais de uma semana com as paradas.

Aproveitem; sei que vocês só têm mais uma semana de férias pela frente.

Lembranças afetuosas para ti e para todos os pequenos (dos quais recebi apenas carta de Mathilde e Ernst uma vez).

Seu Sigm

72. Via Mercurio, em Pompeia.

7 DE SETEMBRO DE 1902
CARTÃO-POSTAL DE CAPRI PARA MARTHA FREUD

CAPRI 7. 9. 02

Capri é uma rocha dupla altamente amalucada com uma pequena sela no meio, sobre a qual escadas e serpentinas levam até o alto, onde além das habituais árvores palmeiras italianas, cactos etc. sobe uma decepcionante multidão. Queríamos pegar o caminho para Anacapri, a segunda cidade mais alta, às 7h45, mas demos meia-volta às 8h e às 8h15 já estávamos com um carro. Fácil imaginar o motivo. O mesmo pelo qual não dormimos essa noite. (Além do mais, o que

[Continuação num segundo postal]

são as lagartixas e borboletas durante o dia, à noite são os mosquitos e as pulgas). Às 11h trocamos o carro pelo barco e fizemos uma viagem maravilhosa ao longo da costa até um buraco na parede, através do qual não foi fácil passar, porque havia *un po' di mare*.[1] Lá dentro estava estranhamente azul. Agora estamos no *dejeuner* na casa, onde há quadros de Scheffel[2] pendurados por todos os lados e vamos às 4h para casa, quer dizer, para Sorrento. Cord sds

Pa

73. *Capri.*

---

[1] "Porque há mar demais"; provavelmente a sequência de ondas dificultava a entrada na gruta azul.

[2] Joseph Viktor Scheffel, que viveu e pintou por um longo tempo em Capri em 1853, antes de começar a fazer poesia. Para Freud, isso pode ter despertado associações: Scheffel foi o autor do poema "Ichtyossaurus" [Eutiossauro], nome dado por Freud para um amor de juventude entre 1870 e 1873.

168 — SIGMUND FREUD

8 DE SETEMBRO DE 1902

CARTÃO-POSTAL DE SORRENTO À FAMÍLIA

SORRENTO, 8. 9. 02

MEUS QUERIDOS,
Sobre hoje sem muito o que contar, por isso banho e passeio no mar mais agradáveis. Temperatura abrandou. Amanhã cedo partimos para a viagem de 2 ½ dias de carro, Amalfi, Salerno, Pesto[1] e retorno a Sorrento na quinta, onde espero encontrar cartas de vocês. Fico muito contente com suas notícias constantes. Hoje, aliás, ainda teatro. Amanhã cedo telegrama para vocês. Lembranças

Pa

74. Entrada da caverna da Sibila.

---

[1] De Paestum, Freud endereçou em 10.9. um cartão-postal (Tempio di Nettuno) para Wilhelm Fließ com uma frase: "Cordial saudação do ponto alto da viagem"; Freud (1985c), p. 504.

12 DE SETEMBRO DE 1902

CARTÃO-POSTAL DE NÁPOLES PARA MARTHA FREUD

NÁPOLES, 12. 9. 02

Tento enviar mais uma saudação a vocês ainda à casa antiga, antes de se transferirem. Uma semana mais tarde estarei com vocês e a pátria vai me agradar duplamente depois do longo vagar no estrangeiro. Aqui está tão barulhento mas não tão quente como de primeiro. Vive-se e xinga-se. Meu próximo endereço é provavelmente Veneza, Hotel Britannia, daí quero espreitar Minna, então vai ficar sério.

Cord sds
Pa

75. *Templo de Netuno em Paestum.*

13 DE SETEMBRO DE 1902
CARTÃO-POSTAL DE NÁPOLES PARA MARTHA FREUD

NÁPOLES 13. 9. 02

Bem, vocês estarão novamente em casa quando lerem este cartão e estou pensando na viagem de volta enquanto escrevo. Ficaremos aqui um dia a mais. O calor diminuiu e ainda queremos subir o Vesúvio. Hoje no passeio do dia vimos uma porção de coisas belas e especiais, estivemos no submundo[1] e voltamos a salvo, mas sujos. Até que aqui é muito bonito. Em casa também é bonito por outros motivos.

Lembr. cordiais
Sigm

---

[1] Talvez Freud e Alexander tivessem visitado a caverna da Sibila, que é próxima, pois Freud tinha uma relação especial com Eneida, na qual Virgílio descreve a caverna. A epígrafe de *A interpretação dos sonhos* é dessa obra.

Baviera, Sul do Tirol

6 a 20 de setembro de 1903

Não há nenhum ano na vida adulta de Freud sobre o qual sabemos tão pouco como o de 1903; apenas poucas cartas desse ano foram preservadas. Foi o ano do último encontro pessoal com Fließ[1] e do trabalho nos dois livros sobre o chiste e sobre a teoria sexual.[2]

De meados de junho até o início de setembro, Freud esteve com sua família em Königsee, Berchtesgaden. De lá, viajou com a cunhada Minna por duas semanas pela Baviera e o Sul do Tirol. Ernest Jones diz o seguinte a respeito: "Eles passaram a primeira semana em Munique e Nurembergue; por causa do calor, ficaram sequiosos pelas montanhas e seguiram até Bolzano. Mas as tempestades eram tão frequentes, que eles, em razão do estado de saúde de Minna, foram até Merano – o lugar preferido

---

[1] Freud (1985c), p. 507.
[2] Freud (1905c, d).

dos membros femininos da família para se restabelecer, e ali ficaram o resto dos dias de férias".[1]

Infelizmente conservou-se apenas uma carta dessa viagem nos grandes arquivos de Freud. Entretanto, Jones deve ter tido acesso a outras cartas, pois senão lhe seria impossível fazer as referências citadas.

---

[1] Jones (1960 – 1962), vol. 2, p. 38.

16 de setembro de 1903
Carta (4 pp.) de Merano para Martha Freud

Papel de carta do "Savoy-Hotel Meran"[1]
16. 9. 1903

Minha velha,
    Do lado de fora o Passirio murmulha para adormecer, as montanhas estão cobertas de neve branca grossa, as maçãs vermelhas carnudas passam frio como nós, mas estamos em Merano e muito felizes de novamente nos hospedarmos no Savoy.
    Você sabe, não pudemos usar a ligação ferroviária direta, visto que o vale Pusteria e o trecho Salzburgo – Innsbruck estão bloqueados. Experimentamos também aqui um pouco do tempo que você descreveu em seu cartão de Schellenberg.[2] De todo modo, você não teria reconhecido Bolzano.
    Esperamos dia após dia pela resposta; por que mesmo fomos para o Sul do Tirol? Mas quando percebemos pelas notícias de jornal que estávamos lidando com uma rápida queda de temperatura, nos decidimos rapidamente em desistir das alturas e ficar com Merano no lugar.
    Na verdade, essa era minha intenção secreta desde o início. A convicção da pequena capacidade de ação de Minna aumentou e o mau tempo pôs um fim em todas as hesitações. Espero que ela não se lamente. A recepção aqui foi muito calorosa, a comida farta e o todo dá a mais elegante e acolhedora impressão.
    Já tínhamos estado aqui por algumas horas anteontem, visitando a sra. Schlesinger.[3] Mas a pobre mulher está decaindo tanto que não quero hos-

---

[1] Hoje uma escola profissional de hotelaria e afins.

[2] Lugarejo entre Salzburgo e Berchtesgaden.

[3] Não identificada de maneira conclusiva. Poderia se tratar de Julie Schlesinger, a acompanhante de Josefine Auspitz, uma sobrinha da paciente mais importante de Freud da primeira metade nos anos 1890; cf. Winter (1927), p. 73 e segs.

pedar Minna com ela. Ela se prejudicaria mais do que poderia ajudar a velha. Claro que ela manda lembranças calorosas a você. O convívio com ela, como Schult[1] mesmo disse, se tornou completamente impossível.

76. *Merano*.

---

[1] Não identificado.

Enquanto estamos passando bem, sei que você, infelizmente, tem de carregar todas as queixas necessárias e supérfluas da situação. A viagem sob essas condições não deve ter sido agradável. Será que Martin teve apenas o mesmo[1] que Frl[2] e Ernstl? Eu tinha dado por certo que você iria para Bristol; meu telegrama do aniversário de casamento[3] também foi para lá. Como estava Wolf-Dietrich?[4] Espero que decente.

Graças ao mau tempo vivemos de maneira até que barata. Também não havia nada adequado para comprar. Só trarei lembranças se você pudesse me dizer o quê. Mas essa observação não vale como pedido; sei que sua resposta a essa carta não vai mais me alcançar. O regresso então deverá ficar do jeito que havíamos combinado, no mais tardar domingo cedo em Viena, embora seja preciso calcular com as questões de trânsito. O caminho sobre Innsbruck – Munique (Rosenheim) – Salzburgo também está livre hoje.

Não ache que não aproveitei nada da viagem, apesar de não ter visto nada de novo. Em Bolzano, foi possível caminhar durante horas todos os dias, o ar estava deliciosamente refrescante; de todo modo, essa semana foi menos cansativa do que a primeira, na qual tivemos de lidar com o calor em Munique e Nurembergue.

Espero que você se organize rápido, mantenha o ânimo em alta dos dias de férias e contenha os pequenos até eu chegar em casa.

Lembranças afetuosas a ti e a todos,
Seu Sigm

---

[1] O mesmo catarro.
[2] Provavelmente uma empregada doméstica da família Freud.
[3] 14 de setembro.
[4] Não identificado.

Grécia

28 de agosto a 10 de setembro de 1904

A Grécia tem uma posição especial entre todas as culturas pelas quais Freud se interessava. Não que a admiração pela Antiguidade clássica por parte de um intelectual burguês da monarquia do Danúbio fosse algo incomum, mas afinal a literatura, a mitologia, a arte e a filosofia gregas tiveram maior influência na obra de Freud do que na de qualquer outro cientista de sua geração.[1]

Para ele, os gregos eram um povo "altamente capaz"[2] e "culturalmente superior"[3] – uma noção que atravessa suas cartas e escritos desde o tempo de escola até a obra tardia: dessa maneira, quando estudante, ele mantinha um diário em grego antigo,[4] os termos dos conceitos-chave da psicanálise, como complexo de Édipo e narcisismo, são emprestados da mitologia grega, e

---

[1] Cf. p. ex. Tourney (1965).
[2] Freud (1939a), p. 167.
[3] Freud (1905e), p. 210.
[4] Jones (1960 – 1962), vol. 2, p. 40.

Freud citou a obra em vários volumes de Theodor Gomperz, *Griechische Denker*[1] [Pensadores gregos], por ocasião da enquete de Hugo Heller, em 1906, como sendo um dos dez "bons livros".[2]

Mas Freud conhecia a cultura grega não apenas dos livros, sempre dispendendo muito tempo às seções dedicadas à Antiguidade dos museus por ele visitados, e uma parte considerável de sua coleção de antiguidades é composta por estatuetas e cerâmicas gregas.[3] Em maio desse ano, ele planejava um ensaio sobre o "Caráter sexual da construção na Antiguidade", mas não chegou a realizá-lo.[4]

Depois de ter passado seis semanas no verão junto com sua família na mansão "Sonnenfels" em Königsee, Berchtesgaden,[5] ele decidiu-se lá, em meados de agosto, a "viajar pelo Adriático"[6] com o irmão Alexander. As estações da viagem ainda não estavam decididas, mas o planejamento apontava em direção a Corfu.

Percurso da viagem

28.8	Königssee – Salzburgo – Graz
29.8	Trieste – excursões para Opicina e Miramare
30.8	Trieste
31.8 00 3.9	Passagem de navio: Trieste – Brindisi – Saranda – Corfu – Patras – Atenas
4 – 6.9	Atenas
6.9	Atenas – Corinto – Patras
7 – 8.9	Passagem de navio
9.9	Trieste
10.9	Viena

---

[1] Gomperz (1896 – 1909).
[2] Freud (1960a), p. 267 e segs.
[3] Cerca de 150 das 1.750 peças ainda existentes são de origem grega.
[4] Grubrich-Simitis (1993), p. 151.
[5] No final de julho, ele encerra aqui os "Três ensaios sobre a teoria da sexualidade"; Freud (1985c), p. 510; Jones (1960 – 1962), vol. 2, p. 29.
[6] Freud (1985d), p. 281.

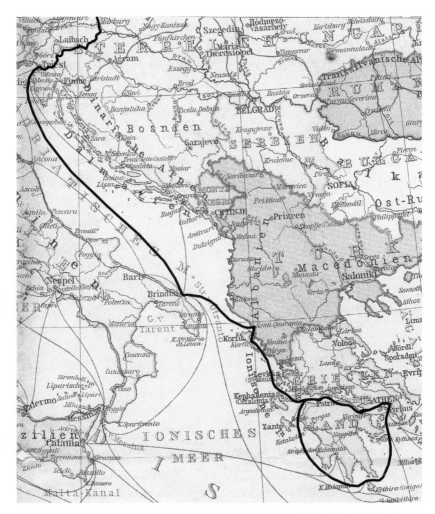

77. Rota da viagem, 1904.

28 DE AGOSTO DE 1904
CARTÃO-POSTAL DE SALZBURGO PARA MARTHA FREUD

I.
SALZBURGO, 28. 8. 04

10h atravessamos a fronteira. Aqui pouco tempo, trocamos dinheiro, charutos, cartões, pequeno lanche, passagem, em seguida vamos a Graz. Tempo nublado, não frio, mais abafado. Próxima notícia de Graz.

Lembr. cordiais
Pa

28 DE AGOSTO DE 1904
CARTÃO-POSTAL DE GRAZ PARA MARTHA FREUD

2)
DOMINGO, 7 ½ NOITE

GRAZ ELEPHANT

Dia ficou firme, depois de boa viagem novamente hóspedes nesse sólido animal,[1] a fim de preencher as lacunas da alimentação. Início foi brilhante, Pilsner muito boa. Às 23h30!! seguimos para Trieste.[2]

Lembranças aos novos convidados.[3]

Lembranças
Pa

---

[1] Não foi possível determinar por qual ocasião anterior Freud havia feito uma refeição no Hotel Elephant. No final de maio de 1898 aventou-se um "congresso" com Wilhelm Fließ em Graz; cf. Freud (1985c), pp. 342-4.

[2] 23.29 partida de Graz, 6.30 chegada em Trieste (*Cook's continental time tables, tourist's handbook and steamship tables*. Londres: Thomas Cook & Son, 1904, p. 72.)

[3] Não foi possível determinar quais os convidados em questão.

29 DE AGOSTO DE 1904

CARTÃO-POSTAL DE TRIESTE PARA MARTHA FREUD

3)

SEGUNDA 29. 8. 04

TRIESTE 8 ½ H

Depois de uma viagem muito confortável num coupé com vista do mar total (2 Kr por pessoa) chegamos aqui, Hotel buon pastore, fizemos a toalete e agora Café Specchi. [Café com Pinzes[1]] Dia não abafado, pelo menos por agora. Depois visita ao Lloyd, informações etc. Próximo cartão trará as aguardadas importantes decisões.

Lembranças cordiais
Pa

29 DE AGOSTO DE 1904

CARTÃO-POSTAL DE OPICINA[2] PARA MARTHA FREUD

4)

OP[I]CINA SOBRE TRIESTE

29. 8. 04 12H

Hoje mais movimentado; primeiro nos amedrontaram com a exigência de passaporte para Corfu, então o cônsul grego nos acalmou novamente. Depois Alex se informou com um exportador conhecido, que, muito honrado com nossa visita, não queria nos liberar, nos sugeriu a fazer a viagem de ida por Atenas, onde claro só poderíamos ficar por 2

---

[1] Pinzes: pães italianos de Natal que, após terem sua receita exportada para a Áustria, foram transformados em receita típica de Páscoa.

[2] Cidade acima de Trieste.

dias. Em Corfu parece não haver muito o que fazer. Ainda estamos pensando. Muito sedutor. Enquanto isso, ele nos orientou até aqui, funicular elétrico sobre o Carso com a mais adorável vista sobre a cidade como Torsato/Fiume.[1] Queremos almoçar aqui.

Lembr. cordiais
Pa

29 DE AGOSTO DE 1904
CARTÃO-POSTAL DE TRIESTE PARA MARTHA FREUD

5)
29. 8. 04

Viajamos com o *Urano*[2] terça 10 ½ da manhã.[3]
Brindisi – Quarta após 10 ½
Corfu – Quinta 1 ½ tarde
Patras sexta 4 ½ da manhã
Atenas sábado 4h da manhã
Escreva apenas posta-restante para Atenas, de onde partiremos de volta na segunda 11h.

Telegrama muito desejado, "Freud, Vapor Lloyd Urano", Brindisi [ou Corfu, Patras].

Lembranças cordiais
Sigm

---

[1] Atual Rijeka.

[2] O *Urano* era um vapor do Lloyd austríaco, que fazia a linha expressa do Levante e do Mar Mediterrâneo até Constantinopla.

[3] Segundo plano de viagem, a ida deveria transcorrer assim: Terça: saída 10h30 de Trieste, quarta: 22h30 chegada a Brindisi, 0h00 saída de Brindisi; quinta: 11h00 chegada em St. Quaranta, 12h00 saída de St. Quaranta, chegada 13h30 em Corfu, partida 15h30 de Corfu; sexta: chegada 4h30 em Patras, partida 7h00 de Patras; sábado: chegada 10h00 em Pireu (*Cook's ContinentalTime Tables, Tourist's Handbook and Steamship Tables*. Londres: Thomas Cook & Son, 1904, p. 178.)

78. Cartaz do Lloyd austríaco.

29 de agosto de 1904
Cartão-postal de Miramare para Martha Freud

6)
Segunda, 29. 8. noite

Miramare¹ maravilhosa.
O banho de mar em Barcola² foi tão bom que nossa decisão balançou um tempo em favor de repeti-lo. Mas logo superamos os banhos e agora já estou de posse de notas de dracmas incrivelmente esfarrapadas e meladas de 25, 5, 2 e 1 Δραχμη. Claro que minha separação das notícias de vocês não será fácil; espero que vocês escrevam para Atenas e telegrafem para Corfu. Telegrafarei com porte pago para resposta, tudo acaba sendo uma aventura e Alex o soberano.
Lembranças cordiais
Sigm

30 de agosto de 1904
Cartão-postal de Trieste para Martha Freud

30. 8. 04
9H30

Cordial sd antes do embarque.
Vamos finalmente para Atenas porque Corfu agora deve estar quente demais. Corfu apenas 3 horas pela manhã. No telegrama, por favor, Pro-

---

[1] Freud já tinha estado várias vezes antes em Miramare. Suas visitas eram dedicadas especialmente à coleção egípcia do castelo local. Essa coleção era famosa e muitas vezes citada junto com as coleções egípcias do Louvre e do Museu Britânico, além das coleções de Turim, Leiden, Berlim, Viena, Munique, Florença e Nápoles; cf. Reinisch (1885), p. VIII.

[2] A noroeste de Trieste.

fessor F., será entregue segundo cartão de visita. Bem-estar, ontem não quente, hoje mais.

Sigm

79. *Castelo Miramar em Triste.*

31 DE AGOSTO DE 1904
CARTÃO-POSTAL A BORDO DO *URANO* PARA MARTHA FREUD

QUARTA, 31/8, 6H DA MANHÃ
URANO

O mar está maravilhoso, o navio anda de maneira absolutamente tranquila. Infelizmente é uma velharia com cabines pequenas para 3 pessoas. Levantei-me às 5h e vi o sol nascer. Agora o deque está sendo lavado. A comida é extraordinária, comemos e nos embotamos, nos sentimos muitíssimo bem. Única recuperação possível quando o mar está bravio. Hoje não veremos nenhuma costa até a noite, estamos descendo o Adriático. Este postal será despachado em Brindisi.

Lembr. cordiais
Sigm

1 de setembro de 1904
Carta (4 pp.) a bordo do *Urano* para Martha Freud
Papel de carta de Freud

Urano 1 de set 04
8h30 da manhã
em algum lugar entre Brindisi e Corfu

Minha querida

Muito obrigado pelo telegrama que recebi ontem numa hora pouco habitual (2h da manhã) em Brindisi. É que chegamos atrasados. Também seguimos com 4h de atraso, porque o carregamento não estava pronto. Não se deve ter uma imagem muito perfeita da empresa Lloyd; num momento insatisfatório, encontramos a fórmula: descaso austríaco junto com falta de consciência italiana. Nosso mau humor temporário foi compensado por deparar um navio antigo com um pouco de coisas novas e conforto, mas ele não se sustenta contra o vento celestial e o mar divino.

Também não é necessário nunca se desacostumar do conforto. Experimento escrever ao vento sem peso de papéis sobre o banco de comando sobressalente. Mas a uma dura vida de marinheiro corresponderia certamente outra comida, não essas duas fartas refeições com seus antepastos maravilhosos (azeitonas, *acciuge*,[1] *mortadella*), dos quais nos servimos mais do que temos de espaço para a refeição inteira. Ou seja, não passamos por nenhum processo de endurecimento ou ascese e entre o comer, a indolência e o morar há uma diferença.

O mar está um pouco mexido desde anteontem pela manhã por causa do vento sul, o que magnifica a sua imagem, mas o navio navega tão tranquilo que parece que comemos feito sobre o parquê de casa.

Não imaginei o Adriático tão solitário. De ontem cedo até a noite em Brindisi encontramos (vimos) um único barco a vela. Mais nenhum outro ser vivo,

---

[1] Anchovas.

também nenhum golfinho, baleia, atum ou tubarão. Agora está igual, mas ainda pela manhã chegaremos em águas mais animadas. Não fazemos nada, o olhar contínuo das pequenas ondas com cristas brancas e o avançar silencioso, na verdade a vibração do navio, narcotiza as forças espirituais inquietas. É muito sem graça, mas não dá para se entediar. Em compensação, é possível se convencer do deslocamento das estrelas, que eu nunca teria descoberto e só conheço da escola. Assisti ao primeiro nascer do sol às 5 h da manhã, hoje perdi a hora porque acompanhei acordado todo o episódio do atracamento noturno em Brindisi. Evidentemente que o grupo dá muito assunto para preencher as horas que as refeições deixam vazias. Entre os passageiros há o prof. Dörpfeld,[1] o assistente de Schliemann[2] e chefe de todas as escavações alemãs. Não estou sentado próximo a ele e como não há uma lista de passageiros ou ela não está exposta, não é fácil se conhecer. Mas estou contente em vê-lo. Entre as senhoras há algumas "leoas de sorvete de creme", que fazem a toalete 4x ao dia. Não consigo entender como fazem isso nas cabines. Aliás, algumas americanas agem igual, que são muito alegres e se comportam sem acanhamento e, como Alex. afirma, agem como *eccentrias* para macacos. A maioria vai para Atenas, com o trem partindo de Patras, enquanto vamos circundar o Peloponeso e queremos primeiro atracar em Pireu, o que Oli[3] deve explicar a vocês. Mas na viagem de volta faremos assim também, percorrendo um pedaço da Grécia (de Atenas a Corinto) com o trem. Assim ganhamos um dia para Atenas. Os navios do Lloyd não querem passar pelo canal estreito de Corinto. Agora está ficando barulhento demais e também venta, de modo que encerro.

com lembranças cordiais.
Sigm

---

[1] Wilhelm Dörpfeld, criador das escavações organizadas de maneira científica, ficou conhecido especialmente por seu trabalho em Troia, Micenas e Olimpia.

[2] Heinrich Schliemann descobriu as culturas pré e antigas do Mar Mediterrâneo, principalmente Troia e Micenas. Já em 1899 Freud havia escrito a Fließ: "Me dei o *Ilios* de Schliemann de presente e gostei de sua história de infância. O homem ficou feliz ao descobrir o tesouro de Príamo, pois felicidade só existe como concretização de um sonho de infância"; Freud (1985c), p. 387.

[3] Oliver, filho de Freud.

80. Porto de Brindisi com o castelo de Frederico II.

1 DE SETEMBRO DE 1904
CARTÃO-POSTAL ILUSTRADO DE CORFU PARA MARTHA FREUD

1 SET

Parecido com Ragusa, muito bonito, estivemos no alto, breve estadia.

2 DE SETEMBRO DE 1904
CARTÃO-POSTAL A BORDO DO "URANO" PARA MARTHA FREUD

DIANTE DE PATRAS 2 SET
MANHÃ

Ontem à noite muito enrolado, ficamos ancorados, dormimos muito bem no deque. Agora estamos entre o Peloponeso e a beirada sul da terra firme (Oli) na água estreita, terra de ambos os lados. Montanhas, não próximas o suficiente para conseguir entendê-las ou apreciá-las. Hoje último dia no mar, depois amanhã Pireu no meio do dia. Antes há promessa apenas de movimentação no mar. Evidente grande bem-estar.

Lembr.
Pa

2 DE SETEMBRO DE 1904
CARTA (4 PP.) A BORDO DO *URANO* À FAMÍLIA
PAPEL DE CARTA DE FREUD

GOLFO DIANTE DE CORINTO, 2 SET 04
10H NOITE

MEUS CAROS

Ontem foi talvez o dia mais divertido da viagem. Duas paradas, as primeiras num lugarejo turco, Santi quarante[1] (40 santos), no qual as casas e ruínas dos tempos bizantinos não se distinguem claramente. O lugar do porto de Épiro[2] com turcos legítimos, caravanas paradas à sombra do único plátano – a bandeira turca com a meia-lua, albaneses com chapéu branco de ponta como nas estátuas antigas, peles de cordeiro, barqueiros parecidos com o Jasão dos argonautas etc. etc. Uma senhora turca coberta de véu acompanhada por uma empregada sem véu fabulosamente feia e uma menina pequena embarcaram e assim que sua companhia deixou o navio, ela tirou o véu e ao menos à distância se deixou observar. Deve não fazer isso há tempos.

Às 4h paramos em Corfu, ainda estamos atrasados e não cumprimos o horário. Claro que não é nem de longe parecido com a ideia que eu havia feito. A imagem da cidade, que fica na parte plana da ilha gigante, tem muita semelhança com Ragusa por causa das duas antigas fortificações do tempo veneziano. Remamos até terra firme, engajamos um guia e fomos passear pelas ruas. Os primeiros cartazes gregos com letras grandes e eu deixo Martin[3] confirmar que demora um tempo até que se consiga fazer a correspondência das letras. Nesse meio tempo, já estamos em uma outra rua ΧΕΝΟΔΟΧΙΟΝ = hospedaria. Finalmente – no antiquário, Alex não me

---

[1] Atual Saranda, na Albânia.
[2] Hoje, Igoumenitsa é o porto mais importante de Epirus.
[3] Filho mais velho de Freud.

deixa demorar, supostamente porque não há tempo – subimos na Fortezza vecchia[1] e de lá tivemos a conhecida indescritível vista sobre mar, ilha, um lago, oliveirais silenciosos etc., ciprestes, figueiras etc. são óbvios. O que chamamos de "amor ardente"[2] cresce feito mato. O calor era para um derrame e se não tivermos um encontro marcado com ele na velhice, então a conclusão dessa subida é uma prova da excepcional melhoria da minha constituição. Em Corfu houve também a primeira oportunidade para nos convencermos de que recebemos algo em troca desses papéis incrivelmente ensebados, p. ex. selos e cartões-postais. O dinheiro é dos mais sujos aqui; fora isso, em Corfu tudo muito limpo, amistoso. Aliás, para uma estadia de quase 8 dias, esse dinheiro quase não teria sido suficiente.

O Achilleion[3] fica um bom tanto distante da cidade, a meio caminho de uma montanha; nos satisfizemos com uma olhada pelo binóculo.

Durante uma noite que passamos em agradável companhia, o mar começou a ficar estranho, o fundo inchou-se em nossa direção feito a água do pescador de Goethe,[4] para depois tudo se retrair traiçoeiramente. Ao mesmo tempo, tudo estava úmido-gosmento por causa do *scirocco*, de maneira que nós, antes muito felizes e animados, dormimos por precaução no deque até as 4h da manhã. [Meu olhar acaba de encontrar os contornos de Cefalônia e Zaquintos].[5]

Dorme-se de maneira esplêndida. Éramos um grupo misto durante o dia: vienenses apenas nós, um capitão que foi transferido para Constantinopla e a preceptora de uma garota jovem, muito jovem e divertida de Atenas, que graceja da mãe grega que pesa 100 quilos, fala alemão muito bem e esteve em Viena. Mais um grupo de viagem do norte da Alemanha

---

[1] A fortaleza de Corfu.

[2] *Lychnis chalcedonica*, popularmente chamada de cruz-de-jerusalém. (N. T.)

[3] Castelo construído em 1890 pela imperatriz Elisabeth da Áustria, que o imperador Guilherme II comprou em 1907; hoje, museu.

[4] "O pescador", poema de Goethe que começa assim: "A água brame, a água sobe / Um pescador sentado junto ao mar / Observa sua linha calma / Frieza até seu coração" [trad. livre] Goethe (1960 e segs.), vol. 1, p. 116.

[5] Duas ilhas diante da costa oeste da Grécia.

com as conhecidas piadas e características, algumas pessoas muito simpáticas, entre elas um jovem acadêmico desmiolado de Estrassburgo, depois um triestrino, uma porção de ingleses que em geral se revelam americanos, depois as inglesas de Smyrna,[1] que primeiro achamos ser americanas, uma única americana rica com seu médico particular francês, uma jovem família turca, uma armênia de Tiflis,[2] no deque intermediário turcos, albaneses etc.

Hoje cedo grande parte desse monte colorido desembarcou em Patras, a fim de seguir para Atenas com o trem. E agora começa curiosamente a chover, bem como em casa! Mas o capitão assegura, nenhum *scirocco*, o navio também está andando muito calmo. Tenho de encerrar, pois senão esta carta não ficará apenas encharcada de tinta, mas também molhada e daí ilegível. Será postada em Pireu.

Lembr. cordiais, o que vocês andam fazendo?
Pa

3 DE SETEMBRO DE 1904
CARTÃO-POSTAL DE ATENAS PARA MARTHA FREUD

1)
ATENAS, 3 SET
7H NOITE

Finalmente chegamos a Atenas às 23h45.[3] Bonito, ar poeirento. Incrível, maravilhosamente bela a entrada. Acrópole. Hotel Athen muito bom, refeição lá, diária 10 frcs. De imediato ao correio, não achei nada. Depois

---

[1] Atual Izmir (Turquia).
[2] Atual Tbilissi, capital da Geórgia.
[3] Com quase três horas de atraso.

à cidade. Já vimos muita coisa. Templo de Teseu[1] inesquecível, incrivelmente curioso. Agora faminto.

Lembranças
Pa

4 DE SETEMBRO DE 1904
CARTÃO-POSTAL DE ATENAS PARA MARTHA FREUD

ACRÓPOLE
DOMINGO, 4 SET
10H

Vesti a camisa mais bonita para visitar a Acrópole, na qual estamos há 2 h. Ela supera tudo o que já vimos e tudo o que se pode imaginar. Temíamos calor incapacitante e agora chove, de modo que tivemos de nos abrigar na antessala do museu infelizmente fechado.

Alex está sentado num trono de mármore que com certeza foi de um arconte,[2] escrevo ao lado de um cavalo do cortejo de Fídias. A vista do castelo também é maravilhosa.

Lembranças
Pa

81. *Heféstion em Atenas.*

---

[1] Mais conhecido como Heféstion ao lado da Ágora.
[2] Mais alto cargo na antiga Atenas; escolhido por voto para um período de dez anos.

5 DE SETEMBRO DE 1904

CARTÃO-POSTAL DE ATENAS PARA MARTHA FREUD

SEGUNDA-FEIRA, 5. 9. 04

Quase não vale o esforço de escrever, pois *amanhã* na hora do almoço vamos prosseguir. Plano com o trem para Patras, passando por Corinto. Lá o navio volta à noite pelo mesmo caminho.

Hoje o museu. A maior impressão foi, claro, o dia inteiro ontem em Acrópole, também animado pelo feliz telegrama e as belas vitórias japonesas.[1] Na verdade, muito pouco tempo para Atenas. Espero receber cartas hoje.

Lembranças afetuosas
Pa

5 DE SETEMBRO DE 1904

CARTÃO-POSTAL DE ATENAS PARA MARTHA FREUD

5. 9. 04

NÃO DEVE SOBRAR NENHUM CARTÃO.
Os cães não têm focinheira por aqui, e sim as cabras. – As caixas de correio são raras, mas sem diferença das austríacas. O café é inacreditavelmente bom, café de verdade. – Temos de adivinhar as notícias sobre a guerra[2] pelas edições extras gregas. – O mais barato foi o tempo, chega-

---

[1] Vitória dos japoneses na batalha de Liaoyang em 4 de setembro. A guerra russo-japonesa foi deflagrada em 5 de fevereiro de 1904 em razão do conflito pela Manchúria. Seu fim veio com o tratado de paz de Portsmouth em 5 de setembro de 1905.

[2] Sobre a guerra russo-japonesa.

mos no mesmo dia em que saímos, ou seja, não perdemos nada e ainda ganhamos 35 minutos.[1]

Lembr. cordiais
Pa

82. *Trono do sacerdote para Dionísio Eleutério.*

6 DE SETEMBRO DE 1904
CARTÃO-POSTAL DE ATENAS PARA MARTHA FREUD

MANHÃ DE TERÇA-FEIRA
9H

Tudo pronto para a partida, ainda pequenas compras (i.e. continuação do comércio com as antiguidades), depois arrumar as malas, comer.

---

[1] Essa observação se deve ao fato de que em 1904 na Grécia ainda se usava o calendário juliano, que está 13 dias atrás do gregoriano, justamente o período entre a partida em Königssee e a chegada em Viena.

O trem sai às 12h. Às 7h Patras,[1] às 10h o navio.[2] Eu telegrafo em Patras. Ontem recebi sua carta e a de mamãe, muito feliz, espero que não chegue nenhuma outra. Transporte é mesmo difícil, o mais difícil disso.

Lembr. cordial
Sigm

6 DE SETEMBRO DE 1904
CARTÃO-POSTAL DE PATRAS PARA MARTHA FREUD (ILUSTR. 83)

3 ½ h 6/9 andamos por aqui, bonita viagem.[3]

83. Canal de Corinto.

---

[1] Saída de Atenas 11h30, chegada em Patras 19h10 (*Cook's continental time tables, tourist's handbook and steamship tables*. Londres: Thomas Cook & Son, 1904, p. 152.)

[2] Terça: 22h00 saída de Patras; quarta: 11h00 chegada em Corfu, 13h00 saída de Corfu, 14h30 chegada em St. Quaranta, 16h00 saída de St. Quaranta; quinta: 3h00 chegada em Brindisi, 6h00 saída de Brindisi; sexta: 16h00 chegada em Trieste (*Cook's continental time tables, tourist's handbook and steamship tables*. Londres: Thomas Cook & Son, 1904, p. 178.)

[3] No mesmo dia, às 19h10, Freud e Alexander chegaram a Patras. O navio partiu às 22h00 e em 9.9 à tarde eles já estavam novamente em Trieste. Havia um trem que saía de Trieste às 21h55 para Viena e que chegava em 10.9 às 5h35 na estação sul de Viena (*Cook's continental time tables, tourist's handbook and steamship tables*. Londres: Thomas Cook & Son, 1904, p. 72).

Norte da Itália, Suíça

3 a 23 de setembro de 1905

No verão de 1905 foram publicados dois livros importantes de Freud: *O chiste e sua relação com o inconsciente* e *Três ensaios sobre a teoria da sexualidade*. Os trabalhos prévios de ambas as obras estenderam-se até a segunda metade dos anos 1890. Antes de sua publicação, Freud aproveitou os feriados de Páscoa para procurar com o irmão Alexander um local para passar o verão no sul do Tirol.[1] Por fim, a família decidiu-se novamente por Aussee. De meados de julho até o início de setembro, Freud dividiu seu tempo entre "procurar por frutinhas silvestres, cogumelos e jogos de tarô". Numa carta desse verão, ele anunciou estar "indiferente a toda ciência".[2] Em 3 de setembro, ele deixou sua residência de férias e viajou cerca de três semanas com sua cunhada Minna pelo norte da Itália e pela Suíça.

---

[1] Jones (1960 - 1962), vol. 2, pp. 29, 40.

[2] Jones (1960 - 1962), vol. 2, p. 29. Sigmung Freud – Emma Eckstein, 25.08.1905 (LoC).

Percurso da viagem

3.9	Aussee – Innsbruck
4.9	Innsbruck – Bolzano – Rovereto
5.9	Rovereto – Verona – Milão
6.9	Milão – Lago di Como – Bellagio
7 - 9.9	Bellagio
8.9	Excursão para Lugano
9.9	Bellagio – Isola Madre – Isola Bella – Isolla dei Pescatori – Pallanza
10.9	Pallanza – Stresa
10 - 12.9	Stresa
12.9	Stresa – Milão – Gênova
12 - 23.9	Gênova
17 - 18.9	Excursão para Rapallo
23.9	Retorno a Viena

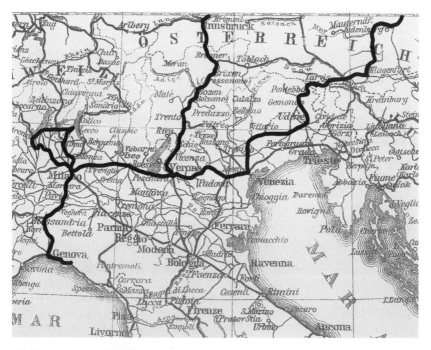

84. Rota da viagem de 1905.

4 DE SETEMBRO DE 1905
CARTÃO-POSTAL DE INNSBRUCK PARA MARTHA FREUD

INNSBRUCK
SEGUNDA, 4 SET.

Hotel Europa[1] bastante simpático. Chove em Innsbruck, mas está ameno. Plano de viagem meio do dia até Bolzano,[2] 3 h estadia por lá, depois à noite para Rovereto e amanhã seguir até Milão.

[acréscimo de Minna Bernays:]
Aqui modelar o cabelo e consertar uma cinta, a bolsa de Sigi também está se desfazendo, fora isso tudo na melhor ordem.

Lembranças cordiais

4 DE SETEMBRO DE 1905
CARTÃO-POSTAL DE BOLZANO PARA MARTHA FREUD

BOLZANO GREIF[3]
4 SET.

Mais uma vez o Greif. O sol apareceu no Brenner e agora está bonito e quente. Depois de aventuras divertidas, descansaremos aqui de 4-7 h. O relato disso segue apenas amanhã.

[acréscimo de Minna Bernays:]
Acho que a roupa ainda está funcionando no outro lado dos Alpes, tão bonito está. Sigi muito bem e animado.

---

[1] Na praça Südtirol.

[2] 12h04 partida de Innsbruck, 16h03 chegada em Bolzano (*Cook's continental time tables, tourist's handbook and steamship tables*. Londres: Thomas Cook & Son, 1904, p. 70).

[3] Um dos melhores hotéis na praça.

85. Praça Walther em Bolzano, vista do Hotel Greif.

86. Rosengarten em Bolzano.

4 DE SETEMBRO DE 1905
CARTÃO-POSTAL ILUSTRADO DE BOLZANO PARA ANNA FREUD (ILUSTR. 86)

Tia e papai, que estão sentados sob o sol e conseguem enxergar o Rosengarten,[1] fazem votos de um tempo um pouco melhor para vocês.

5 DE SETEMBRO DE 1905
CARTÃO-POSTAL DE VERONA PARA MARTHA FREUD

VERONA, TERÇA 5 SET

11H

Primeira saudação da Itália depois de pequena refeição antes do trem para Milão.[2] Tudo bem até agora. Tempo maravilhoso. Minna bastante jovial. Esperamos encontrar carta em Milão.

Saudação, Pa

---

[1] Um grupo de picos das Dolomitas a oeste de Bolzano.

[2] 11h00 partida de Verona, 14h00 chegada em Milão (*Cook's continental time tables, tourist's handbook and steamship tables*. Londres: Thomas Cook & Son, 1905, p. 140).

87. Arena di Verona; fotografia comprada por Freud.

88. Bellagio.

7 DE SETEMBRO DE 1905
CARTÃO-POSTAL ILUSTRADO DE BELLAGIO PARA MARTHA FREUD (ILUSTR. 88)

7 SET. 05

Un saluto da Bellagio[1].

Sigm Minna

5 DE SETEMBRO DE 1905
CARTÃO-POSTAL DE BELLAGIO PARA MARTHA FREUD

VILLA SERBELLONI
BELLAGIO, 7 SET.

Finalmente o lado bonito da viagem depois da desagradável Milão. O lago de Como é maravilhoso. Mansões seguidas de mansões, cidade seguida de cidade. Chegamos às 8h da noite.[2] Linda vegetação sobre o lugar, esta mansão com vista para 2 lagos, toda exuberância como Ragusa.

[Acréscimo de Minna Bernays:]

---

[1] Impresso no verso do postal.
[2] 17h30 partida de Milão, 19h00 chegada em Como (*Cook's continental time tables, tourist's handbook and steamship tables*. Londres: Thomas Cook & Son, 1905, p. 139); de Como até Bellagio a viagem certamente durava mais uma hora.

Sigi finalmente totalmente satisfeito, em Milão ele estava como o velho K. brigando por causa da cabine de banho; mas também estava horrível; aqui indescritível hotel simpático, simples, muito alemão. A camareira diz sempre: eu trago para a senhora *com prazer*.

8 DE SETEMBRO DE 1905
CARTÃO-POSTAL DE BELLAGIO PARA MARTHA FREUD

SEXTA-FEIRA, 8 SET.

Após dia muito prazeroso, hoje passeio pelo lago de Lugano, com pequena parada até na sequência Pallanza no lago Maggiore. Tempo maravilhoso mas no geral encoberto. Ontem à noite abafado, compras num ritmo muito limitado. A viagem inteira tão suave quanto bonita desde a cidade grande, de modo que ouso repeti-la com você. Movimentação muito viva, mas não excessiva. Às 8 ½ embarcaremos no navio.

Cordiais sds

[Acréscimo de Minna Bernays:]
Ontem vi as coisas mais lindas, Sigi não me deixa oportunidade de escrever.

9 DE SETEMBRO DE 1905
CARTÃO-POSTAL DA ISOLA DEI PESCATORI PARA MARTHA FREUD

NA ISOLA DEI PESCATORI
SÁBADO, 9 DE SET.

Depois de visitarmos as duas ilhas mágicas Madre e Bella, esperamos o almoço no pequeno restaurante italiano, enquanto a barca espera à nossa frente.

[Acréscimo de Minna Bernays:]
Ontem um dia inteiro de viagem de Bellagio para Pallanza. 4 barcos a vapor diferentes e duas locomotivas a vapor, aguentamos de maneira brilhante, nossas bagagens menos. Trunfo doido! Tempo sempre maravilhoso. À noite, chuva suave. Escreveremos ainda hoje nosso plano de viagem.

Mil beijos
Minna

10 DE SETEMBRO DE 1905
CARTÃO-POSTAL DE PALLANZA PARA MARTHA FREUD

MANHÃ 10 DE SET.
PALLANZA

A conhecida opereta superlativa finalmente passou por aqui. Hoje primeiro dia totalmente claro. Calor sempre muito suportável, fora o trem. Em uma hora vamos de navio até Stresa, onde queremos passar os 2 últimos dias da navegação. Minna está bem e jovial, desde a chegada em Milão sem incidentes. Estou aproveitando muito e espero que vocês passem mais alguns bons dias em Aussee.

Lembranças cordiais
Pa

10 DE SETEMBRO DE 1905
CARTÃO-POSTAL DE MINNA BERNAYS DE BAVENO PARA MARTHA FREUD

BAVENO, 10. 9.
CORAÇÃO!
Ontem no jantar seu telegrama. Muito feliz. Telegrafamos hoje cedo aos Wertheim.[1] Não creio que vá dar certo. Hoje cedo saímos de Pallanza,

---

[1] Conhecidos de Freud.

de navio até Stresa, não se sabe o que é mais belo. Lá estamos num pequeno hotel alemão, evitamos os "caixotes" grandes com sagrada ojeriza. Na hora do lanche fomos para Baveno, também maravilhosa. Nosso plano é: terça, por Gênova, até Milão, onde esperamos receber notícias. Sigi muito bem. Aparência ótima.

Mil beijos
Minna

11 DE SETEMBRO DE 1905
CARTÃO-POSTAL DE STRESA PARA MARTHA FREUD

H. ALPINO
11 SET

Subimos uma montanha sobre Stresa, que se chama Rigi em italiano. Claro que paramos à meia altura 840 m, no Hotel Alpino; abrimos mão do restante do percurso a pé. Mas o lago Maggiore está à nossa frente como em um mapa, com ilhas, lugarejos e montanhas e o *dejeuner* foi bastante bom, o ar cheio de temperos.

[Acréscimo de Minna Bernays:]
Tudo mais bonito do que é possível descrever, o mais fantástico o brilho fresco do sol. Ontem ainda um telegrama detalhado dos Wertheim, dizendo que estarão a partir do dia 13 em Vitznau.

Mil beijos
Minna

12 DE SETEMBRO DE 1905
CARTÃO-POSTAL DE MILÃO PARA MARTHA FREUD

MILÃO, 12.9

O tempo passa, o *tour* pelos lagos acabou, foi muito bonito, hoje vamos para o mar, em Gênova. Ontem muito feliz com seu telegrama, mas ainda não recebi carta em Pallanza, solicitei encaminhamento. Estado de ambas as partes: o melhor, quando passa o pouquinho de remorso por vocês não estarem passando tão bem.

Lembr. cordiais

Pa

89. Truogoli di Santa Brigida, conhecida praça em Gênova.

13 DE SETEMBRO DE 1905
CARTÃO-POSTAL DE GÊNOVA PARA MARTHA FREUD

GÊNOVA, QUARTA 13 SET

Ontem à noite chegamos aqui depois de terrível viagem pelo túnel,[1] visita geral, tudo pedra, porção de Herrengassen[2] e praças com *pallazi*,

---

[1] 15h30 partida de Milão, 18h36 chegada em Gênova (*Cook's continental time tables, tourist's handbook and steamship tables*. Londres: Thomas Cook & Son, 1905, p. 136.). Freud estava hospedado no Hotel Continental.

[2] "Herrengasse" [rua dos senhores] é uma antiga rua de Viena, endereço que foi quase exclusivo de palacetes. (N. T.)

mais portos, fortes, o mar, cemitério, tudo incrivelmente elegante, quase arrogante. Ainda não sabemos como vamos organizar a continuação, à tarde para Pegli,[1] com tempo glorioso. Onde vocês estão?

13 DE SETEMBRO DE 1905
CARTÃO-POSTAL ILUSTRADO DE GÊNOVA PARA MARTHA FREUD (ILUSTR. 89)

13. 9. 05

Claro que com tempo ótimo.

17 DE SETEMBRO DE 1905
CARTA (4 PP.) DE RAPALLO PARA ALEXANDER FREUD
PAPEL DE CARTA DO GRAND HOTEL SAVOIA
PUBLICADO EM: FREUD (1960A), P. 263 E SEGS.

RAPALLO,[2] 17 SET. 1905

CARO ALEX,
Não fique magoado se eu não te escrevi até agora. Para Aussee, também não produzi nada mais que cartões-postais, e esta carta – a primeira desde a partida – surgiu no pressentimento do regresso à vida humana comunitária. Não conseguimos produzir nada, o sol celestial e o mar divino – Apolo e Poseidon – são inimigos de quaisquer trabalhos. Noto que aquilo que ainda nos mantém em pé foi aquele pouco de tarefa séria, verificar com o Baedecker em mãos novas paisagens, museus, palácios, ruínas;

---

[1] Bairro na zona oeste de Gênova com belos parques e mansões, local de férias e descanso muito procurado.
[2] Em 1905, a viagem de trem de Gênova a Rapallo durava uma hora; Freud estava hospedado no Hotel Savoia.

visto que isso aqui e dessa vez será deixado de lado, mergulho de vez na boa vida.

Sobre o mar. A praia é lama fina, na qual conseguimos caminhar a pé por ¼ de hora, cabeça fora da água e um pouco adiante há recifes maravilhosos, como os que conhecemos em Capri, banheiras nas quais entramos, tapetes de pedras inclinados, sobre os quais nos refestelamos feito um ser böcklingeano,[1] totalmente a sós e sem possibilidade de estimar o tempo. Visto que estou sozinho, não levo a pescaria a sério. Mas no primeiro dia fiz cócegas num *polpo*[2] que não queria sair da água, depois me espetei nos ouriços-do-mar, fui queimado por medusas, quis em vão soltar anêmonas e cacei os inteligentes caranguejos, dos quais também aqui os moleques do mar italianos arrancam-lhes as pernas. O banho ocupa a parte da manhã. Aprecio tanto isso que estou pensando seriamente em eleger no próximo ano Viareggio, que este ano não verei, como único destino de viagem.

Não é possível falar do lugar sem ser poeta ou citar outros. Aqui tudo cresce, como por exemplo em Sorrento, há luxo apenas nas palmeiras, tudo bem ter curiosidade em relação ao castigo "misericordioso".[3] Isola Madre[4] – outro cenário, claro – foi a joia do passeio dos lagos, aqui junto ao mar somente uma coisa perturba: que não tivéssemos começado a comerciar porcos com aquele mr. Brown, quando escolhíamos, mal orientados, nossas profissões, ou não tivéssemos vindo ao mundo como um Spinola[5] ou qualquer outro nobre genovês. Muitas vezes a inveja atrapalha a fruição dos parques e das propriedades rurais.

---

[1] Arnold Böcklin representava figuras mitológicas em paisagens estranhas. Certamente Freud se recordava também das imagens de Böcklin na galeria Schack, em Munique, que ele visitara sete anos antes; cf. carta de 4 de agosto de 1898 para Martha Freud.

[2] Polvo.

[3] Em 1 de setembro de 1902, Freud tinha feito menção às *Afinidades eletivas* de Goethe num postal para Minna Bernays: "Ninguém vagueia impune sob a copa das palmeiras".

[4] Ilha no lago Maggiore.

[5] Marqués de los Baldazes Ambrosio; general espanhol, nascido em 1559 em Gênova. Ele apoiava o arquiduque Albrecht da Áustria com tropas voluntárias no cerco de Ostende.

Gênova você conhece, é imponente, sólida, quase arrogante, pura, rica; muito impressionante é a disseminação da língua alemã nos hotéis e lojas, Martha teria sossego aqui, assim como o queria em Veneza. Pelo menos, mais placas em alemão em Gênova do que em Trieste ou Praga. Apenas o terromoto[1] na Calábria movimenta aqui o interesse público. A Áustria não existe mais nos jornais, já sabemos disso.

No final da semana estou de volta, empobrecido dos honorários de meus livros, logo é vez da última oliveira, arancia,[2] magnólia etc.

Lembranças cordiais em seu exílio setentrional
Seu Sigm

19 DE SETEMBRO DE 1905
CARTÃO-POSTAL DE GÊNOVA PARA MARTHA FREUD

GÊNOVA, 19. 9. 05

Descanso na viagem de regresso. Primeira enxaqueca de Minna desde Aussee. Uma mudança no tempo nos deu o sinal para voltarmos. Hoje à noite tempestade terrível com granizo. Claro que não ajuda muito. Viajando devagar, poderíamos estar em casa na quinta ou sexta e ficar em família até segunda. Espero hoje resposta ao meu telegrama, restabelecendo o contato.

Lembr. cordiais
Pa

---

[1] A região da Calábria tinha sido palco de um forte terremoto no verão; as cidades Vibo Valentia, Catanzaro e Cosenza foram especialmente afetadas.

[2] Laranja amarga (*Citrus aurantium*) de folhas verde-escuras, muito aromática. As frutas verdes secas e muito açucaradas são consideradas benéficas para fortalecer o estômago; Gênova é famosa por elas.

90. Rapallo.

Toscana, Roma

12 a 26 de setembro de 1907

Em 1906, Freud não fez nenhuma viagem, mas passou dois meses com a família em Lavarone e no lago de Garda. Eles gostaram tanto que Lavarone foi novamente escolhido nesse ano como destino de férias. De lá Freud não fez outras excursões, exceto um passeio de um dia até Pádua.[1] Dessa vez, eles ficaram apenas um mês e passaram o tempo de meados de agosto até meados de setembro em St. Christina, no Val Gardena e no lago Ossiach.[2]

Em 12 de setembro, Freud viajou à Toscana. No meio do caminho, Minna – vindo de Karlsbad – se juntou a ele. Em Florença, eles se encontraram com Max Eitingon,[3] que também ia para Roma.

---

[1] Cf. Freud, Martin (1957), p. 122.

[2] Freud (1974a), p. 85 e segs.

[3] Max Eitingon (1881 – 1943) visitou Freud pela primeira vez em 1907. Mais tarde, ele se tornou um dos mais importantes patrocinadores do movimento psicanalítico, financiando p. ex. a policlínica psicanalítica fundada em 1920 e o instituto psicanalítico em Berlim.

É interessante que, durante essa viagem, Freud decidiu-se por encerrar a reunião das quartas-feiras[1] e refundá-la como Sociedade Psicanalítica de Viena. Ele comunicou sua decisão aos membros da sociedade numa carta escrita em Roma.[2] Certamente que os encontros com Max Eitingon e Carl Gustav Jung têm importância nesse passo em direção à institucionalização do movimento psicanalítico. Jung visitara Freud pela primeira vez em março de 1907, na companhia de Ludwig Binswanger.[3] Durante este período, Martha esteve em Reichenau am Semmering.

Percurso da viagem

12.9	Annenheim – Bolzano
15 – 16.9	Bolzano – Florença (Fiesole)
16.9	Florença – Orvieto
17.9	Orvieto – Roma
17 – 26.9	Roma
26.9	Roma – Viena

---

[1] Em 1902, Freud tinha fundado a reunião das quartas-feiras, um círculo de colegas e discípulos que se reuniam regularmente em sua casa a fim de discutir temas psicanalíticos.
[2] Freud (1955g).
[3] Freud (1974a), p. 26; Freud (1992b), p. XXXVI.

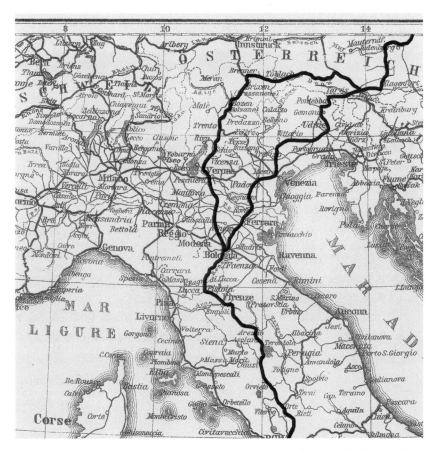

91. Rota da viagem, 1907.

12 DE SETEMBRO DE 1907

CARTÃO-POSTAL DE BOLZANO PARA MARTHA FREUD

BOLZANO, 12 SET. 07

No almoço. "Greif" é muito saboroso. Encontrei Minna em Franzenfeste,[1] que está com ótima aparência e se recuperou bastante bem. Por ora estamos aqui, em seguida veremos; ainda não tenho planos. Está bem quente em Bolzano, sem medo do mau tempo.

Lembr. cordiais
Papa

[Acréscimo de Minna Bernays:]

Mil beijos, querida. Feliz por Sigi me contar coisas boas. Achei-o muito disposto. Karlsbad novamente maravilhoso até o fim. Aqui também incrível!

Lembranças
Tua Minna

13 DE SETEMBRO DE 1907

CARTÃO-POSTAL DE BOLZANO PARA MARTHA FREUD

BOLZANO, 13. 9. 07

Então eis o definitivo, já anunciado por um telegrama. Minna viaja comigo amanhã cedo até Roma, onde chegaremos à noite. Primeiro também achei ser algo temerário, mas pensando melhor devo confessar que Bolzano–Roma não é mais longe do que Viena–Bolzano, a viagem não é

---

[1] Ponto de intersecção de linhas ferroviárias do Vale Pusteria.

especialmente desconfortável se pegarmos o caminho direto por Munique e Roma na segunda metade de set. é um lugar muito ameno. Assim espero que tudo corra bem. Ela está muito animada, eu também muito satisfeito por não estar sozinho.

Lembranças afetuosas
Seu Sigm

15 DE SETEMBRO DE 1907
CARTÃO-POSTAL DE FLORENÇA PARA MARTHA FREUD

N = I
DOMINGO, 15. 9. 07

Tomo sozinho o café da manhã na rua ao lado da catedral. Ainda é muito cedo e a cidade barulhenta ainda muito silenciosa. Minna está tentando dormir mais um pouco no hotel. Ela suportou bem a viagem desconfortável pelos Apeninos, mas creio que ela vai se satisfazer com Florença e não seguirá para Roma. Desde que leu ontem no jornal a notícia da morte da sra. Dub[1], seu humor piorou. Viajar aqui não é o tipo de coisa adequada para ela. Ficarei bem sozinho e depois da partida dela seguirei primeiro para Orvieto, depois para Roma. Ela ainda vai aproveitar bem o dia de hoje, pois ontem se alegrou

[continuação no próximo cartão]

N = II

feito uma criança com a chegada. A noite foi quase fria. Hoje claro ainda não está quente. Fizemos uma refeição dos deuses no restaurante Melini[2] por L 4,20 (os dois).

Você não precisa se preocupar comigo. Minha flexibilidade e alegria em viajar é total e aprecio muito tudo. Meu estômago parece querer se comportar de maneira educada aqui. Quando estiver sozinho, terei de trabalhar

---

[1] Conhecida de Minna.
[2] Restaurante de uma famosa adega.

em diversas coisas e assim reencontrar o caminho para a atmosfera necessária para o início do trabalho. Espero que vocês estejam aproveitando Reichenau e que seu telegrama não tenha sido apenas satisfação fingida.

Lembranças cordiais a todos,
Papa

16 de setembro de 1907
Cartão-postal de Florença para Martha Freud

Florença, 16 set. 07

Minna parte hoje às 10h40, passa a noite em Verona e chega amanhã em Merano. Viajo à tarde para Orvieto, onde aguardo o telegrama de vocês e estou amanhã em Roma.

Tivemos muita sorte com o tempo, nada quente. Minna ficou muito encantada com a breve estadia e acha que valeu a viagem. Principalmente a parte depois de Fiesole foi encantadoramente bela. O domingo excluiu as compras, às quais as oportunidades são enlouquecedoramente grandes. Estou curioso para saber se vocês estão gostando de Reichenau e quanto tempo permanecerão. Não se apressem em voltar para casa.

Lembranças cordiais
Papa

17 de setembro de 1907
Cartão-postal de Roma para a família

Roma, 17. 9. 07

Meus queridos

Cheguei, recebi cartas, telegramas no hotel e depois fui telegrafar também. Feliz por estar em casa em algum lugar. Num dia de viagem, a bagagem de mão custa mais do que a comida. Minna já me telegrafou em Orvieto anunciando que chegou bem. – Realmente não sei como cheguei à fama do arrojo. Ainda não está claro para mim o que estou fazendo aqui. Ler e escrever com certeza estarão presentes, o resto veremos. Saúdo vocês cordialmente em Viena e escrevo muito em breve, talvez ainda à noite.

Seu pai

17 DE SETEMBRO DE 1907
CARTA (4 PP.) DE ROMA PARA A FAMÍLIA

ROMA, 17 SET. 07, NOITE

MEUS QUERIDOS

Enfim me instalei confortavelmente e posso escrever a primeira carta da primeira noite. Claro que não tão confortável quanto em casa, mas dessa maneira aprendemos a valorizar a casa, como eu já aprendi com vocês. Fiquei muito satisfeito em saber que Reichenau foi tão bom, também as cartas das minhas duas delicadas filhas foram muito bonitas; só me resta adivinhar porque a filha do meio e os senhores filhos não encontraram nenhum tempo para escrever.

Creio que agora vocês todos já estejam vacinados e na expectativa sobre se haverá erupções.[1] A partir de amanhã lerei regularmente o Neue Presse no café e assim ficarei informado, pelo menos alguns dias depois, do que acontece em Viena. Os jornais italianos me são totalmente indiferentes, trazem muito pouco do exterior, no máximo algo sobre o Marrocos[2] atual.

---

[1] A Áustria havia introduzido por lei a vacina contra a varíola já em 1801.

[2] Em 1º de setembro, a instabilidade da situação política no Marrocos e a violência contra cristãos levaram a uma reação pânica entre a população europeia. Muitos fugiram em navios fretados. Em 11 de setembro, o general francês Benoît Drude enfrentou vitoriosamente os marroquinos rebeldes em Taddert.

Em Florença, encontramos de repente, a tia e eu, o dr. Eitingon, que foi nosso primeiro hóspede em Zurique, e a tia sugeriu-lhe imediatamente a me fazer companhia em Roma, i. e. ficar de olho em mim, como se eu fosse um desses viajantes levianos. Felizmente ele está viajando em grupo, e essas pessoas, bem como o respeito, deverão fazer com que ele, ao vir a , se abstenha de atrapalhar meu sossego com frequência. Florença estava muito bonita, a tia afirmou repetidas vezes que a viagem longa não lhe era um sacrifício. Principalmente um passeio com charrete até Fiesole (embora também haja um elétrico até lá) me surpreendeu, apesar de eu estar acostumado com beleza na Itália. Ela teria gostado de ficar lá em minha companhia. Fiesole fica numa elevação que oferece a vista geral sobre Florença e de onde se vê o Arno realmente feito um cordão de prata, deitado entre pinheiros, oliveiras, ciprestes, louros e tudo o mais; entendemos porque o velho Böcklin acabou de comprar uma mansão lá,[1] que o cocheiro nos mostrou. Esse último conhecia o nome bastante bem e o tinha em alta consideração como pintor; mais alta do que o imperador alemão, que sabidamente não gosta dele. Fiesole também tem escavações, afinal foi uma antiga cidade etrusca, muito mais velha do que Florença, fundada apenas em 39 a.C. Ou seja, pude guiar a tia a um teatro (romano) e mostrar-lhe um local de banhos (agora totalmente seco) – termas; mas eu não quis ficar, porque sou atraído pela seriedade acre de Roma, e assim nos separamos, visto que ela supôs, com razão, que me acompanharia em apenas muito poucos de meus caminhos em Roma.

Esta Roma é uma cidade muito peculiar, muitos já falaram isso. Estou hospedado no coração, como no Stephansplatz, mas em vez da catedral há aqui a incrível coluna do imperador Marco Aurélio,[2] que por causa de sua morte se tornou ao menos um vienense.[3] Um pouco

---

[1] Arnold Böcklin viveu de 1895 até sua morte, em 1901, em Fiesole.
[2] Segundo modelo da coluna de Trajano decorada com representação em relevo das batalhas de Marco Aurélio contra os marcomanos e outras tribos germânicas.
[3] Marco Aurélio morreu em 180 d.C. em Vindobona, atual Viena.

ao lado dessa piazza Colonna, no lugar onde os corpos dos imperadores eram queimados, formou-se um pequeno monte, sobre o qual agora se construiu o pedestal e para o qual dá a vista da minha janela. Espero passar bem aqui, mas compras e lembranças não serão muitas. À exceção de algumas reproduções, que vocês já viram, Roma não tem nada de especial para vender. A não ser que vocês consigam me orientar a partir de seus desejos. Em Florença, havia mais oportunidade e atrações. Os colares, que dançam diante dos olhos de mamães, lá são facilmente disponíveis e se o verão não tivesse custado tanto... Mas fui mesquinho. Também para mim, além de caderno de notas e crayon,[1] não trouxe nada de Florença. Havia dois copinhos antigos de vidro colorido, simplesmente apaixonantes, e cada um custava *apenas* 200 L. Acho que ainda se encontram na loja. Comprei muito pouco também em Orvieto, porque havia pouca oferta. Vocês têm de imaginar essa cidade como uma Lucerna[2] ampliada ao gigantesco, ou seja, não bonita. Em meio a esse grande amontoado de pedras existe uma catedral encantadora, que brilha em todas as cores. Meu amigo Mancini[3] quer vender seu jardim de oliveiras e parreiras, no qual há túmulos etruscos ainda não contabilizados a serem escavados. Isso seria uma ocupação divertida e saudável, mas acho que precisamos trabalhar primeiro todo o resto.

 Aguardo pelas suas cartas e envio minhas lembranças cordiais, também à mamãe,

Seu papai

---

[1] Lapiseira.

[2] Comunidade no sul do Tirol, próxima a Trento.

[3] Provavelmente um comerciante de antiguidades ou arqueólogo, que Freud conhecera numa visita anterior a Roma.

18 DE SETEMBRO DE 1907
CARTÃO-POSTAL DE ROMA PARA A FAMÍLIA

ROMA, 18. 9. 07

MEUS QUERIDOS

Hoje apenas um cartão. Passei a tarde inteira à procura no Fórum Romano¹ e agora, depois da observação, estou agradavelmente cansado. Voltou a chover um pouco, mas bem pouco mesmo. Infelizmente não posso lhes trazer do melhor daqui, uvas e figos. Estou curioso por notícias da vacinação de vocês.

Lembranças cordiais
Pa

19 DE SETEMBRO DE 1907
CARTÃO-POSTAL DE ROMA PARA A FAMÍLIA²

ROMA, 19. 9. 07

Aguardo impaciente as listas das recordações desejadas por vocês, a fim de aproveitar de maneira útil os passeios vespertinos nas ruas, en-

---

[1] Nesse dia, Freud comprara o livro de Christian Huelsen, *Die neuesten Ausgrabungen auf dem Forum Romanum* [As mais novas escavações do Fórum Romano] (Biblioteca do Museu Freud de Londres).

[2] Também em 19.9, Freud escreveu de Roma para C. G. Jung: "Estou vivendo completamente solitário aqui em Roma, metido em fantasias quaisquer, e penso em voltar para casa apenas nos últimos dias do mês. Meu endereço é Hotel Milano. Com o início das férias, enterrei profundamente a ciência e agora quero voltar a mim mesmo e tirar algo de meu interior. Para tanto, esta cidade incomparável é o lugar certo. Embora meu trabalho principal já esteja concluído, quero continuar em ação com o senhor e os mais jovens, até quando for possível. [...] Eitingon, que encontrei em Florença, está aqui agora e provavelmente me visitará em breve"; Freud (1974a), p. 98.

quanto todas as coleções estão fechadas.[1] Hoje estive no Garibaldi, que diante do M. Janiculus[2] tem a mais bela vista sobre sua Roma liberta. Ainda não consegui ir à Villa Borghese. O sr. Eitingon deve interromper a solidão hj à noite, a manhã parte. – Também não revi s. Pedro. O que fazer com um feriado[3] como o de amanhã no exterior?

Lembranças
Pa

92. *Piazza Colonna.*

19 DE SETEMBRO DE 1907
CARTÃO-POSTAL DE ROMA PARA MATHILDE FREUD

ROMA, 19. 9. 07

Acabo de receber sua carta do dia 17, muito satisfeito com todas as notícias. Escrevo diretamente a você agradecendo seu esforço. Cheguei há pouco morto

---

[1] Em 20 de setembro, todos os museus romanos estavam fechados por ocasião do aniversário da entrada das tropas italianas em 1870. Elas furaram o muro da cidade na Porta Pia e chegaram a Roma, que foi anexada ao império real e se transformou em sua capital. A resistência do exército papal foi apenas simbólica.

[2] Cf. segundo cartão-postal para Martha Freud de 6 setembro de 1901, p. 143.

[3] Dia da tomada de Roma.

de cansaço do Palatino, um lugar único no mundo; pena que não possa conversar com ninguém a respeito. Amanhã perderei um dia; tudo fechado por causa da tomada de Roma em 1870 (Porta Pia,[1] assim como conosco, no ano passado). – A comida, pela qual fiz uma pausa, cheira tão bem e é tão gostosa, tudo tem seu caráter. Infelizmente, não consigo trabalhar aqui; em Roma, nunca há tempo, sempre coisas demais a fazer. Mal cheguei, já tenho de partir.

Lembr. cordiais, escrevo à noite com mais detalhes.
Teu Pa

93. *Fórum Romano com escavações de 1900.*

20 DE SETEMBRO DE 1907
CARTÃO-POSTAL DE ROMA PARA MATHILDE FREUD

ROMA, 20. 9. 07

Hoje foi um dia pesado. Antes da confusão do povo, fugi à tarde para o antigo local de escavações Via Appia e presenciei luzes maravi-

---

[1] Cf. nota 1 da página anterior.

lhosas no retorno. Ontem à noite o Dr. Eitingon passeou comigo das 8h30 – 11h30 e desde então sinto ainda mais a solidão noturna. Vamos dar um jeito de eu sempre levar um de vocês comigo na viagem, claro que você em primeiro lugar, é certo que não podemos começar logo com Roma. Recebi sua carta com acréscimo de Eckstein[1] e cartão de mamãe.

Lembranças cordiais
Pa

21 DE SETEMBRO DE 1907
CARTA (4 PP.) DE ROMA PARA A FAMÍLIA

PUBLICADA EM: FREUD (1960A), PP. 267 E SEGS.
ROMA, 21 SET. 07

MEUS QUERIDOS,
Não se espantem com as cartas esparsas, já lhes disse que em Roma ficamos continuamente pressionados por tarefas e não conseguimos fazer nada. Hoje foi maravilhoso de novo; Villa Borghese, i.e. um grande parque com castelo e museu, que há pouco ainda era de propriedade de um príncipe romano, mas agora pertence à cidade e é acessível para todos, pois o bom príncipe perdeu tudo em especulações e teve de vender tudo por 3 milhões de L. Além disso, baratíssimo; no museu[2] fica talvez o mais belo Ticiano, chamado *Amor Sagrado e Profano*, pelo qual os americanos, sozinhos, teriam sido capazes de pagar tanto. Vocês certamente conhecem o quadro, não faz sentido descrevê-lo, o que mais ele significa não se sabe; basta que é muito belo.

---

[1] Refere-se provavelmente a Friedrich Eckstein, irmão de sua paciente Emma Eckstein, do qual Freud era amigo. Outro irmão, Gustav, era colaborador de Karl Kautsky; cf. Appignanesi & Forrester (1994), p. 191.

[2] Galeria Borghese.

Nenhum parque precisa ser mais belo do que esse, só que vocês têm de imaginar um chão seco no lugar de campos vicejantes, pelo menos agora ele é assim. As árvores são do tipo mais elegante, pinheiros, ciprestes, palmeiras, uma porção de coisas desconhecidas, no meio espaços para brincar, cheios de incontáveis crianças, mesas e bancos de pedra, nos quais pessoas simples comem suas refeições, um lado com ilha, sobre a qual há um tempo de Esculápio, muitas outras ruínas artificiais e reproduções de templos, ou seja, um Schönbrunn que se compraz em ser um Prater. Igual a Schönbrunn, animais exóticos moram aqui e acolá, gazelas, faisões, vi também um macaco, cuja vida é infernizada pelos garotos das ruas. Pavões caminham soltos e levam a passear seus filhotes, que ainda não chamam atenção. Claro que é proibido fazer qualquer coisa no jardim, mas não mais do que necessário, e acho que percebi que todos se refestelam e ninguém segue as proibições. Na parte que foi o jardim particular do príncipe, há vez ou outra uma antiguidade, um belo sarcófago, uma coluna, uma estátua quebrada. Desse modo não nos esquecemos de que estamos em Roma.

Numa alameda, vemos uma estátua de Victor Hugo, que foi presenteada pelos franceses em favor da fraternidade das nações. Ele se parece com Verdi, Joachim[1] e etc. Essa estátua não deixou o bom imperador Guilherme em paz, e por causa de uma concorrência invejosa, encomendou a estátua de Goethe a Eberlein[2] e a fez colocar no mesmo jardim. Ela é muito bem-feita e nada de excepcional. Goethe está jovem demais; afinal, tinha mais de 40 quando veio a Roma,[3] está sobre um pedestal, muito

---

[1] O virtuoso do violino Joseph Joachim morreu em 15 de agosto em Berlim, ou seja, um mês antes da visita de Freud a Roma. Assim como Hugo, ele usava barba.

[2] Esse escultor berlinense também assina, entre outros, as estátuas do imperador Guilherme I, Bismarck e Richard Wagner.

[3] Em sua primeira visita a Roma, Goethe tinha 47 anos; Freud estava com 45 por ocasião de sua primeira estadia na Cidade Eterna.

mais um capitel, e 3 grupos circundam a base: Mignon com o harpista,[1] que talvez seja o melhor, Mignon em si tem feições inexpressivas, Fausto está lendo um livro e Mefisto olha sobre seu ombro, Fausto novamente bem, o diabo cheio de caretas, um rosto jovem com crista de galo e chifres, e um terceiro grupo que eu não compreendo, talvez Ifigênia e Orestes, mas se sim, muito pouco claros.

No museu em si, não há apenas antiguidades, mas também esculturas modernas, a princesa Paolina Borghese, sabidamente uma irmã de Napoleão como Vênus de Canova, conhecidos grupos de Bernini e outros. As antiguidades estão todas restauradas, o que dificulta muito a avaliação. Novas descobertas são tratadas com mais cuidado, por isso estou animado com o museu nas termas de Diocleciano, que quero visitar amanhã.

O mais difícil em Roma, onde nada é fácil, continua sendo as compras. Até agora fui muito contido, hoje comecei com algumas tigelas de mármore. Os senhores das quartas-feiras[2] serão confrontados com algo nobre. Mamãe ou titia certamente encontrariam muitas outras coisas para comprar. Esse mármore é autêntico e não pintado, por isso também um pouco caro. Ainda aguardo os desejos de vocês.

Espero que as pústulas da vacinação de vocês não tenham ficado tão grandes quanto as do tio[3] e lhes transmito lembranças cordiais, assim como à mamãe e a todos em casa.

Seu pai

TEMPO ENCANTADOR, NO MÁXIMO 21° NA HORA EM QUE DESCANSAMOS, LUA CHEIA, CÉU CLARO.

---

[1] Personagens do romance de Goethe *Os anos de aprendizado de Wilhelm Meister*.

[2] Refere-se à reunião das quartas-feiras (cf. introdução a esta viagem e nota 1 da página 214). Provavelmente as tigelinhas de mármore foram pensadas como cinzeiros; cf. também Freud (1962 – 75a).

[3] Não está claro quem é, talvez Alexander.

94. Monumento a Goethe.   *95. Monumento a Victor Hugo.*

21 DE SETEMBRO DE 1907
CARTÃO-POSTAL DE ROMA PARA MARTHA FREUD

PUBLICADO EM: FREUD (1960A), P. 278
ROMA, 21. 9. 07

E QUINDI USCIMMO PER[4] RIVEDER LE STELLE.[5]

Quem conhece isso? Estive até o anoitecer com os mortos num columbário romano, em catacumbas cristãs e depois judaicas. Lá embaixo é frio, escuro e feio. Nas judaicas, as inscrições são gregas, muitas placas trazem o candelabro. Chama-se menorá,[6] creio eu. A guia – eu era o único visitante

---

[4] Em Dante lê-se "par".

[5] Verso final do Inferno de Dante, canto XXXIV, verso 139: "Saindo tornamos a ver as estrelas". [Trad. de José Pedro Xavier Pinheiro. *A divina comédia*. São Paulo: Atena Editora, 1955].

[6] O candelabro de sete braços dos judeus.

– tinha esquecido as chaves da saída e por isso tivemos de voltar tudo novamente ou ficar lá embaixo. Decidi-me pelo primeiro.

Lembranças

P

22 DE SETEMBRO DE 1907
CARTA (4 PP.) DE ROMA À FAMÍLIA
PUBLICADA EM: JONES (1960–1962), V. 2, PP. 54 E SEGS.

ROMA, 22. 9. 07

MEUS QUERIDOS

Na piazza Colonna, atrás da qual estou hospedado, como vocês sabem, reúnem-se todas as noites algumas milhares de pessoas. O ar da noite é realmente agradável, Roma quase não conhece o vento. Atrás da coluna há uma construção para uma banda militar, que toca todas as noites, e na outra extremidade da praça arma-se uma tela no telhado de uma casa, sobre a qual uma Società Italiana di Fotoreclami projeta imagens. Na verdade, reclames, mas a fim de subornar o público, entre dois anúncios sempre há a inserção de imagens de paisagens, negros congoleses, escaladas de glaciares etc. Mas isso não bastaria; dessa maneira, a monotonia é interrompida por pequenas apresentações cinematográficas, pelas quais as crianças crescidas, e seu pai entre elas, aceitam tranquilamente os reclames e as imagens tediosas. Evidente que eles economizam essas cerejas do bolo, já tive de assistir repetidas vezes a mesma fita. Se dou meia-volta, um tipo de tensão na massa chama minha atenção de maneira que volto a olhar e realmente começou uma nova apresentação, à qual acabo assistindo. A magia costuma fazer seu efeito até 9h, daí me sinto por fim solitário demais e vou para o quarto a fim de escrever para vocês, depois de pedir uma garrafa de água fresca. Os outros, que vagueiam satisfeitos a dois ou no estilo *undici dodici*,[1] ficam até o fim da música e das imagens.

---

[1] Canção de sucesso da época, da opereta "Boccaccio", de Franz von Suppé.

96. Catacumbas.

Num dos cantos da praça um daqueles cartazes que periodicamente se iluminam e desaparecem continua fazendo das suas. Acho que se chama Fermentin. Há dois anos, quando estive com a tia em Gênova, chamava-se "Tot", era algum tipo de remédio para o estômago e realmente insuportável. Mas o Fermentin não incomoda as pessoas. Enquanto sua sociabilidade lhes dá liberdade, elas se portam de uma maneira que escutam para trás e enxergam para a frente, sentindo-se plenas. Claro que há muitas crianças pequenas entre elas, sobre as quais algumas mulheres afirmam que deveriam estar há muito na cama. Estrangeiros e nativos se misturam de uma maneira muito relaxada. Os clientes do restaurante atrás da coluna e da confeitaria numa lateral da praça aproveitam também; além disso, é possível usar cadeiras de vime próximo à música e o povo gosta de ficar sentado junto à mureta de pedra do monumento. Nesse instante, não sei se não me esqueci de uma fonte na praça; ela é tão grande. Está atravessada no centro pela continuação do Corso Umberto, da qual é, na realidade, uma ampliação. Assim circulam por lá charretes e uma tranvia[1] elétrica, mas eles não

---

[1] Bonde.

são perigosos, pois um romano não sai da frente de veículo nenhum e os cocheiros parecem não ter sido informados do direito de atropelarem o pedestre. Quando a música faz uma pausa, mesmo aqueles que não estavam ouvindo aplaudem com animação. De tempos em tempos há uma gritaria horrível em meio à multidão no geral elegantemente tranquila, são 6 – 10 garotos jornaleiros, que adentram na praça com a edição noturna de um jornal, sem fôlego feito o anunciador de Maratona, na ilusão de que por meio de suas notícias estejam trazendo o fim a uma expectativa tornada insuportável. Quando podem oferecer uma tragédia, mortos e feridos, sentem-se os reis da situação. Conheço esses jornais e compro diariamente dois por 5 cnt; ou seja, são baratos, mas tenho de reclamar que nunca trazem nada que possa ser de interesse de uma pessoa sensata de fora. Vez ou outra acontece algo como um tumulto, todos os garotos se dirigem a esse ou aquele ponto, mas não é preciso temer que tenha acontecido algo; eles retornam. As mulheres nessa multidão são muito bonitas, à medida que não são estranhas, as romanas curiosamente também são bonitas mesmo quando feias, e isso na verdade poucas o são.

Escuto a música muito claramente em meu quarto, evidentemente que não enxergo as imagens. Neste exato momento eles tornam a aplaudir.

*** Lembranças cordiais de seu ***
*** Papai ***

22 DE SETEMBRO DE 1907
CARTÃO-POSTAL DE ROMA PARA MATHILDE FREUD

ROMA, 22. 9. 07

Acabo de receber carta das três filhas. Não vou responder às perguntas, pois sei que até então a situação terá se modificado totalmente. Sobre o meu estômago, quero apenas relatar que ele se comporta muito bem e não me dá nenhum trabalho. Hoje é domingo e assim não tenho como cumprir a tarefa vespertina de preparar pequenas compras. Pela primeira vez também está um pouco quente. Passarei o dia depois da pausa no M. Pincio, o que não é muito chato. Em 8 dias espero estar com vocês. Ou seja, primeiras providências.

Lembranças cordiais
Pa

23 DE SETEMBRO DE 1907
CARTÃO-POSTAL DE ROMA PARA A FAMÍLIA
PUBLICADO EM: FREUD (1960A), P. 280

ROMA, 23 9. 07

QUERIDOS FILHOS

Fui checar a descrição exata da Piazza Colonna – na verdade, seria preciso fazer isso antes – e tenho de corrigir algumas coisas. Realmente há uma bela fonte, sobre cuja mureta as pessoas se sentam, mas não passa nenhum veículo elétrico pela praça, e sim apenas composições para mudanças de linhas. Tão difícil assim é a observação correta. Hoje, aliás, foi a primeira vez sem música.

Lembranças cordiais
Papai

23 DE SETEMBRO DE 1907
CARTÃO-POSTAL DE ROMA PARA MARTHA FREUD

ROMA 23. 9. 07

Recebi hoje sua carta a respeito da questão de Redlich.[1] Espero que você esteja bem e curada da varíola. Aqui tempo cada vez melhor. Vida difícil e

---

[1] Trata-se provavelmente do médico vienense Emil Redlich, que em meados dos anos 1880 trabalhou juntamente com Freud no primeiro hospital público infantil; cf. Leupold-Löwenthal (1986), p. 131; Freud (1985c), p. 475.

maravilhosa, solidão completa. Museus de novo arrebatadores. À tarde depois da longa pausa do almoço tento pequenas compras. Grandes seriam mais fáceis. Leio Neue Presse diariamente no café. Meu estômago está totalmente bom. Roupa adequada, apenas o chapéu, acho, chama a atenção.

Lembranças cordiais
Seu Sigm

24 de setembro de 1907
Carta (7 pp.) de Roma para a família
Publicada em: Freud (1960a), pp. 280 – 284

Roma 24 set 07

Meus queridos

Se eu tivesse ficado até o final, também teria sido 1h. Então preciso lhes explicar, senão vocês não vão entender.

Como minhas noites são tediosas, há tempos pretendia ir uma vez ao teatro, mas estava aguardando algo conhecido. Esta noite o teatro Quirino[1] apresentou Carmen. Isso começou no horário em que costumo me recolher ao quarto, 9h. Agora vocês entendem o começo. Na chapelaria, a 10 minutos do início, eu ainda era o n. 1; por 2,60 L consegui um lugar na plateia, segunda fila, bem no meio, ou seja, muito chique; o teatro foi lotando aos poucos, mas não ficou muito cheio. Há um parquê inferior que vai dar no térreo – *platea* –, ao redor três andares de camarotes. A metade do terceiro andar está dividida em galerias. Não muito elegante, nem o público; ou os romanos chiques ainda estão ausentes ou não frequentam esse teatro. Mas não creio que os outros sejam muito mais elegantes. Todo o tipo de anúncio está pendurado na cortina do palco: máquinas de costura, roupas, móveis em presta-

---

[1] A cerca de 400 m do hotel de Freud.

ções, também um Dr. Stern[1] romano se indica para gagos e promete sucesso maravilhoso. A orquestra, no mesmo nível das poltronas e sem nada que a separe, estava quase vazia quando cheguei. Apenas um consciencioso senhor mais velho checava seu violino e parecia não ter tido tempo de afiná-lo e limpá-lo em casa. Pouco a pouco chegaram outros, os mais jovens ajeitavam o vinco da calça imediatamente após se sentar; eles retiravam seus instrumentos, que limpavam, montavam e com os quais produziam sons terríveis. Suponho que alguns tinham trazido também alguns apitinhos de fora, que podiam usar com o pretexto de deixar o lugar animado. Acabaram se juntando 30 pessoas, com mais ou menos cabelos; entre elas uma garota, ao menos jovem e negra, mesmo que não bonita, que se sentou diante de uma harpa dourada como se fosse uma ilustração de livro. A irmã dessa harpista, por causa da aparência, era a única pessoa sentada na primeira fila do parquê à minha frente; a artista se integrava bem com todos os membros mais jovens da orquestra. Um único artista se parece com um bávaro um pouco bêbado enxotado para a Itália, fora isso eram boas cabeças românicas. Todos tinham diante de sua estante algo como uma pequena xícara de lata, com um pedaço de pano verde pendurado. Eu estava na expectativa de que uma luz elétrica fosse se acender atrás do misterioso aparelho. Depois apareceu um homem com uma pesada carga de livros, todos chamados Carmen; ele os distribuiu creio que sem especial proteção ou escolha aos músicos. Por fim apareceu o maestro, grande e elegante, não esbelto o suficiente, com a aparência de um garçom conhecido. Durante um bom tempo, ele ficou em pé no seu estrado, de costas para o público, totalmente imóvel. Estava economizando para mais tarde. Foi a calmaria antes da tempestade. Daí começou de repente, a luz realmente se acendeu, todos os aparentemente preguiçosos da orquestra trabalhavam de maneira diligente, mesmo a senhorita dedilhava sua harpa e sorria apenas nas pausas. A decoração com as Manufacturas di Tabagos era bem característica, claro que os soldados e os garotos das vielas (dos quais

---

[1] Possivelmente Hugo Stern, que em 1919 organizou um laboratório fonético na clínica laringológica em Viena e criou o termo "foniatria".

achei que conhecia alguns pessoalmente) tinham mais facilidade de se passarem por espanhóis do que nós. Tomei o primeiro susto quando apareceu a primeira mulher, que eu achava ser Carmen, até descobrir que era a obediente Micaëla. Pois ela era muito alta e magra, seu nariz idem, os dentes longos e aparentes e uma peruca vermelha feito uma raposa, curta, deixavam-na com a aparência das inglesas mandadas viajar para se robustecer, e sua figura me torturou até eu ter encontrado uma semelhança notável com a pobre Vilma Robitsek.[1] O segundo grande susto aconteceu logo depois, pois quando o sino tocou apareceram as tão ardentemente aguardadas cigarreiras, cada uma com um charuto na boca, mas escolhidas a dedo de tão feias, como se tivessem vindo de um hospital, de um abrigo de necessitados e de uma agência de empregados. O fato de fumarem era a única coisa humana nelas, mas isso elas dividiam com o público. Quando cheguei, o violinista consciencioso fumava um Virginia, na plateia fumava-se sem restrição e nos corredores até eu, a quem uma educação indelével costumava dificultar o fumo no teatro.

Finalmente Carmen apareceu. Cumprimentei-a como a uma velha conhecida, vocês também a teriam reconhecido. Era a pequena Käthe Reif[2] com seu rosto redondo, narizinho arrebitado e suas formas colossais. Era muito mais sua mãe, o que também combinava melhor com os anos, a velha sra. dr. Gintl,[3] de quem mamãe vai se lembrar bem. A semelhança era tamanha que várias vezes me virei à procura de Heinz.[4] Aliás, a mãe da sra. dr. Reif realmente era cantora de ópera. É curioso que pessoas tão gordas tenham pequenos narizes arrebitados; um nariz maior pode poupar muito desconforto físico às gentes. Carmen tinha uma voz forte e uma atuação muito vívida, a meu ver muitas vezes excessiva. O colosso não parecia combinar com a delicadeza e, mais tarde, quando dançou para manter Don José, ficou pouco graciosa. "Como seria di-

---

[1] Provavelmente uma parente de Alfred Robitsek, que estudou com August Kekulé e que publicou uma série de artigos psicanalíticos entre 1910 e 1925; cf. Freud (1993b), p. 60.
[2] Else Katharina Reif-Gintl.
[3] Conhecida em comum da época do noivado.
[4] Kathe Reif tinha um filho chamado Heinz.

vertido, se voar pudesse o elefante".[1] Mas o mal era muito crível nela, ela conseguia fazer as expressões mais maldosas. Em Viena, no geral, a oposição entre a malvada Carmen e a diligente Micaëla é expressa pelo figurino, quando Carmen aparece vestida de vermelho e Micaela de azul. Aqui não se usaram as cores para marcar o contraste, mas a circunferência. Não restavam dúvidas de que a malvada era mais forte que a bondosa. Don José era um pouco mais velho e também gordo demais; nunca vi um José magro, embora isso não seja do seu papel. Ele estava quase sempre sombrio e levava tudo muito a sério, tinha uma bela voz. Sua atuação também era exagerada; no início, ele não reparou em Carmem mais do que teria reparado em uma mosca zunindo ao redor do seu jornal, embora ela quase sacudisse os cabelos dele; no terceiro ato, ele ficou muito rude. Escamillo estava maravilhosamente caracterizado, infelizmente ele apenas resmungava, de maneira que só foi possível reconhecer seu *couplet* depois da repetição pelo coro. Dá para entender porque eles não economizaram na marcha do toureiro. O regente dividiu bem ambos os lados e meus ouvidos ouviram o suficiente. Na verdade, as melodias maravilhosas foram bem executadas, mas tudo foi tratado de uma maneira um pouco grosseira, tendendo para o barulho, e alguns elementos engraçados, que me eram novos, foram acrescentados. Além disso, principalmente o oficial e o contrabandeador-mor estavam muito bem caracterizados e vê-los foi uma delícia.

Nas pausas mais longas, saímos da plateia, fomos passear nos corredores e fumar; caso não se tenha trazido nada, é possível comprar no próprio teatro. Eu assisti ainda ao terceiro ato, de cuja música na hora da leitura das cartas gosto tanto. Nessa hora percebi que Carmen ergue a faixa às costa da pobre Micäela, que lá aparece, e se diverte com os outros às suas custas. Viena não toleraria tais maldades. Depois desse ato, fui embora; era meia-noite, cada ato com pausa durava uma hora. Eu conseguia imaginar o final, Don José já tinha ficado muito bravo e jogado Carmen duas vezes ao chão. O ar da noite estava maravilhoso; com a segurança do romano, fui para o hotel pelo caminho mais curto.

---

[1] A frase original é: "Como seria engraçado e interessante / se voar pudesse o elefante". (*A. Oberländer-Bilderbuch*. Munique: Braun & Schneider, s/d); agradecemos a Christoph Michel pela informação.

Pena que não é possível viver eternamente aqui. Essas visitas curtas não rendem outra coisa senão o desejo insatisfeito e a sensação de incompletude de todos os lados.

A vocês, minhas Lembranças cordiais; logo os verei depois desta última longa carta

Papai

24 DE SETEMBRO DE 1907
CARTÃO DE ROMA PARA MARTHA FREUD
PUBLICADA EM: FREUD (1960A), P. 284

ROMA, 24. 9. 07

Fiquei muito contente com o seu cartão. O pequeno armário deve ter sido uma surpresa e tanto. Vale como lembrança da viagem para você. Uma pequena moldura de espelho também deve ter chegado. Já estou cansado da viagem, penso em viajar quinta à noite e chegar no sábado,[1] depende apenas de minhas pequenas compras, que ainda não avançaram muito. Imagine você minha alegria ao encontrar hoje no Vaticano, depois de tão longa solidão, um rosto querido; o reconhecimento, porém, foi unilateral, pois era a Gradiva,[2] bem no alto da parede. O tempo fica cada vez mais divino, a cidade cada vez mais fantástica. Ontem dei as roupas.

Lembranças cordiais
Seu Sigmund
SEGUNDA, 30, QUERO COMEÇAR O TRABALHO.

---

[1] Em 26 de setembro, 23h10, partida de Roma; em 28 de setembro, 7h50, chegada em Viena, estação oeste (*Cook's Welt-Reise-Zeitung*. Ano 18, n. 10, setembro de 1907).

[2] O artigo de Freud "Delírios e sonhos na Gradiva de W. Jensen" tinha acabado de ser publicado; cf. Freud (1907a). O herói na narrativa de Wilhelm Jensen se apaixona pela gravura em relevo nos museus do Vaticano. No Natal de 1908, Freud ganha uma cópia dessa gravura de Karl Abraham; cf. Freud (1965a), p. 71.

97. Gradiva.

24 DE SETEMBRO DE 1907
CARTÃO-POSTAL DE ROMA PARA MATHILDE FREUD

ROMA, 24. 9. 07

Daqui a pouco a coisa fica séria. Terminei minhas compras e amanhã me dedico às suas, daí um dia para cartas de despedida e o sonho passou. Hoje revi o Laocoonte no Vaticano[1] e todos os grandes deuses. Temos de admitir que os papas enterraram bem seus rivais derrotados. E ao mundo

---

[1] Em 6 de setembro de 1901, Freud esteve pela primeira vez nos museus do Vaticano e naquela época já visitara o grupo de Laocoonte; cf. primeiro cartão-postal de 6 de setembro de 1901 para Martha Freud, p. 143.

de força e beleza, do qual saímos agora, a nova Roma não é totalmente desqualificada. Já caminho pelas ruas como um nativo.

Lembra. cordiais

Pa

25 DE SETEMBRO DE 1907
CARTÃO-POSTAL DE ROMA PARA MARTHA FREUD

ROMA, 25. 9. 07

Hoje estou em tratativas por causa do bilhete direto para Viena, também perdi o guia de Roma com charrete. Pela manhã, p/ cima e p/ baixo no castelo de Santo Ângelo, onde revi a mais encantadora vista da cidade que conheci, depois novamente a Capela Sistina no Vaticano etc. Não encontrei nenhuma carta de vocês, provavelmente esquema dominical de entregas. Mais uma tarde para pequenas compras. Lembranças cordiais a todos, na expectativa de revê-los em breve.

Pa

98. Vista sobre o Tibre com o castelo de Santo Ângelo e a catedral de São Pedro.

25 DE SETEMBRO DE 1907
Cartão-postal de Roma para Martha Freud

Roma, 25. 9. 7 noite

Este é o último cartão que lhes escrevo e que tem chance de chegar antes de mim. Seus desejos foram expressos muito tardiamente para serem considerados. Assim vocês vão receber coisas muito diferentes, principalmente as meninas. O que tenho para os garotos preguiçosos chegará uma semana mais tarde, pelo correio. Também chegarão ao longo do tempo minhas sensacionais aquisições de antiguidades, a mais bonita apenas em um mês.

Adeus
Papai

[Acréscimo na margem esquerda do cartão:]
Scirocco à noite e últ. dia.

Inglaterra

30 de agosto a 15 de setembro de 1908

Em 1859, quando Freud tinha três anos, seus meio-irmãos adultos Emanuel e Philipp emigraram para Manchester. O contato com o braço vienense da família não foi interrompido por esse motivo, havia uma correspondência intensa, e ambos vinham a Viena de tempos em tempos. Em 1875, Freud visitou seus meio-irmãos pela primeira vez. Naquela época, ele já sabia falar e ler inglês e tinha uma postura declaradamente anglófila. Ele pensou várias vezes em repetir essa viagem. Em 1902, quis ir à Inglaterra com Martha, mas os planos acabaram mudando.[1] Apenas em 1908 surgiu outra oportunidade.

Freud passou a primeira parte das férias de verão de 1908, de meados de julho até o final de agosto, com a família e o novo amigo Sándor Ferenczi, em Berchtesgaden. No início de setembro, ele foi sozinho para Harwich, passando por Colônia, Amsterdã, Haia e Hoek van Holland.

---

[1] Sigmund Freud – Martha Freud, 4. 9. 1902 (LoC).

Em seguida, ficou uma semana em St. Anne's com Emanuel, que era quase uma espécie de substituto de pai para ele, mimado por boa comida e companhia agradável. Na quarta-feira, 9 de setembro, Freud tomou o trem de Manchester e chegou pela primeira vez na vida em Londres. Ele ficou na cidade completamente sozinho por uma semana, desbravando a pé as atrações da cidade.

Mesmo depois disso, o desejo sempre retornava: 1911, depois da morte do meio-irmão Philipp, e em 1912. Na sequência do 6º Congresso Psicanalítico em Haia, Freud queria visitar a Inglaterra novamente; dessa vez, a viagem fracassou pela questão do visto. E, por fim, ao ser acometido pelo câncer, todos os outros planos após 1923 são postos de lado.

Quando os nazistas chegaram ao poder na Alemanha, o filho de Freud, Ernst, e a família deste emigraram de Berlim para Londres. A "anexação" da Áustria e a emigração do próprio Freud são um tipo de frase final de sua relação de vida inteira com a Inglaterra. Em 6 de junho de 1938, quando ele e Martha chegaram à Victoria Station em Londres, Ernest Jones acompanhou-os pela cidade até onde ficariam hospedados: "Passei pelo palácio de Buckingham e por Burlington House,[1] pela Piccadilly Circus e desci a Regent Street, enquanto Freud chamava pelo nome, avidamente, todos os locais emblemáticos da cidade e os apontava para a mulher".[2] Finalmente eles vieram juntos, uma reparação tardia para as muitas viagens sem ela e a solidão em Londres em 1908.

O manuscrito produzido durante a estadia em Londres, "Bemerkungen über Gesichter und Männer" [Observações sobre rostos e homens] foi publicado pela primeira vez aqui e minuciosamente comentado por Michael Molnar.

---

[1] Sede da Royal Society, da qual Freud era membro.
[2] Jones (1960 – 1962), vol. 3, p. 270.

Percurso da viagem

30.8	Berchtesgaden – Köln
31.8	Köln – Haia – Amsterdã
1.9	Amsterdã – Hoek van Holland – Harwich – Blackpool
1 – 7.9	Blackpool
5.9	Excursões para St. Anne's e Southport
7.9	Blackpool – Manchester – Londres
7 – 15.9	Londres
15.9	Londres – Harwich – Hoek van Holland
16	Berlim

99. Blackpool.

4 DE SETEMBRO DE 1908
CARTÃO-POSTAL ILUSTRADO DE BLACKPOOL PARA ANNA FREUD (ILUSTR. 99)

SEXTA, 4 SET 08

QUERIDA ANNA

Desta vez, seja você a portadora de lembranças aos pequenos e aos grandes em Dietfeldhof. Talvez eu os leve alguma vez a uma praia como esta.

Papai

[Acréscimo de Emanuel Freud:]
Saudações a todos do tio Emanuel

[Acréscimo de Bertha Freud:][1]
Hearty greetings from Bertha.

5 DE SETEMBRO DE 1908
CARTÃO-POSTAL DE SOUTHPORT PARA MATHILDE FREUD

Saudações de Southport, onde o tio E[manuel] viveu durante muito tempo. Muito bonito.

Pa

---

[1] Bertha Freud (1859 – 1940), segunda filha de Emanuel Freud.

5 DE SETEMBRO DE 1908
CARTA (4 PP.) DE S. ANNE'S À FAMÍLIA
PAPEL DE CARTA DE FREUD

ST. ANNE'S O. S.[1]
5. 9. 08

MEUS QUERIDOS,
Não consigo escrever muito aqui e só vou contar o que realmente é importante, reservo todo o resto para depois.

Recebi hoje a segunda carta de Minna, a dos narizes azuis, e por isso falarei primeiro sobre o tempo, ontem estava bonito, hoje também não choveu, mas está mais fresco e venta, de modo que estou aliviado por uma objeção minha ter feito fracassar uma planejada viagem de barco até a Isle of Man. É que gosto mais daqui do que de qualquer outro lugar; é deliciosamente calmo e elegante; ontem passamos quase todo o dia, exceto as refeições, em Lytham e Blackpool. Vocês certamente acreditam de bom grado que nos sentimos muito bem tão perto do mar, que está sempre à frente de nossos olhos. A Inglaterra é para se viajar, para comer; relacionar-se com as pessoas aqui é mais divertido do que algures. Depois das lamentáveis ervas bávaras, os charutos aqui, assim como na Holanda, são um verdadeiro revigoramento.

Penso em ficar aqui até o dia 8 ou 9, daí ir a Londres na terça ou quarta, passando por Manchester, de onde também anunciarei minha partida por telegrama. Em Londres, ficarei sozinho, John está ausente,[2] viajando e a família de Emanuel prepara-se para uma espécie de transferência para Berlim. Posso lhes passar detalhes apenas mais tarde.

Entreguei o seu presente para Marie, é possível compensar em Berlim o fato de eu não ter trazido nada para a menina. Evidente que não dá para pensar

---

[1] St. Anne's on Sea, destino de férias a cerca de 8 km ao sul de Blackpool, na costa noroeste da Inglaterra. Foi a segunda estadia de Freud depois de ter visitado o lugar em 1875.

[2] John Freud (1855) era o filho mais velho de Emanuel Freud e o primeiro companheiro de brincadeiras de Freud em Freiberg. Ele desapareceu mais tarde e essa é a última vez que foi citado; cf. nota de rodapé 10 da carta de 12 de setembro de 1908.

em compras aqui, em Londres também não será muito diferente. A única coisa que ainda preciso para mim são gravatas. É que as suas belas gravatas brancas e coloridas se acabaram no navio por causa da infiltração de água do mar por um canto da mala. Esse é o único azar da viagem até agora. O panamá também não foi favorecido pela *trampart*[1*] e até agora não foi possível usá-lo.

Espero que as questões financeiras tenham sido resolvidas por meio de minha última carta. Talvez seja mais prudente você escrever de imediato a Alex, para que ele reserve 1000 coroas para sua chegada, senão é possível acontecer de ele não estar em Viena por essa época.

Se Minna já estiver em Merano, envie a ela esta carta; não posso escrever nada a ela enquanto não tiver seu endereço. Caso o tempo se mantenha assim, espero ainda uma pequena recompensa de sol meridional em Zurique. Devo deixar a Inglaterra entre os dias 15 e 17.

Minhas afetuosas lembranças a ti e aos pequenos e também espero por boas novas.

Seu Sigm

7 de setembro de 1908
Carta (2 pp.) de S. Anne's à família
Papel de carta de Freud

St. Anne's 7. 9. 08

Meus queridos

Acabo de receber 3 cartas, de Minna e Mathilde, e meu muito obrigado por elas. Não consigo escrever muito aqui. O tempo é consumido aqui com bate-papos e caminhadas junto ao mar, a partir de Londres será maior. Não enviei nenhuma carta da Holanda.

---

[1] *Tramp art*: movimento artístico, popular entre 1870 e 1940, que partia de pequenas peças de madeira entalhadas com instrumentos simples, como canivetes, para produzir objetos utilitários como caixinhas e porta-retratos. (N. T.)

Sinto muito que vocês estejam sofrendo tanto com o tempo; aqui ele está quase bonito, vento quente. O atraso na Holanda não foi causado pela tempestade no canal, mas a impaciência em ver os Rembrandts, eles são mesmo algo totalmente incomparável, uma sensação única.[1]

Converso e debato o tempo todo em inglês. Mais detalhes, por voz. Claro que nos intervalos se come maravilhosamente. Faz tempo que não sinto tamanho bem-estar, também passei por uma mudança, não digo qual.[2]

Quarta cedo vou a Manchester para ver Philipp e estarei à noite em Londres, onde posso ficar até o dia 15 à noite, até a partida conjunta. É o que está certo até agora. Mando o endereço de Londres por telegrama imediatamente. Até lá, escrevam apenas 61 Bloomst, ligação excelente. A partida será conjunta e novamente passando por Harwich.

De Manchester a Londres são apenas 3 ½ h com um trem rápido. Se Alex não estiver em Viena, é para mamãe conseguir as 1000 coroas com Rie, contra um cheque meu. Também daria para fazer uma transferência, caso acontecesse já e o talão de cheques com os envelopes não estivesse depositado.

Lembranças cordiais
a todos de
Papai

100. Philipp, irmão de Freud.

---

[1] Na edição de *Psicopatologia do cotidiano* publicada em 1910, Freud descreve seu "engano" ao perder o trem direto para Hoek van Holland. Assim ele passou uma noite extra na Holanda e pôde concretizar seu sonho e visitar os quadros de Rembrandt em Mauritshuis (Haia), e no Museu Imperial (Amsterdã); cf. Freud (1901b), p. 180 e seg.

[2] Freud tinha tirado a barba.

10 DE SETEMBRO DE 1908
CARTA (2 PP.) DE LONDRES À FAMÍLIA
PAPEL DE CARTA DE FREUD

LONDRES W. C.
HOTEL FORD 10. 9. 08

MEUS QUERIDOS

Cá estou em Lóndres, surpreso por ser tão bela e agradável. Não posso gastar o tempo escrevendo, deixo tudo para contar por voz. Tenho de me informar para saber o que posso fazer aqui. Mas é maravilhoso, ainda por cima hoje está um dia lindíssimo, como raramente neste verão ruim. Tive sorte com o hotel, uma casa pequena, numa localização muito tranquila, mas elegante, muito agradável. Se a solidão não fosse tão terrível, eu realmente desejaria ficar mais por aqui. Provavelmente estarei aliviado em partir no dia 15 à noite novamente p/ Harwich, onde encontro com Emanuel. Dever ser mantido em *segredo* que ele virá para Berlim daqui a alguns meses.[1]

Às 10h eu já estava no Museu Britânico e até às 12h me deleitei com as antiguidades egípc., não aguentei mais, mas devo voltar lá pelas 3h.

Eu queria me hospedar bem perto, mas Londres está cheia e assim estou a exata ½ h. do museu, aliás quase na mesma rua Oxford St., que tem cerca de ¾ h. de comprimento. Até agora, é a única que conheço de Londres, uma Kärntnerstraβe dez vezes maior. As compras não vão dar em nada. Ficamos asfixiados e confusos. Não consigo lhes descrever o esplendor, a limpeza e a elegância, nem como tudo é facilitado às pessoas aqui. Os ingleses são um povo bondoso, na verdade magnânimo. Além disso, os charutos são excelentes e hoje vou comprar apenas mais um pequeno cachimbo.

---

[1] Em sua carta de 5 de setembro, Freud escreveu: "[...] a família de Emanuel prepara-se para uma espécie de transferência para Berlim. Posso lhes passar detalhes apenas mais tarde". Parece que Emanuel gostava de surpresas. Já durante o I Congresso Psicanalítico de Viena, em Salzburgo (abril de 1908), ele apareceu de maneira inesperada.

De Manchst. até aqui viajei por 3 ½ h., sem qualquer parada. Há alguns anos ainda eram 6 – 7 hr. Aguardo suas cartas aqui, lembrando da partida no dia 15. Tudo o que for enviado a Manchester chega até mim regularmente.

Lembranças cordiais
Seu papai

12 DE SETEMBRO DE 1908
CARTA (4 PP.) DE LONDRES À FAMÍLIA
PAPEL DE CARTA DE FREUD

LONDRES, 12. 9. 08

MEUS QUERIDOS

Recebi hoje na hora do almoço a carta conjunta de vocês, mamãe, Mathilde, Martin e Anna e sou grato por todas as notícias, de modo que respondo no mesmo dia sem um assunto de verdade. A acusação de que eu não lhes conto nada dessa viagem é injusta, será desculpada pela distância e a incerteza de meus planos futuros. Também tenho menos coisas a escrever do que vocês imaginam. As impressões de Londres não são tão fáceis de serem reproduzidas; vou economizá-las para contá-las mais tarde e não tenho quaisquer acontecimentos extraordinários. Vou ao museu tantas vezes quanto possível, ignoro os inúmeros *trams* porque o caminho, de meia hora, é tão interessante, e depois venho para casa tomar as refeições, ler as cartas e respondê-las. Londres como cidade é uma tarefa incrível para alguns dias e depois de ter visto as coisas principais na *city*, não vou tocar no resto. Amanhã, domingo, mal conseguirei fazer outra coisa senão passear no Hyde Park, do qual já estou muito perto, e fumar charuto por lá.

Claro que a solidão no meio da balbúrdia é insuportável. Apesar de estar tão bem instalado, eu preferiria partir hoje do que amanhã e sei que essa é minha última tentativa de desfrutar sozinho da liberdade. No ano passado, em , isso já foi quase insuportável. Mas Londres não tem culpa pelo fato de o único que eu poderia encontrar aqui estar justamente viajando.[1] Então preciso aguentar até terça à noite – ou seja, o mesmo tanto de tempo que já estou aqui, mas nem uma hora a mais. Prometi a Emanuel esperá-los até terça 15 e daí acompanhá-los até Berlim, onde posso ficar um dia. Agora parece que eles não chegarão a tempo, estão ocorrendo tratativas entre Manchester e Londres, que são facilitadas pela ligação postal extremamente ágil. Também não sei lhes dizer se vou a Berlim e preciso pedir que endereçem as cartas direto a Zurique. Temo que eles não abrirão mão de mim.

Mamãe vai se interessar pelo fato de que hoje recebi minhas roupas; acho que elas foram um tanto caras. Queria anexá-lo, não o encontro. 4 S. 2 d[2] por 4 camisas, 9 lenços, 4 pares de meias, 3 cuecas; foi o que minha memória reteve. Ou seja, uma camisa custa 60 h. As refeições parecem simples, tudo bom, mas pouco; mas talvez eu esteja mimado por St. Annes ou esteja simplesmente sem apetite.

Resumindo, fico satisfeito e não sinto a comida. Chá e café são ruins, bebo a água bastante boa. Para a noite, pretendia visitar uma exposição ou ir ao teatro, mas não tenho qualquer ânimo para tal. Prefiro me preparar para o museu. É o que acontece quando ficamos velhos e a curiosidade decresce claramente. Permanece, porém, a necessidade de pessoas. Em Zurique poderei me explicar.

Mais uma vez, nada de presentes, não estou apto a fazer compras aqui; além do mais, em Viena há tudo o que se vê por aqui, exceto as coisas exóticas.

Lembr. cordiais e obrigado por suas notícias
Papai

---

[1] A referência não está clara. Em 5 de setembro Freud disse que John estava viajando. Mas se é John a pessoa referida aqui, então ele deveria estar morando em Londres à época.

[2] Sistema monetário à época: 1 xelim (S) correspondia a 12 d (pence antigo). (N. T.)

13 de setembro de 1908
Cartão-postal ilustrado de Londres para Mathilde Freud (ilustr. 101)

13. 9. 08

Não posso te dizer os custos do equipamento, não quero deixá-la insaciável.
Lembranças
Pa

101. Thames Embankment

13 de setembro de 1908
Carta (4 pp.) de Londres para a família
Papel de carta de Freud

Londres, 13. 9. 08

Meus queridos
Depois do ataque de saudades de ontem, passei hoje uma manhã muito agradável no Hyde Park, de onde acabo de voltar. Se devo descrever, então preciso primeiro ampliar em dez vezes ou mais a ideia que vocês fazem do Prater, Augarten, Schwarzenbergpark. Daí vocês enxergam gramados imensuráveis, entre os quais há caminhos da largura da Ringstraβe para ciclistas, cavaleiros e charretes;

motores ficam de fora e por isso há um silêncio tão delicioso. Os gramados estão limitados por uma grade de ferro, sobre a qual as crianças podem e devem pular, pois é claro que não é preciso ficar nos caminhos, é possível chegar à grama e lá brincar, correr, deitar, dormir à vontade. Grandes árvores que dão sombra estão em alamedas ao longo dos gramados ou sobre ele, em grupos ou isoladas; há cadeiras sob elas em todos os lugares, não custam nada. Em locais especialmente bonitos, uma fileira de cadeiras como num teatro. O verde é levemente ondulante, como no Türkenschanzpark. No meio, um lago de verdade chamado "serpentina", no qual é possível remar, em certos lugares até nadar sem roupa pela manhã e à noite. Num outro lago, as crianças soltam veleirinhos, dão de comer a patos selvagens, os cachorros latem para os patos ou para seus donos, dos quais querem receber a incumbência de buscar coisas. Nada é proibido e, apesar disso, tudo acontece na maior decência. Os bebês ingleses, maravilhosamente belos, e suas babás, por vezes igualmente feias, formam a principal população; velhos e jovens, grandes e pequenos, pobres e ricos. Mulheres e meninas não são exatamente bonitas, mas caminham com grande autoconfiança e são tratadas pelos homens de maneira muito respeitosa ou com muito carinho. Na entrada do parque, encontrei hoje um grupo de pessoas ao redor de homens que tinham erguido bandeiras, e que faziam pregação ou agitação ao ar livre. Tomara que por motivos muito sagrados. *Policemen* observam, nenhum deles tem a ideia de dispersar a reunião.[1] Visto que as distâncias londrinas já somem no ritmo de minha marcha, de repente eu me encontrei no Kensington Gardens, que é a continuação do Hyde Park, e lá encontrei o Memorial Albert, o monumento gigante que a rainha fez erigir para seu marido morto precocemente. O príncipe consorte está como que sentado sob uma tenda gótica, e sua base está envolta por um friso de esculturas com todos os poetas, pintores, escultores, músicos, da maneira mais fiel possível.[2] Nosso Goethe se saiu muito bem, Schiller menos; é difícil dizer se o

---

[1] O Speakers Corner, no canto noroeste do Hyde Park, foi criado em 1872 como lugar para os oradores se manifestarem sobre quaisquer temas possíveis ou impossíveis.

[2] O Memorial Albert foi inaugurado em 1876 e é dedicado ao príncipe Alberto de Saxe-Coburgo-Gota (1819 – 1861), marido da rainha Vitória. O príncipe está sentado sob um baldaquino e ao redor de seu fundamento enfileiram-se 178 figuras, que representam personalidades das artes e das ciências. Outras figuras representam os continentes Europa, Ásia, África e América, bem como a indústria, o comércio, a agricultura e a engenharia.

velho Quéops, que construiu as pirâmides, e Hiram, do templo de Jerusalém, são parecidos. É muito curioso como uma coleção como essa fica incompleta rapidamente. Hoje nos falta, claro, R. Wagner, que naquela época ainda passava fome. O parque chega até uma casa ampla, que deve ser o palácio de Kensington, no qual a rainha Vitória nasceu, pois a estátua diante da casa é dela e a apresenta, 50 a. mais tarde, como uma moça jovem, na época da coroação. Nas proximidades, um obelisco faz recordar subitamente de Speke, o descobridor do Victoria Nyanza e da nascente do Nilo.[1] As ruas principais, apesar de domingo, estão fervilhando, mas moderadamente, assim como em Viena num dia de semana agitado.

Bem, basta por hoje.
Lembr. cordiais
Papai

102. Memorial Albert.

---

[1] John Hanning Speke (1827 – 1864) foi um pesquisador-viajante britânico, que descobriu o lago Vitória em 1858 e o trecho do rio Nilo entre os lagos Vitória e Albert. Doze anos antes, numa carta a Wilhelm Flieβ, comparou sua descoberta da etiologia da histeria com a descoberta das nascentes do Nilo. Depois de Krafft-Ebing ter comparado sua teoria com um "conto de fadas científico", Freud escreveu: "E isso, depois de termos mostrado a solução de um problema de muitos milhares de anos, um caput Nili!"; cf Freud (1985c), p. 193. Em seu texto "Sobre a etiologia da histeria", ele retoma essa comparação: "Considero [a etiologia sexual da histeria] uma descoberta importante para o desvendamento de um caput Nili da neuropatologia"; cf. Freud (1896c), p. 493.

13 DE SETEMBRO DE 1908

MANUSCRITO

13 SET 08

NOTAS SOBRE ROSTOS E HOMENS
NATIONAL PORTRAIT GALLERY

Shakespeare[1] tem um aspecto muito estranho, totalmente não inglês. Jacques-Pierre.[2]

No geral, não dá para notar que as pessoas são alguma coisa, muito menos quem são.

Os que guardam maior semelhança são os reis e os nobres, embora as produções possam ter muita culpa nisso. Sua participação nos retratos antigos é muito menor, naquela época as pessoas não se envergonhavam por sua feiúra caract. Claro que o pintor tem sua participação. Em alguns quadros é fácil ver como ele estraga um rosto.

Os grandes heróis com frequência têm rostos infantis, por exemplo Nelson[3] e Wolfe.[4] As reais expressões de heróis, assemelhadas ao Zeus de Fídias,

---

[1] National Portrait Gallery Catalogue Number 1, artista desconhecido; o assim chamado "retrato Chandos" de William Shakespeare (1564 – 1616). – Todos os números dos retratos nas notas de rodapé seguintes referem-se a: *National Portrait Gallery: Complete Illustrated Catalogue*, montado por K. K. Yung, editado por Mary Pettman, Londres: National Portrait Gallery, 1981; no caso de várias possibilidades, a menos provável está entre colchetes.

[2] Jacques-Pierre, origem fictícia do nome de Shakespeare. Freud chegou a essa relação por meio de um "senhor idoso muito culto, prof. Gentilli, que agora vive em Nervi"; Freud (1993e), p. 11.

[3] Horatio Nelson (1758 – 1805), vice-almirante, vencedor da batalha de Trafalgar; n. 394 de Lemuel Francis Abbott; n. 785 de L. Acquarone segundo Leonardo Guzzardi; n. 73 de Friedrich Heinrich Füger; n. 879 de Henry Edridge.

[4] James Wolfe (1727 – 1759), general, conquistador de Quebec; n. 48 de J. S. C. Schaak [n. 688; n. 713a; n. 1111].

103. Darwin.   *104. Shakespeare.*

são artistas, Lorde Leighton,[1] Tennyson,[2] Bulwer.[3] Atores têm algo de falta de personalidade. O que menos reconhecemos são os rostos de grandes médicos e cientistas naturais, apenas Darwin[4] tem uma maravilhosa fisionomia própria, mas justamente não a do pesquisador. Os filósofos são geralmente magros, sem energia, dá para ver o abstrato. Locke,[5] mesmo Newton.[6]

---

[1] Frederick Leighton (1830 – 1896), pintor; n. 1049 de George Frederick Watts.

[2] Alfred Tennyson (1809 – 1892), poeta; n. 1015 de Watts.

[3] Edward Bulwer-Lytton (1803 – 1873), escritor; n. 1277. Este retrato de Henry William Pichersgill não corresponde, entretanto, à descrição heróica de Freud. Por isso é mais provável que Freud esteja se referindo ao retrato de Watt do vice-rei da Índia, seu homônimo, Edward Bulwer-Lytton (1831 – 1891); n. 1007.

[4] Charles Robert Darwin (1809 – 1882), cientista natural, formulou a teoria da evolução; n. 1024, um forte retrato em plano americano, com fundo escuro, de autoria de John Collier.

[5] John Locke (1623 – 1704), filósofo; n. 114 de Michael Dahl; n. 550, por Godfrey Kneller.

[6] Isaac Newton (1642 – 1727), físico; n. 558, autoria suposta de John Vanderbank.

105. Smith.   *106. Castlereagh.*

Em apenas um rosto de Sydney Smith[1] o humor também está contido nos traços assim como na vida e na obra. Matras[2]

Fox[3] tem uma fisionomia incrivelmente velhaca. Pitt,[4] um rosto realmente de rei, mais rei do que os George,[5] um pouco como o imperador José –

---

[1] Sydney Smith (1771 – 1845), pregador e reformador do Parlamento; n. 1474 de Henry Perronet Briggs.

[2] A palavra "Matras" parece ter sido inserida por Freud posteriormente, ou atrás da palavra "obra" ou "fisionomia". Josef Matras (1832 – 1882) foi um ator e comediante vienense. Em 1879 tornou-se mentalmente doente e foi internado num asilo. Caso Freud realmente estivesse se referindo a ele, pode ter descoberto uma certa semelhança com Sydney Smith.

[3] Charles James Fox (1749 – 1806), político dos whigs; n. 743 de Karl Anton Hickel, que também pintou o n. 745, um retrato de grupo da Câmara Baixa, no qual Fox também aparece.

[4] William Pitt (1759 – 1806), primeiro-ministro britânico; n. 135a; n. 120 [busto]; n. 1240 [busto]. Pitt e Fox também estão presentes no retrato de grupo da câmara baixa de Hickel, "William Pitt addressing the House of Commons on the French declaration of war, 1793". Freud pode ter se referido a esse quadro, visto que reflete de maneira intensa o contraste entre os adversários políticos.

[5] Refere-se aos reis George I, George II, George III e George IV, que governaram a Grã-Bretanha entre 1714 e 1830. Há pelo menos dez retratos seus na galeria.

107. Marlborough. *108. Mill.*

Castlereagh[1], a maior semelhança com o jovem Bonaparte.

William III[2] esperto e perverso como Walter Fürst.[3] Marcante a beleza de alguns generais: Marlborough.[4] Os nobres têm os melhores rostos.

É evidente que não enxergamos nada nas pessoas exceto a medida de sua – tosca sublimação: filósofos, religiosos; não médicos e estudiosos, que em seu trabalho podem ter mantido satisfação grosseira.

Rosto é raça, família e disp. constitucional; disso, apenas o último fator é interessante, na verdade muitas vezes material cru, sem muito do vivenciado, muito menos da escolha da profissão.

---

[1] Lord Castlereagh (Robert Stewart) (1769 – 1822), estadista; n. 891 de Thomas Lawrence [n. 1141; n. 891; n. 316a].

[2] William III (1650 –1702), rei da Inglaterra (1689 – 1702); n. 580 segundo Willaim Wissing; n. 1026, pintor desconhecido.

[3] Walter Fürst, não encontrado. Se Freud estivesse se referindo à figura de Walter Fürst no Guilherme Tell, de Schiller, devia estar imaginando uma representação do drama de Schiller.

[4] John Churchill, 1st Duke of Marlborough (1650 – 1722), oficial e estadista; n. 501 provavelmente de John Closterman segundo John Riley; n. 553 segundo Godfrey Kneller; n. 902 de Godfrey Kneller.

109. Shelley.   *110. Byron.*

Parece que as naturezas heróicas-conquistadoras têm muitas vezes de se satisfazer em se tornar poetas e artistas, porque não encontram o caminho livremente.

Poetas natos parecem ter permanecido infantis: Goldsmith,[1] Shelley.[2] – Mill[3] e Pope,[4] reconfortantes rostos de religiosos – assexuados – As mulheres famosas a princípio não bonitas.

---

[1] Oliver Goldsmith (1728 – 1774), escritor; n. 130 ateliê de Joshua Reynolds; n. 828 segundo Joshua Reynolds.

[2] Percy Bysshe Shelley (1792 – 1822), poeta; n. 1234 de Amelia Curran; [n. 1271 de Alfred Clint segundo Amelia Curran].

[3] John Stuart Mill (1806 – 1873), filósofo social; n. 1008 de Watts. Já numa carta de 15 de novembro de 1883 enderaçada à noiva, Freud tinha escrito: "Isso é uma questão em Mill, à medida que simplesmente não dá para considerá-lo humano. Sua autobiografia é tão pudica ou tão sobrenatural, que nunca saberíamos por seu intermédio que as pessoas são divididas em homens e mulheres e que essa diferença é a mais significativa entre elas". Freud (1960a), p. 82.

[4] Alexander Pope (1688 – 1744), poeta; n. 112 de Charles Jervas; n. 1179 foi atribuído a Jonathon Richardson; n. 561, atribuído a Jonathon Richardson; n. 299 de William Hoare; n. 873 de William Hoare.

– Os tipos europ. sempre reaparecem. Lorde Leighton = muito parecido com Krafft-Ebing.

– Apenas o humor aparece nos traços, parece constitucional.

Estudiosos e pesquisadores com frequência totalmente insignificantes.

Shakespeare é uma cabeça típica como Homero – Gomperz[1] – Em. Loewy[2] – Hartel[3] – Sócrates.

Algumas pessoas têm uma aparência muito original, apenas como elas mesmas. Nicholas Bacon[4] é um portador de agromegalia brutalmente jovial –

Byron[5] parece que ajeitou bastante.

---

[1] Theodor Gomperz (1832 – 1912), filólogo clássico, autor de *Griechische Denker – eine Geschichte der antiken Philosophie* [Pensadores gregos. Uma história da filosofia antiga]. Em 1879 Freud traduziu alguns artigos para a edição sobre Mill supervisionada por Gomperz. Ele conhecia Gomperz pessoalmente e tratava sua mulher, Elise e o filho, Heinrich.

[2] Emanuel Löwy (1857 – 1938), professor de arqueologia na Universidade de . Foi um amigo de vida inteira de Freud e orientou-o em sua coleção de antiguidades. Um aluno de Löwy, Ernst Gombrich, também atentou para a semelhança de Löwy com Sócrates; Brein (1998), p. 63.

[3] Wilhelm Ritter von Hartel (1839 – 1907), filólogo, reitor da Universidade de Viena e diretor da biblioteca da corte, ministro da educação entre 1900 e 1905.

[4] Nicholas Bacon (1509 – 1579), "lorde guardião do selo privado"; pai de Francis Bacon; n. 164, pintor desconhecido.

[5] George Gordon Byron (1788 – 1824), poeta; n. 142 de Thomas Philips; Byron está retratado aqui com traje e cobertura de cabeça albaneses.

Sobre o manuscrito
"Notas sobre rostos e homens"

Michael Molnar

Na manhã de domingo de 13 de setembro, Freud foi passear no Hyde Park e em Kensigton Gardens. No meio do caminho, encontrou uma "galeria de retratos", o Memorial Albert, que "mostra todos os poetas, pintores, escultores, músicos, da maneira mais fiel possível. Nosso Goethe se saiu muito bem, Schiller menos [...]". Depois de Freud ter retornado ao seu hotel, tudo indica que, mais tarde, ele se decidiu a visitar a National Portrait Gallery. Provavelmente ele não escreveu as "notas" durante a visita; trata-se antes de transcrições ou reformulações de notas curtas que ele tinha tomado no local, pois o manuscrito é composto por uma página e meia no papel de grande formato que Freud costumava usar. Esse formato só permite que se escreva sobre uma mesa; o manuscrito também não foi dobrado.

Visto que as "notas" de Freud relacionam aparência e profissão, é possível supor que o arranjo dos quadros tenha influenciado suas observações. A National Portrait Gallery foi fundada em 1856 como um arquivo visual da história britânica. Ela era – e é – organizada por épocas e profissões. Dessa maneira, líderes militares, estadistas ou escritores têm suas próprias salas e oferecem ao observador analítico um laboratório ideal de tipos profissionais.

Freud nunca revisou suas "notas" para publicaação, mas elas refletem um aspecto do interesse da pesquisa que ele seguia à época, por exemplo no texto "A moral sexual 'cultural' e o nervosismo moderno":[1] a origem da civilização na sublimação ou distração de impulsos sexuais reprimidos. Ele escreveu: "Chamamos essa capacidade de trocar o objetivo sexual inicial por um outro, não mais sexual, mas psiquicamente aparentado com ele, de capacidade de *sublimação*".[2]

O momento das "notas" é uma tipologia de caracteres baseada no tipo e na efetividade da sublimação. Ao mesmo tempo, Freud tenta opor a isso um componente genético: "Imaginamos que a organização prévia tenha decidido o tamanho da participação do impulso sexual no indivíduo tido como sublimável e aproveitável [...]"[3]

Embora não desenvolvidos, determinados elementos das "notas" apontam para desenvolvimentos futuros, assim como as primeiras linhas, nas quais Freud formula sua dúvida quanto à identidade de Shakespeare. Nos anos de 1920, Freud retornou a esse tema, sob influência do livro de Thomas Looney sobre Shakespeare e Edward de Vere,[4] em uma carta a Lytton Strachey.[5]

O comentário de Freud sobre os poetas pode ser relacionado com seu ensaio "O poeta e a fantasia", que tinha acabado de ser publicado.[6] Aqui, a fantasia e a criação poética são entendidas como uma analogia ao jogo in-

---

[1] Freud (1908d).

[2] Freud (1908d), p. 150.

[3] Freud (1908d), p. 151.

[4] Looney (1920).

[5] Freud (1960a), pp. 399 – 401. Na mesma carta, Freud menciona também as dúvidas que lhe sobrevieram junto ao sarcófago de Elisabeth I na Abadia de Westminster: "Há muitos anos, quando estive diante do sarcófago dessa rainha, alguns pensamentos tomaram-me de assalto [...]". Essa visita deve ter ocorrido também durante sua estadia em Londres em 1908, embora não seja citada em suas cartas para casa.

[6] Freud (1908e).

fantil. É preciso apenas muito pouco trabalho de sublimação a fim de encontrar aos perversos desejos infantis do poeta uma forma que seja aceita pelo mundo adulto. Por essa maneira, a forma também permanece infantil.

O mesmo vale para heróis e generais: "É claro que não enxergamos nas pessoas nada além do que a medida de sua tosca sublimação", escreve Freud em suas "notas". Uma consequência dessa conclusão é a seguinte: quanto mais intensa a sublimação, menos os rostos se diferenciam entre si. A expressão vivaz nos rostos de poetas e generais se distingue substancialmente daquela mímica rígida dos médicos e dos cientistas, cuja dispendiosa sublimação apagou os traços primordiais de impulsos transformados. Talvez por essa razão Freud descreva as mulheres por "a princípio não bonitas" – partindo do pressuposto de que a beleza feminina é um resultado das marcas de desejos infantis e que qualquer carreira profissional pressupõe uma renúncia e uma opressão desses desejos.

Um aspecto interessante das "Notas" é a tentativa de unir, numa terminologia psicanalítica, caráter e rosto. Freud esboça o conceito do caráter em *Três ensaios sobre a teoria da sexualidade*: "O que chamamos de 'caráter' de uma pessoa foi construído, em grande parte, com o material de excitações sexuais e se compõe de impulsos fixados desde a infância, daqueles advindos da sublimação e daquelas construções que são determinadas à supressão de emoções perversas, percebidas como não utilizáveis".[1] Os rostos mais vívidos são aqueles em que a sublimação teve menos ação. Consequentemente, "construções" secundárias mascaram ou reduzem apenas a diferenciação entre as pessoas.

As "Notas" contêm tanto observações psicanalíticas como deduções empíricas. Dessa maneira, Freud considera, por exemplo, que o motivo para a semelhança de reis e nobres está na maneira como foram produzidos: "as produções podem ter muita culpa nisso". Mas não há argumentação nem uma conclusão em si. O que mais se aproxima disso é a formulação: "Rosto é raça, família e disp. constitucional; disso, apenas o último fator é interessante, na verdade muitas vezes material cru, sem muito do vivenciado; muito menos da escolha da profissão". Esse comentário, em

---

[1] Freud (1905d), p. 141.

meio às anotações, poderia ser uma espécie de balanço parcial, depois de Freud ter percorrido algumas salas da galeria; não se desenha aí uma relação específica entre rosto e profissão.

As "Notas" foram um trabalho de viagem e o resultado de uma visitação. Nesse sentido, são comparáveis com o trabalho de Freud "O Moisés de Michelângelo". Ambos são versões idiossincráticas de crítica de arte e procuram na imagem estática um fator dinâmico. O "Moisés" surgiu "em três solitárias semanas de setembro" de 1913 em ; Freud escreveu as "Notas" no final de cinco dias solitários em Londres. Como se ambos os trabalhos tivessem sido criados, por assim dizer, por um tempo de isolamento da língua e dos relacionamentos humanos, em meio aos quais Freud normalmente vivia e trabalhava.

14 DE SETEMBRO DE 1908
CARTA (2 PP.) DE LONDRES PARA MARTHA FREUD
PAPEL DE CARTA DE FREUD

LONDRES, 14. 9. 08

MINHA VELHA

Espero que você tenha recebido o telegrama para B[aden] ainda lá. Então você sabe que amanhã 15 à noite partirei para Harwich – Hook of Holland, encontrando no navio Emanuel e as duas mulheres. Pauline virá a seguir (não se esqueça de que a viagem dela continua em segredo), que esperamos chegar em Berlim dia 16 à noite e que muito provavelmente partirei no dia 17 para Zurique, onde posso chegar no dia 18. Assim, peço que enderece as próximas cartas para Zurique ao Dr. C. G. Jung Z[urique]-Burgh[ölzi]. Volto a telegrafar na chegada a Zurique, de Berlim um cartão será suficiente. Claro que verei Mizzi e finalmente conhecerei Theddi.[1]

---

[1] Mizzi, apelido da irmã de Freud, Marie (1861 – 1941). Ela se casou no mesmo ano que Freud com o primo Moritz. Theodor, chamado de Theddi (nasc. 1904) foi seu quarto filho. Freud tinha visitado Berlim pela última vez em 1901, de maneira que não conhecia esse sobrinho. Theodor afogou-se em 1923, aos 18 anos.

Se o tempo for suficiente, visitarei também Abraham.[1] Veja você, estou dando a volta ao mundo.

Espero que você tenha saído da dificuldade financeira e conseguido as 1000 coroas de algum lugar, que depois poderei saldar. O tempo aqui está magnífico, se eu não estivesse tão solitário, a estadia em Londres teria sido muito agradável. Não trago nada além de lembranças. Espero me desculpar com todos vocês com o dinheiro que restará.

Transmita minhas saudações a todos os pequenos e cuide de seus afazeres escolares. Desde que soube que a partida da Inglaterra está assegurada, estou novamente nostálgico das coisas da nossa terra.

Lembranças cordiais
Seu
Sigm

Hoje National Gallery
Gainsborough,[2] Reynold,[3] Hogarth[4] etc.

---

[1] Freud acabou não visitando Karl Abraham durante sua estadia em Berlim. Em 29 de setembro de 1908, ele se desculpou numa carta referindo-se a compromissos com seus irmãos Emanuel e Marie; Freud (1965a), p. 62.

[2] Thomas Gainsborough (1727 – 1788), pintor de retratos e paisagens.

[3] Joshua Reynolds (1723 – 1793), pintor de retratos.

[4] William Hogarth (1697 – 1764), pintor.

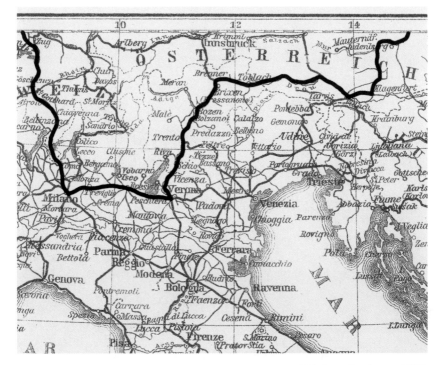

111. Rota da viagem, 1908.

Suíça, Norte da Itália

18 a 28 de setembro de 1908

Na viagem de volta da Inglaterra, Freud foi acompanhado por seu meio-irmão Emanuel. Eles passaram por Berlim e, em 16 e 17 de setembro, visitaram a irmã de Freud, Marie.[1] Na noite do dia 17, Freud seguiu viagem de Berlim para Zurique, onde C. G. Jung o recebeu na estação. Ambos queriam conversar sobre muitas coisas; para tanto, Jung poderia também ter ido a Viena, mas Freud preferiu a possibilidade de uma visita em Zurique, pois Jung "também poderia lhe mostrar alguma coisa".[2]

Durante a viagem pelo norte da Itália, ele foi acompanhado por Minna. Martha estava em casa, em Viena.

---

[1] Marie era casada com um primo chamado Moritz Freud. Freud ganhou dele o tapete que cobria seu divã analítico; cf. Tögel (2001), p. 73. Cf. Freud (1965a), p. 62; Jones (1960 – 1962), v. 2, p. 72.

[2] Freud (1974a), vol. 2, p. 72.

Percurso da viagem

17 – 18.9	Berlim – Zurique
18 – 21.9	Zurique com passeios para os montes Pilatus e Rigi
21.9	Zurique – Milão – Desenzano – Salò
21.9 – 26.9	Salò, em 24. passeio para San Vigilio
26.9	Salò – Bolzano
26 – 28.9	Bolzano
28.9 – 29.9	Bolzano – Viena

18 de setembro de 1908
Carta (3 pp.) de Zurique para Martha Freud

Burghölzli 18. 9. 08

Minha velha

Apenas algumas palavras de orientação: é meia-noite. Na estação, mal reconheci Jung, assim como ele a mim. Ele tirou o bigode, o que não lhe fica bem. Então, circundamos o lago de carro até aqui. Dia lindo, Pilatus, Rigi e "n" montanhas com neve no horizonte. Bosques magníficos ao redor, que prometem até cogumelos, se temos tempo para isso; encantadora vista para o lago, montanhas e cidade, ½ h. de distância com o trem elétrico. Estou totalmente hóspede, com facilidades que chegam até aos selos, temo que até ao telegrama. A esposa[1] não abriu mão de passar os dias aqui também. Aqui ela floresce, manda lembranças para todos e participa de todas as conversas. Tudo está muito agradável. Fico até segunda à noite, sigo depois para Desenzano, onde quero me encontrar com Minna, a fim de passar com ela os últimos dias no lago de Garda.

Há muitas coisas bonitas a serem contadas de Berlim. Percebo que não terei muito tempo para escrever aqui. Encontrei todas as suas cartas, meu muito obrigado a Mathilde e Oli; lembranças a todos.

Afetuosamente, papai

---
[1] Emma Jung, nasc. Reichenbach.

112. Pilatus.

113. Lago dos Quatro Cantões com monte Rigi.

114. Linha férrea de Rigi.

19 de setembro de 1908
Cartão-Postal de Zurique para Marie Freud

Lembranças cordiais de Burghölzli como hóspede dos mais simpáticos anfitriões.

Sigm

20 de setembro de 1908
Carta (2 pp.) de Zurique para a família

Domingo, 20. 9. 08
Burghölzli

Meus queridos

Hoje sem carta de vocês, fora isso um dia cheio de prazeres. De manhã e à tarde os passeios mais maravilhosos no monte Zürichberg e ao redor do lago com tempo bom. No total, 7 horas caminhando. Mais ½ h. de charrete, claro que acompanhado por conversas agradabilíssimas.

No meio tempo, tomando café preto, companhia dos médicos da casa e Bleuler com esposa, que transcorreu muito animada. Bleuler talvez venha em outubro para Viena.

Os Jung estão construindo uma casa própria junto ao lago de Küssnacht (não o de Schiller)[1] e hoje vi a construção e prometi-lhe logo inaugurá-la como hóspede. Amanhã cedo farei uma visita à sra. prof. Erismann,[2] que também esteve em Salzburgo, buscarei a passagem até Milão e daí deverá haver um longo caminho sobre o Rütliberg até eu partir à noite. A próxima carta de Salò e com linhas de Minna.

Lembranças cordiais
Seu Pai

---

[1] Freud chama de "Küssnacht de Schiller" o lugarejo Küssnacht, perto de Rigi, pois lá, na "Hohlen Gasse" – segundo se conta –, Guilherme Tell assassinou o prefeito habsburguense Geβler com a balestra.

[2] Sophie Erismann, a mulher do médico Friedrich Erismann, que foi chefe do Instituto de Higiene em Moscou até 1896.

23 DE SETEMBRO DE 1908
CARTA (4 PP.) DE SALÒ PARA MARTHA FREUD[1]
PAPEL DE CARTA DE FREUD

GD HOTEL SALÒ, 23. 9. 08

MINHA VELHA

Suas cartas têm um teor de convocação, mas se você estivesse sentada aqui no jardim comigo, então iria adivinhar o conteúdo desta carta. Que eu não quero voltar até ser necessário. Cheguei ontem às 12h, minha bagagem chegou apenas às 5h. Na primeira noite, tive de me recuperar do anestesiamento pelo túnel de São Gotardo. Substituo todas as outras justificativas por uma comunicação, a de que hoje estou usando o terno que cai bem pela primeira vez nestas férias. Também vi e vivenciei tantas coisas nessas semanas; até trabalhei intensamente nos intervalos, de modo que uma pausa para descanso, na qual não tenho nada a fazer além de observar e respirar faz muito bem. Assim, penso em fazer de maneira a retomar o trabalho em 1 out., e organizar a viagem a fim de ter 1-2 dias antes em Viena para os preparativos. Você ainda será informada das próximas datas, mas você pode cancelar Königstein[2] nesta semana. A única coisa urgente, as dores profissionais de Martin, pode esperar até 1 out., quando chegaremos a um consenso a respeito numa conferência com Alexander. Mencionei ontem a você, por telegrama, que não posso abrir mão da porta, independentemente de seu preço. Ele deve entregá-la a tempo, mas ela não pode se transfor-

---

[1] Também em 23.9, Freud escreve um postal de Salò para C. G. Jung; Freud (1974a), p. 191.

[2] Trata-se provavelmente das noites do jogo de "tarô" (jogo de cartas francês, não confundir com cartomancia), realizadas regularmente desde 1890, na casa de Leopold Königstein, amigo de Freud. Entre os participantes, estavam Oscar Rie, seu irmão Alfred e a cunhada de Freud, Minna; cf. Sigmund Freud – Minna Bernays, 11. 8. 1891 (LoC). Durante um tempo, o pediatra Ludwig Rosenberg e o cirurgião Julius Schnitzler também participavam. Mais tarde, os filhos de Freud Martin e Anna entraram eventualmente no jogo; cf. Freud, Martin (1970), p. 205.

mar num obstáculo intransponível nas noites de quarta-feira para a comunicação dos dois quartos, i.e., ela também deve poder abrir e devemos poder deixá-la aberta.

Você não me escreveu nada sobre os móveis que Spitz[1] entregou, nem sobre o restante das reformas das decorações dos quartos.

Dinheiro, peça emprestado apenas o quanto você necessita, para isso estou longe de ter gastado todo meu dinheiro de viagem. Também em Salò será preciso pagar apenas o hotel.

O lugarejo ou o lago junto a ele são realmente encantadores, é possível preencher maravilhosamente o dia sentando no jardim, olhando para o lado e planejando excursões que não fazemos. Também meu resfriado, que peguei em algum lugar no trem, que me levou ao único gasto em Zurique, 6 lenços, está se beneficiando muito do vento suave que sopra do céu azul.

Minna ainda não é nenhuma heroína em relação à saúde, mas pelo menos está muito animada e novamente com boa aparência.

Saúde todos os pequenos.

Chegará de Londres um pacotinho que não deve despertar expectativas. Contém um manuscrito[2] que esqueci no Hotel Ford e deve ficar intocado sobre minha escrivaninha.

Lembranças cordiais e até um breve reencontro
Seu Sigm

[acréscimo de Minna Bernays:]

Querido coração! Muito contente por ter notícias suas aqui tão rapidamente, o que importa é a comunicação a tempo. Desde ontem Sigi está muito vivaz e lépido; mas agora com a calma e o não fazer nada, tão feliz que ele realmente deve aproveitar esses dias.

Depois, ele não sairá durante meses. Aqui é indescritivelmente belo, o hotel simples e confortável, a primeira noite sofri terrivelmente com os

---

[1] Provavelmente o marceneiro de Freud.
[2] Muito provavelmente trata-se do manuscrito "Notas sobre rostos e homens / National Portrait Gallery", p. 246 a 259 deste livro.

zanzari, mas ontem fiz defumação e não apareceu nenhum. Já recebi notícias de mamãe. Gottlob muito ativo. Fique bem, querida.

Sua Minna

23 DE SETEMBRO DE 1908
CARTÃO-POSTAL ILUSTRADO DE SALÒ PARA MATHILDE FREUD (ILUSTR. 115)

SALÒ, 23. 9. 1908

De Salò evidentemente que se vai todos os dias para Gardone.[1]

Lembranças
Pa

115. Gardone.

---

[1] Gardone Riviera, um grupo de cinco vilarejos ao norte de Salò, estância apreciada por sua vegetação abundante e por seu clima protegido do vento norte, devido à parede de uma montanha.

24 DE SETEMBRO DE 1908

CARTÃO-POSTAL ILUSTRADO DE SALÒ PARA SOPHIE FREUD (ILUSTR. 116)

SALÒ 24. 9. 08

Assim se parece a ilha quando passamos ao seu lado. Você já esteve ali.
Lembr. cordial
Pa

116. Isola di Garda – Lago di Garda.

25 de setembro de 1908
Cartão-postal de Salò à família

Sexta 25. 9. 08

Meus queridos

Até agora muito favorecidos pelo tempo, fizemos ontem uma viagem maravilhosa a S. Vigilio, passando a ilha. Hoje está mais nublado e ameaça chover um pouco. Pensamos em partir no domingo, ficar segunda em Bolzano até 4h40, de modo que eu chego terça cedo. A calma aqui é muito agradável.

Lembranças cordiais
Papai

25 de setembro de 1908
Carta (3 pp.) de Salò para a família
Papel de carta de Freud
Publicada em: Freud (1960a), p. 291

Salò, 25. 9. 08

Meus queridos

Tudo chega ao fim. Agradeçam esta carta à compra impensada de um selo azul há alguns dias e do clima de chuva de hoje. Eu próprio venho logo em seguida, mas estou muito satisfeito com o adiamento, pois depois dos eventos riquíssimos do verão estava necessitado de alguns dias de bem-estar sem maiores conteúdos. Para isso, Salò e o hotel foram os certos. Está tudo muito agradável, sem ser oprimido pela elegância. Vocês conhecem a paisagem, o quanto é possível conhecer por uma rápida passagem. Ela é muito mais bonita quando passamos um tempo nela. Anteontem fizemos uma viagem com o barco a motor, e uma viagem até S.

Vigilio[1] sozinhos, o ponto faz parte do que há de mais belo no lado de Garda, o mais bonito de tudo. Trata-se de um lugar para ficar em isolamento, claro que inadequado para uma família. De passagem, pudemos estudar a ilha, com o efeito costumeiro da inveja mais escancarada de não ser o príncipe Borghese.[2] Ontem e hoje nos limitamos a passeios, nos quais nos sentimos muito bem sem maiores justificativas. Hoje está chovendo de maneira suave, mas constante. Minna está descansando no seu quarto, penso em comer minha romã (10 cnt), depois fumar e jogar uma nova paciência. Muito talento para aproveitar a vida está surgindo em mim, entrado em anos. No todo, é a calmaria antes da tempestade.

Amanhã domingo queremos iniciar a viagem cansativa, 11h30 navio até 6h45 a Bolzano. Visto que a previsão é de tempo ruim e certamente será domingo, a melhor maneira de passar o tempo. Terei então mais meio dia em Bolzano para fazer compras. Terça cedo em Viena, como anunciado no telegrama. Vamos então dividir as preocupações e as tarefas deste ano; arrumar as coisas e terminar as correções logo terão preenchido o lamentável final de setembro.

Então, até breve
Lembranças
Papai

---

[1] O cabo San Vigilio fica num pequeno avanço de terra no lago de Garda, a cerca de 3 km a oeste de Garda.

[2] Freud não tinha qualquer motivo para ter inveja do príncipe Borghese, pois Paolo Borghese perdera toda sua fortuna em especulações e sua propriedade foi leiloada em 1891/92.

117. Cartaz com o vapor Imperador Guilherme, o Grande.

Estados Unidos

19 de agosto a 29 de setembro de 1909

Em dezembro de 1908, Freud recebeu um convite de G. Stanley Hall, presidente da Clark University, em Worcester (Massachusetts). Ele deveria fazer algumas palestras sobre a psicanálise por ocasião do 20º aniversário da universidade, em julho de 1909. A princípio, Freud declinou, visto que por esse período ainda tinha pacientes e não queria perder rendimento. Mas Hall transferiu as festividades para setembro e, no início de 1909, repetiu seu convite. Visto que Freud sempre deixava o mês de setembro livre, ele aceitou.

Em 9 de março, ele divulgou a "grande novidade" para Jung e Abraham. A perspectiva da viagem despertou recordações do passado, entre elas um plano antigo de emigrar para os Estados Unidos: "o real se soma ao imaginado e ao juvenil, para desconcertar um pouco a minha pessoa, a qual o senhor quer homenagear. Em 86, quando comecei o consultório, eu queria apenas fazer uma experiência de dois meses em Viena; caso essa não fosse

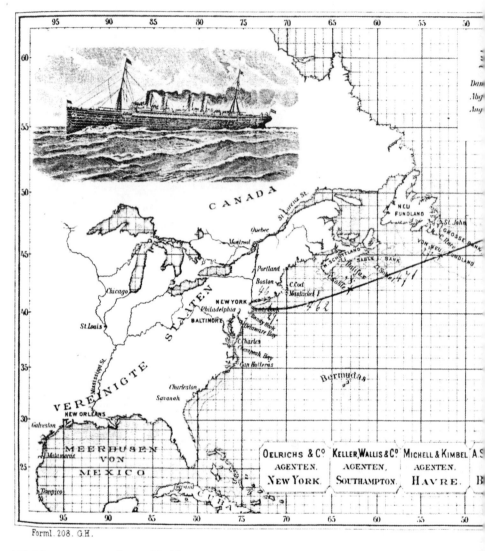

118. *Mapa exposto no George Washington*

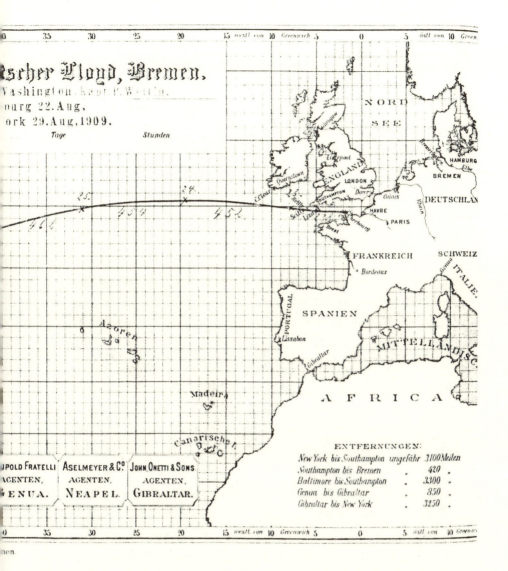

Dampfer: Vapor | Abgefahren: Partida |
Angekommen: Chegada | Zeit: Tempo |
Tage: Dias | Stunden: Horas |
Entfernungen: Distâncias | bis/ungefähr: até/cerca de |

ESTADOS UNIDOS – 281

satisfatória, eu pensava em me mudar para os Estados Unidos... Só que (infelizmente!), foi tão boa que me decidi a ficar em Viena [...]".[1]

Para Abraham, ele escreveu que seus acompanhantes seriam seu irmão mais moço, Alexander (embora recém-casado), e talvez Sándor Ferenczi. A princípio, Freud encarava a viagem como férias e diversão – ele estava em viagem para os Estados Unidos para ver um porco-espinho ao menos uma vez na vida – e, na verdade, suas cartas e seu diário de viagem confirmam uma tal descontração em sua postura. Mas ela esconde uma série de esperanças e temores. Quando Jung, seu príncipe-herdeiro psicanalítico, também recebeu um convite, ele mencionou algo a respeito numa carta a Oskar Pfister: "A grande novidade, que Jung vai também, certamente tem significado para o senhor. Para mim, transforma a viagem em algo muito diferente, mais importante. Agora estou na expectativa de como tudo vai transcorrer. Nesse período do ano, adquiro uma semelhança muito chamativa com Colombo. Como ele, espero ansiosamente pela terra; mas nem sempre entendemos isso como os Estados Unidos [...]".[2]

A viagem aos Estados Unidos acabou transformando Freud num verdadeiro conquistador: "Naquela época, eu estava com 53 anos, me sentia jovial e saudável, a breve estadia no Novo Mundo fez bem à minha autoestima; na Europa, sentia-me como que banido, aqui me senti acolhido pelos melhores como um igual. Ao subir a cátedra em Worcester, a fim de ministrar minhas 'Cinco lições de psicanálise', era como se um sonho inacreditável estivesse sendo concretizado. Ou seja, a psicanálise não era mais um produto da loucura, ela tinha se transformado numa peça preciosa da realidade".[3]

Quando se sabe do imenso significado que essa viagem teve para Freud, a questão sobre sua aversão contínua dos Estados Unidos ganha relevância. Em 21 de dezembro de 1925, por exemplo, ele escreveu a Ernest Jones: "Sempre disse que os Estados Unidos não servem para

---

[1] Freud (1974a), pp. 232 e segs.
[2] Freud (1963a), p. 22
[3] Freud (1925d), p. 78.

nada a não ser produzir dinheiro".[1] Observações semelhantes encontram-se em inúmeros outros locais. E numa de suas primeiras cartas de Nova York, de 30 de agosto, ele afirma: "Não me deixo surpreender, lembro-me de que já vi coisas muito mais bonitas. Certamente nada maior nem mais selvagem".

As viagens de Freud até o verão de 1909 foram todas viagens ao passado, não apenas aquelas à Grécia e à Itália. Alemanha, França, Holanda, Bélgica, Suíça e, principalmente, Inglaterra, também são países que vivem numa tradição e que têm orgulho de sua história. Chegado em Nova York, porém, Freud encontrou um novo mundo, orientado apenas para o futuro e para o alto. Certamente Freud temia que um país quase sem uma relação com a própria história também teria dificuldade em encontrar o acesso correto para a psicanálise com seus métodos históricos.

No início do estágio do planejamento, a viagem deveria começar em Gênova e ser combinada com um pequeno cruzeiro pelo mar Mediterrâneo. Mas as datas não batiam e Freud escolheu a rota norte a partir de Bremen. Sua família estava passando o verão em Ammerwald, na fronteira entre a Baviera e o Tirol. Freud tomou o trem que passava por Oberammergau e encontrou-se com Jung e Ferenczi em Bremen.

À luz das consequências históricas, poderíamos encarar a visita de Freud aos Estados Unidos como a sua viagem mais importante. Embora não estivesse planejada como "viagem de lazer", ela lhe trouxe mais momentos agradáveis e surpresas positivas do que seria possível esperar, baseando-se na sua postura crítica em relação à América.

---

[1] Freud (1993e), p. 40.

Percurso da viagem

19 – 20.8	Reutte – Oberammergau – Munique – Hannover – Bremen
21.8	Bremen – Bremerhaven
21 – 29.8	Passagem de navio Southampton – Cherbourg – até Nova York
29.8 – 4.9	Nova York
4 – 5.9	Nova York – Fall River (navio) – Boston – Worcester (trem)
5 – 11.9	Worcester
12 – 14.9	Worcester – Buffalo (cataratas de Niágara)
14.9	Buffalo – Lake Placid
15.9	Lake Placid – Keene Valley
15 – 18.9	Keene Valley – Albany
19.9	Chegada em Nova York
20.9	Nova York
21 – 29.9	Viagem de navio Nova York – Plymouth – Cherbourg – Bremerhaven
29.9	Chegada em Bremen

19 DE AGOSTO DE 1909
CARTÃO-POSTAL DE OBERAMMERGAU PARA MARTHA FREUD 1.)

OBERAMMERGAU
19. 8. 09

Até agora foi tudo bem, agora começa a hora da verdade. Antes ainda a hospedaria.

Cordiais sds
Pa

19 DE AGOSTO DE 1909
CARTÃO-POSTAL DE MUNIQUE PARA MARTHA FREUD 2.)

19. 8. 09
3H25 PM

Vai tudo muito acelerado, também com o gasto de dinheiro. Espero que o dia de vocês tenha sido tão bonito e menos quente do que aquele em Munique. Até agora tudo em ordem, ainda sem maiores problemas.

Lembranças cordiais
Pa

20 DE AGOSTO DE 1909
CARTÃO-POSTAL DE BREMEN PARA MARTHA FREUD 3.)

BREMEN 20. 8. 09
6H10

Noite não boa. Carro velho e ruim. Sacudiu tanto que pelo mínimo efeito sobre o estômago crio melhores expectativas para a viagem pelo mar. De todo modo, em Hannover tomei um copo de cerveja num horário não habitual 3h. Esperei Ferenczi aqui, acompanhei ao hotel, troquei de roupa como se anda em A[ussee] apenas no aniversário do imperador. Agora quero dar aos alfaiates de Bremen algo para fazer e depois vamos tomar café da manhã e sairemos para lojas e descobertas.

Lembranças cordiais
Pa

119. Vapor George Washington.

20 DE AGOSTO DE 1909

Cartão-postal de Bremen para Martha Freud 4.)

Bremen 20. 8. 09

> Reunião no escritório do NDLI[1]
>
> *Dr. C. G. Jung*
> *Dr. S. Ferenczi*

21 DE AGOSTO DE 1909

Cartão-postal ilustrado de Bremen para Martha Freud (ilustr. 119)

21. 8. 09

> Lembranças cordiais
>
> *Pa*

21 DE AGOSTO DE 1909

Cartão-postal ilustrado de Bremen a Rosa Graf

21. 8. 09

> Da viagem para Nova York, cordiais saudações a você e às crianças.
>
> *Sigm*

---

[1] Norddeustscher Lloyd – Lloyd do norte da Alemanha.

Estados Unidos – 287

21 de agosto de 1909

Cartão-postal ilustrado de Bremen para Mathilde e Robert Hollitscher

21. 8. 09

Cordiais saudações e obrigado pela sua carta. O navio acabou de sair de Bremerhaven.

Pa

21 de agosto de 1909

Cartão-postal ilustrado de Southampton[1] para Moritz Freud

21. 8. 09

Cordiais sds. do navio

Sigm

22 de agosto de 1909

Carta (4 pp.) escrita a bordo do George Washington à família

Papel de carta do *George Washington*, Lloyd do norte da Alemanha

6)
22. 8. 09
Manhã

Meus queridos

Aproveito a oportunidade para uma última correspondência a partir de Southampton. Não posso escrever muito, porque haveria coisas demais.

---

[1] O cartão foi carimbado em Londres, mas provavelmente despachado em Southampton.

Embora tente manter um diário, tenho a impressão de que ele não vai avançar. Então, apenas algumas informações dele extraídas.

O navio é maravilhoso. Acomodações e comida superam todas as expectativas. Da superpopulação, que temíamos com 2.400 pessoas, não se percebe nada. São apenas 560 passageiros na primeira classe, a cabine é pequena, mas incrivelmente elegante e completa.[1] É possível inclusive escrever dentro dela, caso se queira. Fui recebido por uma carta de mamãe, um cartão do dr. Karpás,[2] um telegrama de Robitsek[3] e uma caixa, que continha um buquê das orquídeas mais maravilhosas, de Bad Nassau (sra. Hirschfeld).[4] O primeiro dia foi chuvoso, hoje está claro e bonito. Passamos os rochedos de Dover e viajamos ao longo da costa inglesa, devendo aportar às 2h em Southampton e depois à noite em Cherbourg. O mar está cheio de navios, como uma sopa densa. O vento sopra cortante, o dia não quer avançar porque começou com 1 h. adiantado. Nem sinal de enjoo, seria preciso chamar o apetite de patológico. Até agora (11h) já digeri: café, 2 ovos, alguns caramujos, salmão frito e costeletas de cordeiro. Deus continuará ajudando. Jung é um exemplo a ser seguido na hora de comer, Ferenczi muito mais contido. A prova da resistência ao mar só poderá acontecer hoje à noite, evidentemente, quando chegarmos ao mar aberto.

Os cartões-postais ilustrados fazem parte de uma série de 24. Talvez eu encontre notícias suas em Southampton. O todo é algo muito especial, até agora uma bela aventura. Nem sombra de trabalho, claro.

Espero que todos estejam bem e saúdo a todos.

Cordialmente,
Pa

---

[1] O *George Washington* era um navio tinindo de novo e acabara de realizar sua viagem inaugural. Com 25 mil toneladas, chegava a 18 nós. 568 passageiros podiam viajar na primeira classe, 433 na segunda e 452 na terceira. A tripulação era composta por 1.226 pessoas.

[2] Morris Karpas, aluno de Brill, esteve em formação na Europa no verão de 1909; cf. Freud (1974a), p. 263.

[3] Alfred Robitsek publicou algo sobre sonho e simbolismo e também é citado duas vezes por Freud em *A interpretação dos sonhos*; cf. entre outros Freud (1900a), p. 103; Robitsek (1912).

[4] Paciente de Freud.

120. Estátua de Rolando, em Bremen.

Diário de viagem

I. Bremen

MANHÃ DE 21 DE AGO.

Vejo que sempre haverá tempo para escrever. Hoje nos encontraremos apenas às 9h para o café da manhã e acordei tão cedo que agora são apenas 7h45. Às 10h50 parte nosso trem especial para Bremerhaven. Mas está chovendo, enquanto ontem esteve bonito, um pouco abafado. Por isso, o chapéu novo foi parar na mala e a capa marrom ficou em seu lugar. Que ela se saia bem.

Ontem foi um dia cheio, que naturalmente não queria chegar ao fim. Não consegui dormir no carro ruim, ainda antes de Hannover, às

3h da manhã eu estava no corredor diante de uma janela, observando o alvorecer no prado. Em Bremen, Ferenczi veio ao meu encontro, justo quando estava desistindo dele e tinha entregue minha bagagem a um carregador. O hotel ao qual ele me conduziu dista apenas poucos passos da estação. Senti-me inacreditavelmente bem e me fartei no café da manhã como apenas Ernst o faz. Em seguida, começamos a descobrir Bremen com a ajuda de um Baedeker. Se seguimos o elétrico, estamos logo no centro da cidade, encontramos catedral, prefeitura, antigas igrejas, algumas casas magníficas. Além disso, F[erenczi] lê do livro as datas mais necessárias. O mais interessante, que supera qualquer comparação, é o velho Rolando do mercado, uma coluna de pedra em forma de estátua de 1404, erguida no lugar de uma mais antiga, de madeira, repintada há poucos anos, um rosto de inescrutável parvoíce, uma longa espada na mão. Uma tal estátua deve ter sido o símbolo da livre jurisdição de uma cidade. Andamos para cá e para lá, descobrimos a grande ponte sobre o rio Weser, o memorial de um certo senhor Franzius,[1] que parece ter dado um novo impulso à cidade a partir da regulamentação do rio assoreado. Na Papenstraβe, o palácio do Lloyd nos aparece decorado com uma torre incrível. – F[erenczi] carrega uma grande pilha de notas sujas, que de um lado são pretas, do outro verde e no meio trazem uma imagem como a de um búfalo ou de outros animais. São cédulas de dólar de 10 ou 50. Ele paga o restante de nossas passagens com elas. O dólar está cotado a 4,17 marcos. Fizemos um seguro para a viagem, eu de 20, ele de 10.000 marcos; ele aconselha enviar a apólice para casa. Espero que ela já tenha chegado. Também recebi correspondência, um cartão de Jung, anunciando que quer chegar às 19h da noite, ou seja, já devia ter chegado. Poucos minutos mais tarde ele aparece, radiante como sempre. Ainda temos de resolver coisas, ele busca uma carta de crédito para os Estados Unidos. Finalmente resolvemos e podemos ir à

---

[1] Ludwig Franzius, construtor hidráulico e desde 1875 diretor-chefe a serviço do senado de Bremen.

estação, onde despachamos nossa grande bagagem e resgatamos as passagens para a viagem especial até Bremerhaven. Minha mala realmente é do tamanho certo e fica na cabine. F[erenczi] trouxe um exagero de caixas. Então vamos passear novamente, mas agora a três. Jung, que já conhece a cidade, nos leva até algumas atrações, o grande salão da prefeitura, em cujo teto estão pendurados modelos de navios de guerra e cujas paredes estão decoradas com quadros de cenas da cidade e grandes baleias, que no passado encalharam aqui, uma última referência a Bartholomä;[1] o salão como um todo desperta a lembrança das salas luxuosas e oficiais no palácio dos doges, mas a nostalgia perde alguma coisa. Em seguida, o assim chamado porão de chumbo sob a catedral, um lugar no qual há 400 anos foi sepultado, por acaso, o cadáver de um trabalhador que caiu do telhado, e esquecido. Muitos anos mais tarde, descobriu-se que ele não estava decomposto, mas tinha se mantido de maneira exemplar por uma secagem que dá a impressão de uma múmia, e desde então todo o tipo de gente que quer escapar da transitoriedade dessa maneira é enterrado ali, senhores e senhoras, ingleses e suecos. Também foram pendurados cadáveres de pássaros, e assim se mostra que eles não apodrecem, mas encolhem devagar. Mas tudo isso permanece como uma defesa do extermínio total pelo fogo das pessoas tornadas supérfluas.

A fome se manifestou em nós três e fomos ao porão da prefeitura, mas ali há apenas grandes tonéis de vinho e comida fria. Somos encaminhados à assim chamada casa de vinagre, uma edificação realmente encantadora do século XVI. Decido-me a me permitir o prazer de ser servido pela primeira vez. Encomendo um vinho do Reno, salmão do rio Weser, filé com acompanhamentos. Jung nos conta, para nossa grande satisfação, que resolveu encerrar a abstinência e pede por um

---

[1] St. Bartholomä, cidade junto a Königssee, não distante de Berchtesgaden. Certamente a família Freud visitou também St. Bartholomä durante suas estadias de verão em Berchtesgaden e Königssee. A pesca gozava de longa tradição por lá. Já no séc. XII o imperador Frederico Barba Ruiva parece ter encomendado peixes do Königsee.

pouco de incentivo. Brindamos com o saboroso vinho. Não sei se bebi demais ou estava abalado pela noite insone, na hora do salmão sou acometido por um estado de sudorese e de fraqueza e tenho de passar os outros pratos. Também fico sem coragem de continuar a beber. Jung vai resolver a bebida por mim agora. Claro que todo o mal-estar passou rapidamente.[1] Jung observa: claro que agora o sr. papai vai deixar de pagar para nós e eles dividem as outras despesas do dia entre si. À tarde, Jung pega um automóvel que nos leva até os antigos valados da cidade, que foram transformados em jardins com maravilhosas árvores e que nos mostram o porto livre. Encontramos o exército, que está voltando de um exercício, e é claro que o senhor capitão do exército suíço tem de inspecionar isso cuidadosamente. O carro nos deixa diante do Wiener Café. O café é realmente bom, também já estou bem faminto. Daí fomos passear de novo junto ao rio Weser, pelos jardins e conversamos muito, Europa e América. Descubro apenas agora os outros convidados de Worcester: um vienense, o pedagogo escolar Burgerstein[2] e alguém de Breslau ou Berlim (?) Stern,[3] que se tornou conhecido por trabalhos sobre a psicologia do testemunho. Mas ele é tido como repugnante, se posicionou de maneira hostil a nós e se ele estiver no *Washington*, vai nos deixar de lado. O grupo até agora não é brilhante, espero que eles tenham arranjado mais outros.

---

[1] A apresentação de Freud diferencia-se daquela que Jung e Jones escreveram sobre o caso. Certamente para não inquietar a mulher, ele não menciona ter ficado inconsciente e oferece apenas uma explicação não analítica – o beber rápido e a noite insone. Na época, porém, os três homens interpretaram o caso como uma reação da vitória de Freud sobre a abstinência ao álcool de Jung. O próprio Freud foi atrás das causas até seu desejo de morte do irmão mais jovem, Julius. Na vez seguinte que ficou inconsciente na presença de Jung –Munique, 1912 –, ele se refere novamente a uma noite insone no trem; cf. Freud (1993b), p. 159.

[2] Leo Burgerstein era professor de cultura e higiene escolar na Universidade de Viena. Ele ministrou três palestras sobre sua área na Clark University.

[3] William Stern era professor de filosofia na Universidade de Breslau. Ele ministrou três palestras sobre psicologia dos testes e de personalidade; cf. Rosenzweig (1992), pp. 121 e segs., 288.

121. Porão da prefeitura em Bremen.

[No Lloyd, vi a lista já impressa dos passageiros. O nome estava impresso corretamente, mas o cartão do navio foi preenchido com o nome Freund].

Uma hora de 6h30 – 7h30 nos permitimos descanso e solidão. Respondi a carta da Maggie,[1] que não ficará pouco espantada pelo carimbo do correio. Depois, jantamos no hotel de Jung, como seus convidados. Asseguro que estava muito bom e consegui novamente acompanhar direito, não nos separamos até as 11h45.

Hoje pela manhã recebi o casaco com o forro de um tecido de outra cor. Ele tem de aguentar até os Estados Unidos. Agora encerrar no hotel e partir para o café da manhã!

---

[1] Maggie Haller, paciente de Freud.

II Sábado à noite
21. AGO

Bem diferente. Impossível continuar narrando. Perfeito conto de fadas. Desde as 12h no navio. A visão do *Washington* quando chegamos à sua frente, completamente colossal. A partir daí, somos tomados por um inebriamento. Estamos na cabine e encontramos nosso nome na porta, a mala sob a cama, é preciso se apressar, reservar lugares no salão de refeições num mapa feito um escritório de teatro, encontramos nossa correspondência num escaninho e mesmo assim chegamos atrasados para tudo, estamos em desvantagem em relação a viajantes experientes. E [será assim] até nos acostumarmos ao grande corpo, até sabermos em qual deque, ou seja, em qual andar estamos alojados, em que lado, e que o salão de compras fica bem no alto no deque do solário atrás e o salão de escrita bem na frente, um andar abaixo, e até acharmos as passagens etc. Claro que estando em três somos mais guiados e ficamos dependentes por mais tempo. E a soma das novas experiências no primeiro dia. Isso não é possível de ser contado de uma só vez.

Somos convidados do castelo de um senhor muito elegante, dispomos de tudo e supostamente de graça. Esquecemos que já pagamos 600 marcos adiantados pela semana. As perguntas mais urgentes de vocês! A comida? De primeiríssima qualidade; não dá para saber para onde se dirigir. A sensação não faz qualquer menção ao estômago. No intervalo, café ou chá à vontade. A cabine? Pequena, mas tão elegante e na verdade tão completa que posso escrever essas linhas sobre minha mesa com luz elétrica, enquanto não consegui escrever nada no quarto em Ammerswald. Tudo limpíssimo e utilização objetiva de cada cantinho. Falta um armário. Na verdade, não é para se escrever na cabine. – O correio: um telegrama de Robitsek, uma cartinha de mamãe, cartão do Dr. Karpas. Minha revanche: 24 cartões-postais ilustrados, mas que só podem ser levados à terra em Cherbourg ou Southampton. O grande acontecimento do dia: uma caixa com um buquê de flores frescas, as orquídeas mais encantadoras e provavelmente também mais caras da Hirschfled, de Nassau. Pedi para que fossem colocadas sobre nossa escrivaninha e subornei um garçom para vigiá-la. –

O tempo o dia inteiro chuva, vento frio, de um lado insuportável, pedimos que as espreguiçadeiras alugadas e identificadas com nome fossem levadas para o outro lado.

Atmosfera absurdamente alegre, porque o mar não tem outras ondas além daquelas que o nosso navio produz. Curioso para saber se continuará assim.

Ça va bien pourvu que ça dure[1] disse o telhadista quando começou a cair. Boa noite.

24 TERÇA CEDO, ANTES DO BANHO

Segunda-feira foi preenchida pelos dois desembarques em Southampton e Cherbourg, muito animada. Ontem finalmente percurso pelo oceano, na manhã a última parte da Inglaterra. Fora isso nada durante o dia inteiro exceto um golfinho antes do almoço e algas luminosas à noite. O tempo não estava amigável, muitas nuvens, vento forte, um pouco de chuvisco, mas novamente quase não senti os movimentos do navio. Estudamos com cuidado esses movimentos e ficamos contentes quando uma vez o chão realmente some.

Debatemos e rimos durante todo o dia, nada cansativo e muito reconfortante. Nos intervalos, caminhei pelo deque, estudei das ondas e – comi. Temos o mais carinhoso dos relacionamentos com nossos comissários de mesa. As orquídeas estão durando. Os garçons, na cafeteria e nos salões sociais, onde é possível tomar chá às 16h, talvez sejam menos amáveis. O banho da cabine em frente, que eu volto a aguardar agora, é delicioso. Curioso é o adiamento do tempo, de maneira que é preciso voltar o relógio todas as manhãs e assim ganhamos ¾ de hora, com os quais apenas nos irritamos.

Ficamos tão seguros e confortáveis na cabine que é pesaroso imaginar que, daqui a poucas semanas, deixaremos esse lar tão caro.

---

[1] "Tudo vai bem enquanto dura"; suposta frase da mãe de Napoleão sobre a ambição do filho; cf. Rosenzweig (1992), p. 56.

O prof. Stern apareceu cedo, foi ter com Jung e monopolizou-o, enquanto nos deu as costas. Fiquei observando durante um tempo e depois falei para Jung: senhor doutor, que tal encerrarmos nossa conversa?, no que o judeu ordinário se sentiu estupefato.

QUARTA 25 AGO 09[1]

Hoje consegui tomar banho já às 6h, isto é, com o banho, o barbeiro e a caminhada, são na verdade 6h25. Ou seja, será um longo dia, como o de ontem. Estou no salão de fumo (cafeteria) e escrevo, atividade para qual existem salas especiais, mas nas quais não é permitido fumar.

Ficamos desencorajados em escrever pela certeza de que não podemos aguardar nada escrito. O afastamento no oceano é altamente curioso e tem efeitos profundos. Ontem vimos apenas um único navio no horizonte e creio ter reconhecido a cauda de um golfinho na água. Para Jung, isso foi uma visão como a fada Morgana de um andarilho no deserto. Fora isso, não se deu nada. Também não aconteceu nada no navio. Não está parecendo que tenhamos conseguido ligação Marconi[2] com outros navios, pelo menos não há notícias. Isso resulta numa existência fora do comum, irreal. Há 2 dias não abro a carteira, depois do primeiro suborno não houve mais oportunidade para gastar dinheiro. Às vezes tiro o *portefeuille* e observo as três cédulas grandes e o pequeno monte de trocados, notas verdes-sujas de 5 dólares, reproduções ruins do deus mais supremo – a fim de me inserir novamente na realidade. Aqui tudo é de graça. Mas nos Estados Unidos será preciso pagar isso. Até a chance de eu – embora "convidado das nações", como diz mamãe – ter de pagar pedágio pelo meu novo nível se tornará certeza.

---

[1] Freud escreveu a primeira parte do "diário de viagem", de 21 a 24 de agosto em ambos os lados de quatro grandes folhas de anotações. A continuação se encontra em papel de carta do vapor *George Washington*. Isso pode ser o motivo do engano de Jones, ao dizer que Freud abandonou o diário depois de três dias e passou a escrever cartas; cf. Jones (1960 – 1962), vol. 2, p. 75.

[2] Telegrafia sem fio; assim chamada segundo Guglielmo Marconi, que em 1896 foi precursor da transmissão de sinais, sem fio.

O dia certamente teve mais ventos do que os anteriores, de modo que a permanência no deque do solário, onde ficam nossas espreguiçadeiras, não foi sempre possível. O sol tinha se escondido, nenhuma peça de roupa tem a importância, nem de perto, do papel de um sobretudo, que só tiramos às refeições.

Devemos ser os únicos a bordo que trabalhamos intelectualmente e, enquanto isso, via de regra conversamos bem. Os outros jogam jogos de ação no deque ou na cafeteria, fazem todo o tipo de jogos de cartas ou leilões especiais com lances em papeizinhos, que lembram o grande torneio de tênis em Ammerwald. Outros passam o dia inteiro em sua espreguiçadeira, envoltos em mantas, xales, panos, bandagens, protegidos por pequenas almofadas, nas quais em vez de lermos "Apenas quinze minutinhos", está: *Bon voyage*. Em geral trata-se, claro, de senhoras (também senhores mais idosos), e as primeiras têm suas poses e expressões; parece haver ali um cerimonial altamente desenvolvido. A maioria dos passageiros é americana, na realidade já estamos nos Estados Unidos. Tipos que conhecemos ou reconhecemos de imediato, em geral festivos, muitas vezes respeitáveis. As mulheres incrivelmente bem-cuidadas, autoconfiantes, dispostas ao flerte. Também há muitos bebês e crianças, exemplares gentis, que se sentem muito bem a bordo. No deque intermediário, de acordo com o segundo médico, que come à nossa mesa, deve haver 200 bebês de colo. Algumas senhoras também tomam suas refeições deitadas em suas espreguiçadeiras. Provavelmente são aquelas que pior suportam os movimentos do navio. O navio acompanha as conhecidas grandes ondas, ele sobe e desce feito um cisne nadando com o pescoço, mas ele não rola, não deita para o lado e segundo todos asseguram, graus mais fortes de enjoos estão descartados, mesmo se o mar ficasse muito mais mexido do que esteve até agora. Mas a maneira como comemos é decisivamente influenciada pela movimentação do navio.

É que alguns ficam com fome; como meus dois companheiros confirmam, comemos muito porque há muita oferta, mas não sentimos a comida no estômago e poderíamos comer ainda muito mais. O estômago parece insensível, é uma alteração que certamente está no caminho da incapacidade de comer nos enjoos, mas com certeza é muito mais agradável.

Providenciamos vinho e cerveja contra pequenos cheques, que assinamos com nossos nomes. Jung desistiu da abstinência e acompanha o beber com galhardia. Em razão da observação atenta conseguimos não ser esquecidos nas pequenas refeições dos intervalos, refresco às 11h e chá às 4h. Acreditamos que o vento nos consuma. Ontem à tarde estivemos durante um tempo totalmente incapazes de fazer outra coisa senão comer e, como os outros passageiros, adormecemos nas espreguiçadeiras. Todos os pensamentos anestesiados.

Trata-se de uma existência muito peculiar. Trabalhar, por exemplo preparar nossa apresentação nos Estados Unidos, está fora de cogitação. A leitura também não é fácil. Na cama, leio agora um volume de Anatole France,[1] que Ferenczi trouxe, mas não estou gostando tanto como em terra firme. Aliás, eu não sabia que a luz elétrica podia ser tão clara.

Adeus.

Manhã de quinta-feira, 26

Ontem pela manhã a monotonia sob o céu azul foi bem opressiva. À tarde o sol apareceu, o mar tornou-se azul, o céu estava claro, o balanço chegou a um grau até então não observado, as ondas ficaram geniais, magicamente lindas, vez ou outra espirravam sobre a murada do navio e com tudo isso a atmosfera ficou mais alegre e estávamos orgulhosos em levar uma vida de certa forma tão dinâmica. Pela manhã, foram apenas 3 golfinhos os únicos seres que puderam apagar a ilusão de que estávamos sozinhos no mundo.

---

[1] Em sua resposta a uma pesquisa "Da leitura e dos bons livros", Freud inclui *Sur la pierre blanche*, de Anatole France, como um dos 10 melhores livros em sua opinião; cf. Freud (1960f.). Em sua coleção de citações das primeiras décadas desse século, Anatole France é o mais representado, depois de Multaluli: de 45 textos, 13 eram de Multatuli e 10 de France. As duas obras citadas por Freud são *Le lys rouge* e *La rôtisserie de la reine Pédauque*; cf. Common Place Book (Freud Museum London).

À noite circulou um jornal do navio, alemão e inglês, que penso em levar. Por seu intermédio descobrimos, com satisfação, que agora estamos em ligação marconi com estações terrestres canárias e que podemos telegrafar para todos os lugares, ou seja, também para Riva.[1] Mas como não sabia usar o rádio, não fiz uso da possibilidade, como vocês vão perceber. Nossas cadeiras estão no deque superior, o deque solário ao lado do mastro que carrega as antenas Marconi – assim seu nome, creio – e o ruído enganador que imita uma mosca doméstica que não consegue sair pela janela nos informa que o aparelho está em ação.

Pude finalmente trocar 20 marcos à noite e comprar charutos, visto que o estoque de tabaco já tinha sido todo fumado.

No salão de café há evidentemente uma tabacaria ricamente sortida, os novos são muitos melhores do que os antigos. Ontem a conversa entre nós três foi especialmente animada, talvez o vinho contribua um pouco para isso. O abastecimento de vinho é compartilhado, cada um assina seu cheque e todos bebem da garrafa; ela não dura muito. Mas o fato de ter sido tão curiosamente exaustivo caminhar ontem deve ser de responsabilidade do navio, que se sustentou com bravura contra as ondas.

Agora faz uma semana que deixei vocês – devo olhar para o relógio corrigido, a fim de descobrir quando ela será completada. Espero que vocês já estejam em Riva e de posse de meu cartão e carta. A semana não foi movimentada, no máximo curiosa. Planejamos a volta com o Wilh[elm der] Großen 21 de setembro, mas ouvimos dizer a bordo que nenhum navio é tão confortável e seguro como o nosso Washington.

MANHÃ DE SEXTA 27. 8.

Ontem o tempo trouxe preocupações. De manhã, esteve abafado-chuvoso. Daí o vento mudou e uma neblina densa baixou. O apito do vapor começou a emitir sinais a cada 2 minutos, depois a sirene passou a emitir seu terrível lamento, mas não apareciam respostas. Não vimos

---

[1] Cidade na extremidade norte do lago de Garda, pertencente até 1919 à Áustria-Hungria. A família de Freud tinha se mudado de Ammerwald para Riva. Seu cartão-postal de 21 de agosto, que ele endereçara a Ammerwald, teve de ser encaminhado para Riva.

nada vivo durante todo o dia, nem peixe ou ave. Daí a neblina passou para voltar à noite, e ao me deitar ainda ouvia a sirene. Mas parece que ela se dissipou totalmente na chuva. Quando lancei o último olhar para o mar, ele estava furioso e a chuva parecia querer perdurar.

Ou seja, o tempo não está bom, a única tarde suportável foi a de quarta. A estadia no deque se torna bastante reduzida por esse motivo.

Já avançamos bastante e aguardamos chegar logo abaixo de Terra Nova, o que é indicado pelo ar frio. Hoje pela manhã está realmente muito frio. Ontem à noite a comida a princípio não nos agradou muito. O frescor dos ingredientes trazidos está se perdendo. As frutas como sempre incomíveis, a confeitaria insignificante, o sorvete mal-sucedido, sopas exemplares, carnes, peixes e verduras bons, claro.

Hoje à noite deve acontecer uma *soirée* musical, à qual eu não preciso estar presente. Fora isso, há música regularmente às 10h no elegante deque superior de passeios e no jantar. Guardei novamente um número do jornal oceânico. Ele está repleto de notícias do rádio, que não nos interessam. – Devemos aportar domingo à nt.

SÁBADO 28 AGO.

Ontem foi uma incrível coleção metereológica, cedo geladíssimo graças à proximidade da Terra Nova, depois ficou abafado e chuvoso, daí a neblina apareceu por algumas horas, o mar ficou ora liso, ora agitado, mas sempre feio. Hoje tudo está diferente. Estamos vendo o sol novamente, a água é azul, o vento e as correntes como nos primeiros dias. Nos aproximamos da costa. Ontem pela manhã enxergamos finalmente de novo três navios a vela, depois mais nada o restante do dia. À noite, ficamos sentados conversando num canto do salão de café, enquanto a maioria do grupo assistia a um *concert* monótono e de repente nos esquecemos de onde estávamos, a situação foi como num passeio chuvoso nas montanhas. Foi uma sensação singular quando depois nos demos conta de que estávamos num navio e que o próximo pedaço de terra se chamava Labrador.

Durante todo o dia um bote salva-vidas esteve a postos para o caso de atropelarmos em meio à neblina algum dos muitos barcos de pesca que cruzavam a Terra Nova. Por sorte, não aconteceu nada, a região inteira ficou como que morta.

Nós nos entendemos maravilhosamente e nunca nos falta assunto para conversar. Esse foi, na verdade, o ponto alto da viagem, pois tempo e mar não estiveram bons e imaginei que o aumento do bem-estar por causa do ar marinho fosse mais evidente. O grupo dos americanos carrega um tédio cristalizado e os elementos alemães também não teriam consolado os indivíduos. O navio, entretanto, saiu-se muitíssimo bem e não temos notícias de enjoos entre nós. Escrevo de maneira mais ou menos final, pois este é o último dia cheio. Amanhã a aproximação e a chegada serão dominantes.

Recebemos a declaração da alfândega para preencher, mas para nós *non-residents* ela quase não dá trabalho. A despedida da cabine será dolorosa. Provavelmente enfrentaremos dias muito quentes. Para todas as dificuldades da acostagem, contamos com a presença de Brill.[1] O museu Metropolitan é a primeira intenção. Ele abriga as mais belas antiguidades gregas. Tão pouco muda o ser humano com sua estadia.

Domingo 29 ago.

Ontem como despedida todas as obras de arte. Um jantar especialmente festivo, baile a bordo, do lado de fora magia de lua cheia com Vênus e outras estrelas grandes, o fino cheiro de peixe da água e todas essas belezas pela primeira vez no lugar da lamentável umidade, do frio e da neblina. Foi para dificultar a despedida.

O baile a bordo não foi nada encantador. As americanas se contentam estando surpreendentemente vestidas e sendo admiradas. Os homens são rígidos e desanimados. Na segunda classe ao lado, onde ficam os alemães muito mais modestos, vimos rostos entusiasmados. A música, aliás, não era grande coisa.

Já estamos em Nova York em pensamento e conversamos sobre tudo do futuro próximo. Das formalidades da ancoragem e da hospedagem depois

---

[1] Abraham Brill fundou em 1911 a Sociedade Psicanalítica de Nova York.

não temos uma ideia clara. Brill deve ter se ocupado de tudo. No Baedeker, lemos que um carro com bagagem para o hotel deverá custar 4 ½ d. Um dólar = 4, 22 marcos. Os números nos assustam muito. No meu bolso reina um verdadeiro panteão: coroas e marcos e agora o deus mais poderoso, o dólar.

Amanhã cedo, i.e. hoje cedo fizemos as malas, pagamos e depois a partir do almoço pegamos os binóculos para aproveitar a entrada. A disciplina já está afrouxando. O barbeiro ainda não abriu, embora fosse tempo. Pequenas lembranças do navio, cardápio, cartão da cabine, também precisam ser guardadas. É preciso completar as gorjetas. É pena pela despedida, aprendemos a gostar do maravilhoso navio. Aproxima-se um dia cheio!

30 DE AGOSTO DE 1909
CARTA (4 PP.) DE NOVA YORK PARA A FAMÍLIA
PAPEL DE TELEGRAMA DO HOTEL MANHATTAN

NOVA YORK
SEGUNDA 30 AGO 09

MEUS QUERIDOS

Uh! Uma história incrível. Se eu tivesse tanta alegria em relação ao trânsito e às dificuldades de trânsito quanto Oli, seria o homem mais feliz do mundo aqui. Não esperem nenhuma descrição detalhada, o tempo é muito valioso, apenas algumas observações à guisa de orientação. A entrada no porto foi realmente maravilhosa, demorou bastante. De acordo com as rígidas normas, Brill não pôde subir no navio, enviou um colega conhecido, dr. Onuf,[1] russo, educado na Suíça, que me procurou ainda no navio e depois nos prestou ajuda, graças a sua posição oficial. Demorou então cerca de 2 ½ h até passarmos pela revista e do lado de fora encontramos Brill, que está muito bem. Ele nos levou logo ao *subway*, o trem sob o rio e depois para um bonde

---

[1] Bronislav Onuf trabalhou como conselheiro psiquiátrico na ilha de emigração Ellis Island; cf. Rosenzweig (1992), p. 58.

um caminho infinito a pé até o hotel, para onde nossa bagagem foi levada. O hotel é elegante demais e caro,[1] por 2 ½ $, i.e. mais de 10 marcos, cada um tem um pequeno quarto no pátio sem luz do sol, mas eu dormi a primeira noite toda. Só fomos nos recolher às 11h30.

Embora as ruas estivessem silenciosas por causa do domingo, a primeira impressão foi atordoante. Continuamos ainda indefesos como crianças às quais precisamos dar a mão.

Hoje pela manhã não produzimos nada exceto caminhar um pedaço da Broadway e admiramos os famosos *sky-scrapers*. Mas bonitos não são. A cidade toda só é parecida com Londres. O dia está muito bonito, não quente demais. Brill se dedicou totalmente a nós, foi passear com Ferenczi, quer escrever. Depois quero visitar Eli e Anna.[2] À noite, estamos convidados para a casa de Brill. Amanhã queremos ir ao museu. Estamos muito bem e animados. Não fico impressionado, lembro-me de que já vi tantas coisas mais bonitas, certamente não maiores e mais selvagens. Durante a revista da bagagem, dei uma entrevista ao jornal alemão do governo de NY, certamente por iniciativa do nojento do Stern, que hoje está estampado com destaque no jornal com os títulos de suas palestras, enquanto se segue o prof. Freud com seu amigo Jung, que foi bem menos comunicativo.

Tudo o que pode interessar a vocês em relação a preços e modos de vida, por voz. É realmente muito caro e algumas comodidades que nos são indispensáveis faltam totalmente. Se fôssemos um pouco focados, seria possível viver muito bem. As notícias científicas que Brill traz são muito engraçadas e favoráveis. A tradução deve ser lançada em 2 semanas.[3]

Lembranças cordiais a vocês da grande aventura e, claro, sinto falta de todas as notícias. Cabograma deve ter chegado.

Afetuosamente
Papai

---

[1] O Hotel Manhattan foi construído no final do século XIX e localizava-se na esquina da Avenida Madison com a rua 42.

[2] Eli Bernays e sua mulher Anna Bernays, a irmã mais velha de Freud.

[3] Brill tinha traduzido alguns ensaios de Freud, que foram lançados em 30 de setembro de 1909 em Nova York com o título *Selected Papers on Hysteria and Other Psychoneuroses* (Nervous and Mental Disease Publishing Company).

30 DE AGOSTO DE 1909

CARTÃO-POSTAL ILUSTRADO DE NOVA YORK PARA MARTHA FREUD (ILUSTR. 123)

30 AGO. 09

House DO DR. BRILL.

[seguem-se as assinaturas:]
Dr. A. A. Brill / Dr. Ferenczi / Dr. Jung / Rose Owen Brill[1]

122. Skyline Nova York 1909.

123. Estátua da liberdade em Nova York.

---

[1] Esposa de Brill.

31 DE AGOSTO DE 1909

CARTA (6 PP.) DE NOVA YORK À FAMÍLIA

PAPEL DE CARTA DO HOTEL MANHATTAN

NOVA YORK

TERÇA 31 DE AGO 09

MEUS QUERIDOS,

Aos poucos vamos nos orientando nessa cidade. Em uma semana estaríamos aclimatados. O tempo está bom, não quente demais. Nossa vida não é muito cansativa.

Ontem à tarde fui à casa de Lustgarten.[1] Muito elegante, entrei, acendi a luz, vi gravuras na parede, mas nenhum sinal de vida. Finalmente consegui chamar uma empregada com um sino, que curiosamente era muito parecida com Mrs L[ustgarten]. How did you come in? foi a primeira coisa que falou. Claro que isso não é de se espantar quando se mantém a porta da casa aberta. Deixei um cartão. L[ustgarten] volta apenas em outubro. Daí peguei um carro (que foi terrivelmente caro) à 119th St, nr. 121. Uma casa modesta com 3 janelas. Fachada, quase tudo trancado, dessa vez também a porta da casa. Talvez eu os encontre na volta. Não quero dar nenhum passo em direção a Eli apenas,[2] que talvez esteja na cidade. Daí fui com Jung ao Central Park, uma paisagem infinita no estilo dos parques ingleses, mas com belos trechos com rochas, cheio de crianças, mulheres domesticam esquilos de caudas cinzas em vez de vermelhas, que se sentem donos do lugar.

Os informes aparecem em língua inglesa e também em alemão, italiano e iídiche com letras hebraicas. Fervilha também de crianças ju-

---

[1] Sigmund Lustgarten (1857 – 1911), amigo de faculdade e antigo colega de Freud; cf. Rosenzweig (1992), p. 62 e segs.

[2] A relação de Freud com seu cunhado Eli Bernays era muito fria desde as discussões sobre o dote de Martha, em 1886; cf. Jones (1960 – 1962), vol. 1, pp. 167 e segs.

dias, grandes e pequenas e muitas vezes achei que tinha visto Martha e Hella,[1] mas que agora deveriam estar maiores. Depois tomamos chá, que estava saboroso, num pequeno restaurante muito parecido com aquele em Viena no Stadtpark, claro que entre senhores muito diferentes, que se encontravam para o *rendezvous* e com música americana. À noite, fomos convidados à casa de Brill e encontramos sua amável esposa, mais alta que ele, totalmente americana, não judia, mas sem brilho e magra como todas as *american ladies*, quando não são chamativamente belas. Ela trabalha com psicanálise, foi muito calorosa, interessou-se de pronto por Jung e assinou o cartão para Martha com seu nome de solteira, pelo que ela pediu compreensão da análise. O *diner* foi fino, foram servidas algumas curiosidades americanas p.ex. uma salada de frutas com maçãs, nozes, salsinha etc, que me lembrou de algo ritual. Uma senhora amarela feito um marmelo de rosto muito inteligente se ocupava em nos servir. Já estamos acostumados a toda a escala de cores, do preto carvão à cor de chocolate, passando por todas as nuanças do café etc. Depois entramos num dos carros que fazem visitas guiadas por NY dia e noite e vimos a cidade chinesa, na qual as corjas brancas e a polícia montada estão ao lado dos moradores habituais. Mas esses não usam mais tranças, sua semelhança com as múmias reais egípcias muitas vezes é surpreendente. O gerente de uma loja chinesa reconheceu imediatamente meu terno como sendo de seda chinesa legítima, disse o preço e pareceu muito satisfeito. Gostaria de ter comprado de tudo, mas o tempo urgia. Vimos um templo e restaurantes, degustamos chás em pequenas cuias, não tocamos numa tigela com um conteúdo estranho, parecido com vermes, mas que era feito de batatas cortadas em tiras finas, cebolas, pedaços de carne etc e que deveria ser comida com dois palitinhos pretos. Depois das 11h30 voltamos para o hotel através do gueto

---

[1] Martha Bernays (1894 – 1979) e Hella Bernays (1893 – 1923), as sobrinhas americanas mais jovens de Freud, filhas de sua irmã Anna. Freud as vira pela última vez no verão de 1900, quando estiveram na Europa.

que estava preto de tanta gente, cheirava bastante mal e que tinha uma quantidade imensa de papel nas ruas.

Hoje pela manhã museu Metropolitan com suas antiguidades, *lunch* num restaurante húngaro, Café Abbazia, onde finalmente o café era bom. À noite devemos ir a Coney Island, que é considerado um tipo de Prater. Nossos planos posteriores dependem da resposta que aguardamos de Worcester, talvez visitemos Washington antes.[1]

Costumamos descansar as horas vespertinas até 4 ou 6. Nesse período, Brill faz as correções de minha tradução, que ele me mostrou ontem. Minha fotografia está naturalmente pendurada em seu escritório.

Lembranças cordiais.
Quando terei notícias de vocês?
Pa

2/3 SETEMBRO 1909
CARTA (6 PP.) DE NOVA YORK À FAMÍLIA
PAPEL DE CARTA DE FREUD

NY MANHATTAN
2 SET 09

MEUS QUERIDOS

Durante dois dias realmente não achei tempo para escrever novamente, em que pese o quanto me alegrei com as primeiras cartas entregues por Brill. Foram 2 cartas e um cartão de Neuschwanstein. Penso em trazer algo especial para Anna por causa de sua carta detalhada, só não sei ainda o quê. Ainda presenciei o começo da história com os dois turistas. Deve ter sido pavoroso.

---

[1] Esse plano não foi adiante.

124. Universidade Columbia (biblioteca).

Estamos nas garras de Nova York. Ficaremos até sábado p.m., em seguida vamos os quatro de navio até Boston, passamos o domingo lá e vamos à noite para Worcester. A correspondência com Stanley Hall está em marcha.[1] Abrimos mão de Washington e todo o resto, seria longe, quente e dispendioso. Hoje estivemos no NDL[2] e reservamos lugares a bordo do K. Wilhelm d. Große, 21 set. Ainda hoje vou telegrafar isso a Viena quinze.[3]

Tudo aquilo que vimos – Brill se colocou totalmente à nossa disposição e à noite sua mulher tb acompanha – não cabe no papel. Apenas isso: a adaptação à cidade com suas 3 vias de transporte – *subways, surface cars and elevated*, é rápida. Em 2 semanas estávamos em casa e não queríamos mais partir. Também dá para compreender o ganhar dinheiro quando vemos o que é possível comprar com isso e o que o dinheiro proporciona. As grandes consultas, com as quais vocês tinham fantasiado, se mantiveram naturalmente fantasias. Afinal, nossa presença é desconhecida em absoluto. Isso deveria ter sido diferente. Também Jung, que estava direta-

---

[1] A correspondência entre Freud e Stanley Hall está publicada em: Rosenzweig (1992), pp. 337 – 387.

[2] Lloyd do norte da Alemanha.

[3] O 15º distrito em Viena. Não se sabe a quem o telegrama seria endereçado.

mente preparado para isso, não teve consultas. A adaptação à comida e à água gelada não acontece sem percalços. Anteontem Fer[enczi] esteve fora de combate, ontem Jung, hoje eu, mas a fome logo vai voltar. Anteontem à nt em Coney Island, um grandioso Wurstelprater,[1] ontem à nt um *variété* com *moving pictures*, hoje algo especial: Hammerstein roof gardens.[2] Além de museu, parques, ruas, as impressões são fortes. Também a universidade Columbia, onde Brill estudou, entrou no meio.

Agora consigo descansar mais meia hora.

NY cansa.

125. *Jardim suspenso Hammerstein.*

3 SET 09

Apenas mais poucas palavras. Hoje está bem quente. É a vez de Jung não comer nada e logo ambos estarão bem. Ontem em Roof garden, *variété* no telhado de um *sky-scraper*, claro que mantido por um judeu austríaco Hammerstein. Antes um primo simpático se apresentou a nós, assistente local que quer ir a Zurique no outono. A apresentação, claro,

---

[1] Parque de diversões e parte do parque Wiener Prater, em Viena. (N. T.)
[2] Fundado pelo judeu de ascendência alemã Oscar Hammerstein, esquina da 7ª avenida com a rua 42.

cheia de bobagem americana, som muito alto e sem gosto. Em seguida, dormi maravilhosamente.

Hoje à tarde passeei no museu entre animais que morreram há alguns milhões de anos. Lagartixas tão grandes como os elefantes. Em seguida, *lunch* na casa de Brill, tarde livre. Acho que quero trabalhar em meu polimento e preparar a primeira palestra.

Há pouco carta de Stanley Hall e um pedido de entrevista de um jornal sério de Boston,[1] visto que ele recorreu ao próprio Stanley Hall. Fazer as malas, pagar etc serão os negócios de amanhã (já estou imerso no inglês). Segundo uma alusão de St. Hall, ele recebeu cartas para mim.

Lembranças cordiais,
Pa

5 DE SETEMBRO DE 1909
CARTÃO-POSTAL DE WORCESTER À FAMÍLIA

WORCESTER
STANDISH HOTEL
5 SET 09

MEUS QUERIDOS

Ontem à nt de navio até perto de Boston.[2] Hoje cedo seguimos p/ Boston. Mas está chovendo e todos nós 3 europeus precisamos nos cuidar. Jones e Brill estão bem. Por isso diretamente rumo a essa cidadezinha belamente situada e um dia de estadia no hotel, para descansar, antes de nos apresentarmos.

Lembr. cordiais
Pa

---

[1] O jornalista Adelbert Albrecht tinha pedido uma entrevista com Freud, que aconteceu em 8 de setembro na casa de Stanley Hall em Worcester e foi publicada em 11 de setembro no Boston Evening Transcript; cf. Freud (1909 e seg.).

[2] Até Fall River, em Providence.

Por volta de 11 de setembro de 1909
Telegrama de Worcester
à família

Succesful

126. Universidade Clark.

13 de setembro de 1909
Cartão-postal de Buffalo a Martin Freud 1.)

Buffalo NY
13 set 09

Hoje estivemos nas cataratas Niágara, 1h daqui com o elétrico. Difícil descrever, fotos dos postais ruins. Quero apenas dizer-lhes que elas são menos brutalmente fantásticas e muito mais bonitas do que a expectativa. É que subestimamos as dimensões. As duas quedas têm 46 e 47 m de altura. Elas começam a impressionar pouco a pouco quando

13 de setembro de 1909
Cartão-postal de Buffalo a Oliver Freud 2.)

"fazemos" todos os acessos até elas. É possível caminhar debaixo de uma queda, é preciso antes vestir uma roupa especial, ou seja, como na mina em Bercht[esgaden]. O lugar se chama Cave of the windus e surpreende pela fortíssima tempestade de chuva, nunca antes vista nem com a trovoada mais terrível. Não enxergamos nem escutamos nada, nos damos as mãos e somos assim arrancados de novo de lá. Daí há um

13 de setembro de 1909
Cartão-postal de Buffalo a Enst Freud 3.)

pequeno naviozinho, chamado "the maid of the mist", que se aproxima bastante das duas quedas. Recebemos uma capa muito parecida com uma foca. Ambas empreitadas foram muito americanas. Seguimos com um trem elétrico também para a margem canadense. Lá imediatamente as pessoas falam um inglês mais compreensível. Ou seja, estivemos também no Canadá.

Lembr. cordiais
Papai

127. As cataratas Niágara.

13 DE SETEMBRO DE 1909
CARTÃO-POSTAL ILUSTRADO DAS CATARATAS NIÁGARA A SOPHIE FREUD
(ILUSTR. 127)

13. 9. 1909

Aqui você ainda não esteve.

Pa

15 DE SETEMBRO DE 1909
CARTÃO-POSTAL DE LAKE PLACID A ERNST FREUD

LAKE PLACID
15 SET 09

Ontem andei no Pullman com todo o luxo, à noite chegamos nessas montanhas, agora estamos carregando a bagagem para seguir viagem até Putnam's Camp 5h de distância. Bonito, quente, totalmente livre, bem-estar, solto, férias americanas muito improváveis, um tipo de viagem de doutorado. Jung e Ferenczi também muito alegres.

Lembranças afetuosas
Pa

16 DE SETEMBRO DE 1909
CARTA DE KEENE VALLEY À FAMÍLIA
PAPEL DE CARTA DE FREUD

PUTNAM'S CAMP 16 SET. 09

MEUS QUERIDOS,
Hoje fazem 4 semanas que parti. Esta deve ser provavelmente a última carta minha que vai chegar. De todas as experiências na América, esta

foi a mais especial, pensem num *camp*, uma floresta selvagem, mais ou menos a situação numa pastagem alpina, como em Lofer,[1] onde fica o restaurante: pedras, superfícies recobertas com musgo, grupos de árvores, terreno acidentado, que em três lados logo se transforma em colinas com florestas fechadas. Dentro, um grupo de casinhas de madeira feitas de maneira muito rústica, cada uma com um nome, como descobrimos; uma é o *stoob*, i.e., o salão, o *parlour*, onde ficam biblioteca, piano, escrivaninhas e mesas de jogos; outra "sala de caça" com antiguidades seriadas com fogão no meio e banco contínuo de uma sala camponesa; as outras moradias. Nossa, com três cômodos, chama-se Chatterbox.

Tudo com uma rusticidade e primitivismo pensados, mas bem-sucedidos, tigela grande e rasa como bacia d'água, tigelas de porcelana no lugar de copos etc. claro que tudo à disposição ou representado de algum modo. Descobrimos que há livros especiais sobre camping, que ensinam todos esses artefatos primitivos.

A recepção às 2h30 constituiu-se num convite para um passeio até a montanha seguinte, onde tivemos a oportunidade de aprender a conhecer uma tal paisagem americana em seus aspectos mais selvagens. Abrimos caminhos e picadas, para os quais meus chifres e meus cascos não foram suficientes. Por sorte está chovendo hoje. Nas florestas daqui há muitos esquilos e porcos-espinhos, os últimos até agora invisíveis. Ursos pretos também aparecem no inverno.

Supper depois em companhia das senhoras. Uma das donas-de-casa é natural de Leipzig, afetadíssima. A irmã solteira dos Putnam, uma matrona bem conservada, toca piano, uma jovem a acompanha cantando canções inglesas, e mais tarde Jung alemãs.

Os Putnam entendem alemão e estiveram muito em *Germany*, também em Viena. Tive de aprender um jogo de tabuleiro muito divertido com duas outras moças e Ferenczi. Curioso! Hoje pela manhã sinto uma dolorosa falta do *barber*, pois não consigo me pentear. Felizmente

---

[1] Cidade da região de Salzburgo, Áustria. (N. T.)

no quesito roupas reina a maior informalidade, talvez apenas supostamente. Café da manhã muito original e farto. Resumindo, haverá muito a ser contado.

Depois de amanhã, na última viagem para NY, talvez iremos ao Hudson River. No dia 19 à nt queremos chegar a NY. Lembranças cordiais a todos.

Somente mais 14 dias.
Pa

19 DE SETEMBRO DE 1909
CARTÃO-POSTAL DOBRÁVEL DE NOVA YORK A MATHILDE FREUD

[sem texto]

128. Hudson-Fulton memorial celebration.[1]

---

[1] A celebração memorial Hudson-Fulton relacionava-se ainda com os festejos do centenário da apresentação do vapor *Clermont* de Robert Fulton, ocorrida no rio Hudson em 1807.

129. Cassino no Central Park.

20 DE SETEMBRO DE 1909
TELEGRAMA DE NOVA YORK À FAMÍLIA

Splendid love

20 DE SETEMBRO DE 1909
CARTÃO-POSTAL ILUSTRADO DE NOVA YORK A MARTHA FREUD (ILUSTR. 129)

20 SET 09

Saudações do chá no Central Park.

Sigm

[seguem-se as assinaturas de:]
Rose Brill / Anna / Edward / Martha / Hella / Judith[1]

---

[1] Rose Brill, Anna Bernays, seu filho Edward Bernays, conhecido como pioneiro em relações públicas, e suas filhas Martha, Hella e Judith Bernays.

23 DE SETEMBRO DE 1909

CARTA (6 PP.) A BORDO DO *Kaiser Wilhelm der Große* A MATHILDE HOLLITSCHER
PAPEL DE CARTA DO *Kaiser Wilhelm der Große*,
LLOYD DO NORTE DA ALEMANHA

23. 9. 09

CARA MATHILDE,

Talvez você reconheça pela minha letra que estamos "cinematografados". Nosso querido navio é um vapor rápido e tem esse tremor rítmico. Fora isso, gosto muito dele, não tão grande como o *Washington* e muito mais confortável.[1] O tempo também está melhor desta vez, um dia como o de ontem faz com que acreditemos estar no Meditarrâneo.

A América foi uma máquina incrível. Estou muito aliviado de ter saído e ainda mais por não ter de ficar lá. Também não consigo afirmar quer retorno muito revigorado e recuperado.

Mas foi altamente interessante e provavelmente de muita importância para o que nos concerne. No todo, pode ser considerado um grande sucesso.

Sua última carta, por sua vez, muito me alegrou. Estive no dia 20 com Anna e toda sua família. Meu genro,[2] se comparado com o dela, está muito à frente, Sophie ficou muito mais bonita do que Hella, antigamente tão parecida com ela, e dessa vez Ditha[3] passou a mim e aos outros uma impressão impecável, um ser humano completo. Ela esteve inseparável de mim durante todo o dia e se interessou por tudo. Tio Eli esteve ausente no Canadá, também não vi Lucie[4] com os dois filhos, ainda estavam no cam-

---

[1] O *Kaiser Wilhelm der Große*, com 10.668 toneladas, era muito menor do que o George Washington, mas quando foi inaugurado em 1897, tratava-se do maior navio do mundo. Seu apelido era Rolling Billy. A partir de agosto de 1914, foi usado como navio de suporte alemão e colocado a pique pelos ingleses em 26 de agosto.

[2] Robert Hollitscher, marido de Mathilde, filha de Freud.

[3] Judith Bernays.

[4] Leah Bernays.

po. É incrível que vocês nos invejem pela fama no Polo Norte; nem nos preocupamos com isso. Creio que Cook[1] chegou no dia de nossa partida.

130. Kaiser Wilhelm der Große.

Até agora, a viagem não me custou nada. Todo o resto gastei na Tiffany,[2] mas as "lembranças" sofrem pelo alto valor dos preços em dólar. Devo preencher algumas lacunas em Hamburgo. Creio que chegarei apenas em 2 de outubro, pois nem em Hamburgo nem em Berlim consigo resolver todas as tarefas num só dia.

Esta carta será postada em Cherbourg, onde deveremos chegar na manhã de segunda. O tempo terá passado muito rapidamente. Meus companheiros de viagem foram sempre muito carinhosos e também se deram muito bem entre si. Ferenczi provavelmente ficará em Viena por um tempo.

Estamos passando abaixo da Terra Nova e por isso hoje o frio é maior do que de costume. Mas está maravilhosamente bonito, todas as decorações estão expostas, o mar é como o Adriático, aliás nada à vista à direita ou à esquerda, ontem um veleiro e um atum ou peixe-porco segundo um marinheiro. Senão água, nada além de água. A tranquilidade, a superação da América, a vida no navio são influências deliciosas.

---

[1] Frederick Cook afirmou ter alcançado o Polo Norte em 1908 com trenós puxados por cachorros. Em 1909, Robert Peary afirmou o mesmo. Nasceu uma discussão entre ambos, que também foi levada à opinião pública. Em sua longa viagem de volta, dificultada pelo tempo ruim, Cook passou pela Groenlândia e por Copenhague antes de chegar em Nova York, onde chegou em 21 de setembro de 1909. Milhares de nova-iorquinos recepcionaram-no nas ruas.

[2] Famosa loja de cristais em Nova York. A filha do fundador Louis Comfort Tiffany, Dorothy Burlingham, se tornou mais tarde aluna de Freud e a melhor amiga de sua filha Anna.

East, west – home best. Não ficarei chateado em me sentar novamente em nosso canto do IX distrito.

Mande lembranças cordiais a Robert[1] e receba uma saudação afetuosa do
Seu velho pai

24 de setembro de 1909
Carta (4 pp.) a bordo do *Kaiser Wilhelm der Große* à família
Papel de carta do *Kaiser Wilhelm der Große*
Lloyd da Alemanha do Norte

24 set 09

Meus queridos
Encontrei a bordo todas as cartas de vocês e me alegrei muito com elas. Na perspectiva de logo revê-los, não vou escrever mais muito, também porque não é prazeroso quando o mar está tão inquieto e o navio balança tanto. Os dois últimos dias foram os mais bonitos da minha viagem. O tempo estava ideal, o mar liso feito um lago. Superei bem minha última intoxicação de NY, nenhuma pressão de expectativa como na viagem de ida, como tudo iria se organizar, e assim passamos esses dias de ótimo humor e com conversas estimulantes. O tempo hoje fechou um pouco, mas estamos confiantes e também aceitaríamos uma pequena tempestade.

Em vez de todos os relatos dos últimos dias nos Estados Unidos, alguma coisa sobre os próximos planos. Esta carta só será postada na segunda 27. Esperamos estar em Bremen no dia 28. Provavelmente não chegaremos antes da noite em Hamburgo e, se for assim, então é impossível eu terminar lá em um dia e fazer a viagem para Berlim. Então, penso em ficar 29 e 30 até a noite em Hamburgo. Daí partir de Berlim no dia 1 à nt, de modo a chegar domingo cedo

---

[1] Marido de Mathilde.

2 em Viena e poder começar o trabalho na segunda. Claro que até lá vocês terão notícias suficientes minhas para poder dar informações mais precisas.

Espero encontrá-los todos bem. É para Spitz ter terminado a prateleira de livros no meu quarto quando eu chegar e não se esquecer da encomenda para 16 out.[1]

Lembranças afetuosas
Papa

26 DE SETEMBRO DE 1909
CARTA (4 PP.) A BORDO DO *Kaiser Wilhelm der Große* À FAMÍLIA
PAPEL DE CARTA DO *Kaiser Wilhelm der Große*
LLOYD DA ALEMANHA DO NORTE

26.9. 09

MEUS QUERIDOS

Na tarde do dia que eu tinha elogiado tanto começou algo que eles chamam de mar mexido. Ficamos mais espantados do que se fosse uma tempestade; apelo às descrições habituais. Nós três nos mantivemos muito fortes e não ficamos enjoados, mas pareceu prudente nos deitarmos às 7h. Pois primeiro o navio começou a rolar, de modo que o quarto nadava de um canto a outro. Apesar disso, nessa noite dormimos exemplarmente.

Desde então a situação se abrandou, mas na realidade não cessou totalmente. O vento uiva como se estivesse possuído e o navio balança feito louco. Hoje à noite ninguém dormiu direito; confessamos, rindo, que estamos muito cansados e volta e meia nos retiramos às cabines para dormir uma hora. Além disso, hoje está abafado e as possibilidades de permanência no deque estão bastante limitadas pelo vento e pela água que bate. Ou seja, com a aproximação da Europa cresce o desejo de estar em casa.

---

[1] Em 16 de outubro de 1909 a filha mais velha de Freud, Mathilde, fez 22 anos.

Amanhã cedo, segunda, devemos aportar em Plymouth, 5 horas mais tarde em Cherbourg, onde as cartas serão postadas. Não chegaremos em Bremen antes de terça à tarde, de maneira que só podemos entrar em Hamburgo à nt. Nessas circunstâncias não há outra saída senão eu chegar a Viena apenas no sábado às 2h da manhã, ou seja, quase uma semana a mais.

Confesso que todas minhas camisas novas estavam largas demais, de modo que me irritaram muito durante a viagem. Espero passar em Hamburgo e Berlim com duas das antigas. Fora isso, as perdas são muito reduzidas. Em Hamburgo pretendo fazer algumas pequenas compras.

Chamam para o almoço.
Lembranças cordiais e até logo
Pa

27 de setembro de 1909
Carta (4 pp.) a bordo do *Kaiser Wilhelm der Große* à família
Papel de carta do *Kaiser Wilhelm der Große*
Lloyd da Alemanha do norte

27. 9. 09
depois de Cherbourg

Meus queridos

Em Plymouth, encontrei cartas de todos vocês, também de Minna e Rie,[1] e claro que fiquei muito feliz. É bom estar na Europa novamente; agora, dou valor à pequena parte do mundo. (Troquei de lugar, mas o navio sacode mesmo terrivelmente).

Fico satisfeito em ver que ainda não sou supérfluo. Também teria todo o tipo de perguntas a vocês, mas adio tudo para 2 de out. Deve ser 2,

---

[1] Oscar Rie, amigo de Freud de longa data e assistente de Kassowitz no hospital pediátrico. Desde 1908 membro da União Psicanalítica de Viena.

desde que sabemos que vamos chegar tão tarde em Bremen que não conseguiremos chegar a Hamburgo antes das 8h da nt.

Ontem o tempo ruim abrandou e hoje fizemos uma viagem maravilhosa pelo canal com o mar muito tranquilo e céu limpo. Foi muito bonito ver Plymouth e Cherbourg, um grande livro de desenhos. O navio só desembarcou uma parte dos passageiros, em troca embarcou outros. Ou seja, as últimas 24 horas devem durar muito mas não serão paradas. Já fiz parte das malas. A última fase pode ser concluída amanhã. Esconder as miudezas inseguras à alfândega é sempre odioso para mim.

Ferenczi vai comigo a Hamburgo, depois acho que ficará em Berlim mais tempo do que eu. Jung vai de Bremen direto para a Basileia. Nos demos bem.

Não entendo bem o significado completo da informação de que Martin vai começar com Alex.[1] Para Oli, também acho que engenharia mecânica é o mais adequado. Daí ele pode ficar fazendo coisas e quem sabe montar algo de útil.

Minha próxima notícia – fora o telegrama – vem de Hamburgo.
Lembranças cordiais a todos
Papai

---

[1] Martin, filho mais velho de Freud, tinha começado um curso na academia de exportação, na qual lecionava o irmão de Freud, Alexander; cf. Freud, Martin (1957), p. 160.

Holanda

16 a 31 de julho de 1910

De 28 de março a 2 de abril, o II Congresso Internacional Psicanalítico foi realizado em Nurembergue. Freud ministrou a palestra "As chances futuras da psicoterapia". Nesse congresso fundou-se a União Psicanalítica Internacional e C. G. Jung foi eleito como seu primeiro presidente.

Freud passou na Holanda a segunda metade de julho de 1910 com seus dois filhos menores, Ernst e Oliver, de dezoito e dezenove anos, respectivamente. Eles se hospedaram no hotel "Wittebrug" em Haia. Em 29 de julho, Freud encontrou-se com Minna e Martha em Leiden.[1]

De sua estadia na Holanda, Freud escreveu a Oskar Pfister: "O que estamos fazendo – eu com meus dois garotos (o mais velho[2] está nas montanhas tirolesas) – é pouco impressionante; tomamos banho de mar,

---

[1] Cf. Freud (1963a), p. 42; Freud (1965a), p. 144; Freud (1974a), p. 376; Jones (1960 – 1962), vol. 2, pp. 101 e segs.

[2] Martin.

esperamos por boa comida, andamos meia horinha com o trem a fim de visitar um interessante vilarejo holandês, vez ou outra paramos defronte de alguns quadros bonitos e à noite jogamos cartas juntos. Em paralelo, gasto rios de dinheiro, o que faz muito bem ao meu indomável complexo. Ainda estamos sozinhos aqui, minha mulher está com sua mãe muito alquebrada em Hamburgo, as filhas com a tia ainda na Áustria. Em 1 de agosto queremos nos reunir todos em Noordwijk, hotel Nordzee, caso a luz lá não se apague rápido demais".[1]

Em 29 de julho, Martha e Minna chegaram a Leiden. De lá foram todos a Noordwijk, pensão Noordzee. Em agosto, Freud – novamente em Leiden – encontrou-se com Gustav Mahler, que o tinha procurado. Sobre esse encontro, ele escreveu 25 anos mais tarde a Theodor Reik: "Analisei Mahler [...] durante toda uma tarde em Leiden e se posso acreditar nos relatos, endireitei muita coisa nele. Sua visita lhe parecera necessária porque na época sua mulher se insurgia contra a alienação da libido dele em relação a ela. Fizemos os mais interessantes levantamentos por meio de sua vida e de suas condições amorosas, principalmente seu complexo de Maria (ligação com a mãe); na ocasião, admirei a genial capacidade de compreensão do homem. Não tocamos a fachada sintomática de sua neurose obsessiva. Era como se cavássemos um único poço, profundo, através de uma enigmática construção".[2]

---

[1] Freud (1963a), p. 42.

[2] Reik (1944), p. 319; depois da morte de Mahler, em 8 de maio de 1911, Freud solicitou ao inventariante Emil Freund 300 coroas como honorários devidos a uma "consulta de várias horas"; cf. Freud (1985j).

17 DE JULHO DE 1910

CARTA (2 PP.) DE HAIA PARA MARTHA FREUD

PAPEL DE CARTA DE FREUD

HOTEL WITTEBRUG

17. 7. 10

MINHA VELHA

Chegamos aqui com atraso às 7h da manhã depois de uma viagem um pouco longa de Colônia. Trata-se de um lugar de primeira qualidade, bem situado numa bifurcação das ruas no bosque, 20 min a pé de Scheveningen,[1] cerca de 30 min. de Haia, claro que mais próximo com o bonde.

Instalado com muito conforto, armários embutidos, varanda, pessoas do hotel muito simpáticas e solícitas. Comida de primeira qualidade, cozinha de hotel francês preparada com produtos impecáveis. Mal descansamos e matamos a fome, trocamos de roupa e fomos à pé a Scheveningen como finos senhores da cidade. O mar foi uma surpresa para os garotos. Estava muito abafado, porém, e a caminhada nos deixou muito cansados. A verdadeira vida no mar é orientada à preguiça. Voltamos às 6h para o jantar, demorou 1 ¾ de hora e Oli não aguentou até o fim. Ele está muito cansado, faz caretas e não é elegante, enquanto Ernst está extraordinariamente distinto, ativo e muito útil. Mas ambos se comportam sempre de maneira muito simpática (a pena deu de não escrever hoje!). Tomara que a estadia faça bem a todos nós, no momento estamos um pouco inebriados pela viagem. Meu intestino não anda mal para situações de viagem, mas ainda não é ideal. Vamos ver como ele se comportará daqui em diante. Claro que agora as notícias de casa têm especial importância para nós e sua primeira remessa hoje foi muito bem-vinda.

---

[1] Bairro de Haia.

Tivemos tempo bom nos dois dias de viagem. Hoje, domingo, uma tempestade breve. Segundo a afirmação do porteiro, aqui também choveu por 14 dias.

A sugestão de Ferenczi de fazer com ele o percurso por mar de Roterdã a Nápoles em 29/8 tem minha aprovação.[1] R. fica a 28 min. de Haia.

A pena está encantada, tenho de parar por hoje.
Lembranças cordiais a ti e espero que saiba deleitar-se em Viena.
Seu Sigm

17 DE JULHO DE 1910
CARTÃO-POSTAL ILUSTRADO DE HAIA A SOPHIE FREUD (ILUSTR. 131)

17. 7. 10

Incrivelmente agitado, esperamos que Noordwijk seja mais tranquilo. Como bem de verdade, deve continuar assim em N.

Pa

131. Hotel-balneário Scheveningen.

---

[1] Segundo explicações de Ferenczi, o vapor do Lloyd não partia de Rotterdã, mas de Antuérpia; cf. Freud (1993a), p. 274. O plano foi alterado posteriormente.

18 DE JULHO DE 1910

CARTA (2 PP.) DE HAIA A MARTHA FREUD

PAPEL DE CARTA DE FREUD

18. 7. 10

HOTEL WITTEBRUG

MINHA VELHA

Continue paciente com as cartas hoje. Aconteceu de a culpa ser da tinta, de modo que apenas amanhã poderemos conseguir tinta boa na cidade.

Está muito agradável e Oli também se recupera. Cedo 6h30 – 7h uma trovoada e tanto, hoje às 4h30 outra, que se mantém até agora 5h30. Pela manhã em Haia, praças, ruas e o grande museu em Mauritshuis[1] com os belos quadros de Rembrandt. O *lunch* às 12h nos pareceu pouco, agora temos motivo para temer o *dinner*. À tarde, o Dr. Debruyne[2] esteve conosco e me levou para passear pelo *bosch*, o belo bosque até Scheveningen, lá encontramos os garotos e tomamos chá, daí a coisa começou.

Estamos muito bem instalados e equipados. A Holanda é muito agradável. Não somos estrangeiros e conseguimos de tudo com dinheiro. Que se vive bem em Haia fomos nós que dissemos. Pela manhã topamos com um funeral. Ernst logo adivinhou que se tratava do senhor Kannitverstan.[3] Também já vimos muitas mansões que poderíamos comprar.

Claro que temos uma terrível sede de todas as notícias de casa e das outras paragens. A princípio, não lemos jornais.

Lembranças cordiais
Seu Sigm

---

[1] Construído pelo príncipe Maurício de Nassau no século XVI. A coleção de pinturas contém, ao lado de quadros de Rembrandt (entre outros *A lição de anatomia do dr. Tulp*), alguns de van Dyck, Rubens e Holbein, o jovem.

[2] Jan Rudolf de Bruine Groeneveldt, médico holandês, por intermédio de quem Freud conheceu o aluno e amigo Jan van Emden; cf. Freud (1974a), p. 466.

[3] Título de um conto de Johann P. Hebel. Sua mensagem é de que as pessoas têm de se contentar com o que são ou têm, pois a morte é o final para todas. (N. T.)

20 de julho de 1910
Carta (2 pp.) de Haia para Martha Freud
Papel de carta de Freud

20. 7. 10
Haia

Minha velha

Hoje já escrevo para seu endereço de Hamburgo,[1] esperando que seja o certo; o de mamãe você infelizmente não me fez guardar. Isso pode se tornar um embaraço, pois os meninos também não o sabem.

Tenho de lhe dizer expressamente o quão agradável está aqui. Não consigo me lembrar de um verão mais feliz. A chuva, quase diária aliás, pouco nos atrapalha; passeando na cidade, nos divertindo com o que é holandês, visitando museus, aguardando a comida maravilhosa, tomando banhos de mar e jogando cartas a três o dia passa de maneira esplêndida. A boa companhia tem seu papel, pois nossos garotos são boa companhia, muito amáveis com seu velho pai, muito inteligentes e cheios de interesses, também respeitosos um com o outro. Oli, que no começo estava terrivelmente cansado, fazendo caretas, já está melhor e ele próprio se diz revigorado, claro que em alguns instantes ele é irremediável. Ernst é um garoto de primeira, claro. Aliás, todos os holandeses com os quais temos contato se comportam de maneira encantadora. Realmente todos entendem alemão, não como naquela época em Veneza. Visto que, além disso, hoje havia cartas de todos os lados, fora a sua, de Minna, de Martin

---

[1] Tudo indica que Martha Freud tinha a intenção de passar por Hamburgo, onde sua mãe morava, durante a viagem até a Holanda.

e Lampl,[1] que escreveram coisas muito satisfatórias e por você soube notícias boas de Mathilde,[2] hoje foi um dia absolutamente ideal.

Fico muito chateado por você não conseguir passar bons momentos em Hamburgo e pela primeira vez em 24 anos passará seu aniversário[3] longe de nós, mas a vida tem dessas coisas. Tomara que Noordwijk seja igualmente agradável, mesmo se mais modesto.

Nesse contexto, não quero reforçar demais que a vida aqui custa tanto dinheiro. Dá para organizá-la de maneira mais barata...

Meu estômago está excelente e até meu intestino não muito ruim. Afinal, quase não é possível viver melhor. Veja, já consigo escrever de novo.

Mande à mamãe nossas melhores lembranças e nos dê notícias rapidamente. Afinal, já estamos bem mais próximos.

Lembranças,
Seu Sigm

132. *Mauritshuis.*

---

[1] Hans Lampl, colega de escola e amigo do filho de Freud, Martin, casou-se mais tarde com Jeanne de Groot, que se tornou uma famosa psicanalista e que era uma das melhores amigas de Anna Freud; cf. Mühlleitner (1992), pp. 109, 199.

[2] Freud preocupava-se com o estado de saúde de sua filha mais velha, Mathilde, que adotou o sobrenome Hollitscher ao se casar. Ela passou anos tratando de afecções do abdômen; em 1909 operou pela primeira vez um abscesso.

[3] Martha Freud fazia aniversário em 26 de julho.

20 DE JULHO DE 1910

CARTÃO-POSTAL ILUSTRADO DE HAIA A MATHILDE HOLLITSCHER

20. 7. 10

Parabéns pelo belo fio.[1]

Pa Ernst Oliver

21 DE JULHO DE 1910

CARTA (4 PP.) DE HAIA A MATHILDE E ROBERT HOLLITSCHER

PAPEL DE CARTA DE FREUD

21. 7. 10

MEUS QUERIDOS FILHOS

Mamãe me enviou hoje sua longa carta porque não havia chegado mais nada e ficamos muito contentes com seu conteúdo e com as perspectivas a ele associadas. Ou seja, Lavarone manteve sua magia e também agarrou os novatos. Rie tem muita razão com seu prognóstico sobre nossa relação com a Holanda. Estamos nos sentindo incrivelmente confortáveis, aproveitamos muito todas as novidades e fazemos grandes avanços na vida vegetativa. Hoje é o primeiro dia que não sabemos o que fazer por causa da chuva fria. Estávamos prestes a ir para Haarlem ou Roterdã – passeios para a manhã –, talvez ainda dê, são apenas 9h.

---

[1] Mathilde estava em recuperação com o marido em Lavarone. Ela ainda tratava as consequências de uma operação de março. Em meados de julho ela escreveu ao pai que mais um fio, dessa vez muito longo, tinha sido retirado do corte da cirurgia; cf. Mathilde e Robert Hollitscher – Família Freud, 15/16. 7. 1910 (LoC). Em 1912, durante uma gravidez, ela adoeceu novamente e precisou fazer um aborto. Desde então, Mathilde não teve filhos. Cf. entre outros Abraham, Hilda (1976), p. 81; Appignannesi & Forrester (1994), p. 56; Freud (1992b), p. 108; Freud (1993a), p. 113.

Seus irmãos, Mathilde, são garotos muito decentes e boas companhias. Ernst claro sempre à frente, um sujeito endiabrado, Oli ainda precisa se recuperar, mas de muito boa índole, participa até do jogo de tarô e aprende a perder com calma. Os dois banhos de mar de hoje foram muito divertidos. Costumamos visitar a cidade e os museus pela manhã, depois comer uma refeição leve às 12h30 e passear até as 6h em Scheveningen. Com o bonde, que para diante do hotel, levamos 5 min até o hotel-balneário e na outra direção talvez 15 min até o ponto central da cidade, o Plein. Pena que o tempo começa a trazer tais dificuldades. Talvez ele melhore novamente.

Na Holanda, não somos estrangeiros e dispomos de tudo. Um próximo destino de verão para vocês. Até agora nenhuma decepção. Rembrandt, Spinoza também são boas companhias.

Me diverti muito com os relatos de meu chefe de seção D.[1] Evidente que ele não pode saber que vocês o conhecem; ele trata o cargo com muita discrição. Trata-se de uma pessoa muito interessante.

Como organizaremos nosso encontro em Noordwijk e qual a influência que Hamburgo exercerá sobre nosso verão, se a tia virá junto, tudo isso ainda está muito incerto para mim.

Às vezes, temos a impressão aqui de que fomos esquecidos pelo mundo. Ontem finalmente chegaram notícias de todos os lados, também um cartão de Martin-Lampl com a imagem das portas Vasolett na frente do chalé.

Minhas cordiais lembranças aos dois e espero que vocês continuem tão bem. Mandem lembranças também a Rie! Por que não escuto nada de Margaretha?[2]

Seu papai

---

[1] Desconhecido.

[2] Desconhecida.

22 DE JULHO DE 1910
CARTA (2 PP.) DE HAIA A MARTHA FREUD
PAPEL DE CARTA DE FREUD

HAIA 22. 7. 10

MINHA VELHA,
Com muita satisfação acabo de receber agora às 5h30 seu telegrama. Totalmente de acordo que você deva se hospedar no Esplanade Hôtel. Avise-nos logo como são os planos. Espero que Minna possa passar agosto conosco, para ir a Hamburgo no início de set. Senão seria muito desconsolador para ela, visto que a duração de sua estadia é incerta ela precisa descansar antes.

Passamos uma manhã encantadora em Delft, 10 min de trem de Haia. Depois nadamos, até que a chuva nos afugentou. Para festejar a notícia de que a segunda impressão da coleção (primeiro volume) é necessária,[1] deixei os dois andarem a cavalo na praia, o que custou 1 fl 50. Claro que Ernst aprumou-se como se estivesse fundido ao animal, mas Oli também aproveitou da aventura. Os dois já estão com a aparência bastante boa.

Nossa praia em Noordwijk será muito mais calma e não oferecerá às crianças todas as diversões que elas têm aqui, mas o que importa é o mar. Queremos dar uma saída na semana que vem para nos informar. Ontem recebemos cartão de Bruxelas de Alex, que chega aqui segunda cedo com Frank.[2] Talvez então façamos uma excursão juntos. Se não chover demais – alguma chuva haverá, queremos passar o sábado de amanhã até o jantar em Haarlem. Tudo é tão bonito; mas também estou muito feliz em ter todas as mulheres reunidas novamente!

---

[1] Freud lançou *Sammlung kleiner Schriften zur Neurosenlehre* [Coleção de pequenos ensaios sobre a teoria da neurose] em 1906.

[2] Possivelmente Ernst Frank, filho do dentista de Freud. Mais tarde, Alexander Freud correspondeu-se com um certo Erich Frank.

Um cartão feliz de Martin das Dolomitas, na verdade era mais de Lampl. Já faz uma semana que não leio jornais. Espero que você tenha deixado as instruções corretas para o correio em Viena. Na hora do almoço apareceu ainda sua última carta mais anexo.

More e leve sua vida em Hamburgo da maneira mais confortável que a situação o permitir e gaste com mamãe o que ela precisar. Vou transferir novamente mais 300 marcos para Mary[1] nos próximos dias, por favor transmita-lhe, e à família, nossas cordiais lembranças.

Fique bem e escreva de novo em breve, também organize tudo em relação ao encontro em Leiden com o pobre desterrado em Bistrai.[2]

Seu Sigm

24 DE JULHO DE 1910
CARTA (2 PP.) DE HAIA A MATHILDE FREUD
PAPEL DE CARTA DE FREUD

HAIA, 24. 7. 10

MINHA QUERIDA MATHILDE

Escrevo-lhe uma carta longa visto que sei que você está sozinha novamente, felizmente apenas por uma semana. Você quer saber o que fazemos aqui. Bem, nada, e isso é muito bom. Seria ainda melhor caso o verão não estivesse tão pouco confiável e a situação da vovó em Hamburgo não fosse tão desoladora. Você certamente tem relatos diretos.

Geralmente vamos a uma cidade próxima pela manhã – foi assim que conhecemos Roterdã, Delft, Haarlem, ainda estamos guardando nossa Leiden com Noordwijk –, voltamos apenas para a primeira ou até a segunda

---

[1] Desconhecida.

[2] Ludwig Jekels, polonês de nascimento e aluno de Freud, na época médico num sanatório em Bistrai/Bielitz na Silésia (atual Polônia). Minna e as filhas de Freud, Sophie e Anna, estiveram lá.

grande refeição, tomamos banho de mar depois de comer e à noite jogamos cartas. Essa é a moldura de nossa vida aqui. Dentro dela vão o orientar-se em cidades estranhas, admirar pinturas com mais ou, em geral, menos compreensão, prestar atenção em moinhos de vento etc. Podemos dizer que o tempo está ruim, mas só nos estragou uma manhã em dez, então na verdade está bom. Sempre sopra um vento forte, que provavelmente tem a culpa por nosso dinheiro, notas azuis de dez gulden e mesmo moedas pesadas de 2 ½ gulden como nossa de 5 coroas, voar para longe tão rapidamente. A Holanda no geral é muito civilizada e absolutamente agradável. Haia em si é uma cidade muito amistosa, boa de se morar, com ruas e edifícios interessantes. Não se pode esquecer dos charutos impecáveis.

Dos conhecidos, encontrei apenas três, de tipos bem diferentes, o doutor que eu tratei na primavera,[1] Spinoza, diante de um monumento do qual passamos diariamente, e um diabo diante da galeria de Notre Dame, que em 1885 eu acariciei muitas vezes.[2] Esse último é de gesso e um exemplar grande e dois pequenos já estão em nossa posse. Isso seria o mais importante.

Deuticke[3] avisa que o primeiro volume da coleção da teoria da neurose logo receberá a segunda impressão. Aguardamos o tio e Frank hoje à noite ou amanhã cedo. Esses os acréscimos mais importantes.

Oli quer sair para comer, por essa razão mais uma vez um rápido parabéns cordial pela robustez reconquistada e transmita lembranças a Robert.

Seu velho papai

---

[1] Possivelmente o radiologista vienense Guido Holzknecht, que foi um dos médicos que cuidaram do câncer de Freud; Jones (1960 – 1962), vol. 3, p. 190.

[2] Trata-se da famosa gárgula de Notre-Dame, criada e implantada em 1845 por Viollet-le-Duc.

[3] Editora que publicou muitos dos livros de Freud, entre eles *A interpretação dos sonhos*.

133. Diabo de Notre-Dame.

29 DE JULHO DE 1910
CARTA (2 PP.) DE HAIA À FAMÍLIA
PAPEL DE CARTA DE FREUD

HAIA 29. 7. 10

MEUS QUERIDOS

Esta então é a última carta, visto que o telegrama de vocês anuncia a feliz reunião e aguardaremos vocês segunda cedo na estação em Leiden. Estamos com o terceiro dia de tempo bom, apenas às vezes vento forte na praia, do qual não gosto muito. Desde que temos companhia, não fazemos mais viagens às cidades e estamos muito preguiçosos. Quase impossível contar como o dia transcorre. De toda maneira, muito agradável com bastante conversa, risos e um pouco de constrangimento interno pelo fato de vocês estarem numa situação muito pior e mais séria.

De Robert hoje um cartão engraçado de Zurique, senão também sem mais correspondências. Desde nossa partida, passaram-se hoje 14 dias. À noite estivemos novamente em Haia a fim de providenciar pequenos preparativos para a viagem. A senhora Reiser[1] telefonou, mas a visita acabou não acontecendo. Também a visita dos garotos para Clara Wetzlar[2] não deu certo. Ernst percebe por si que os banhos de mar não lhe fazem tão bem, ele fica verde depois e vai parar. Para mim e Oli eles são maravilhosos, principalmente o sono é impecável. Meu intestino está bem suportável. Faz tempo que não temos notícias de Mathilde.

Ferenczi me deu carta branca para escolher passagem para ele e determinar a rota da viagem; mas não consigo me decidir a me fixar num determinado dia nessas circunstâncias e arriscar 400 marcos para nós dois. Preciso de muito convencimento e creio que do lado de vocês não virá nada.

Então até o breve reencontro, ainda torço por encontrá-los todos em Leiden.

Lembranças
Papai

---

[1] Desconhecida.
[2] Neta do tio de Martha Freud, Elias Philipp.

Roma, Nápoles, Sicília

31 de agosto a 26 de setembro de 1910

No período que antecedeu a viagem, os planos foram modificados várias vezes. Sándor Ferenczi,[1] que acompanhava Freud, primeiro sugeriu ir de navio de Antuérpia a Nápoles.[2] Mas ele chegou a Noordwijk em 28 de agosto e no dia 31 ambos tomaram o trem rumo à Sicília. Freud escreveu no dia anterior à partida a Karl Abraham: "Amanhã cedo vamos a Paris, a fim de dar uma olhada no Leonardo,[3] depois seguimos à Itália".[4]

Durante essa viagem, Freud discutiu com Ferenczi o caso "Schreber", entre outros. No ano seguinte, ele publicou suas reflexões com o título *Observações psicanalíticas sobre um caso de paranoia relatado em autobiografia (Dementia paranoides)*.[5]

---

[1] Sándor Ferenczi, um dos mais importantes alunos de Freud, tinha entrado em contato com ele em 1908 e o acompanhara em 1909 para os Estados Unidos; cf. pp. 282 e segs. deste livro.

[2] Freud (1993a), pp. 274, 276, 282.

[3] No Louvre, estão expostos *Mona Lisa* e *A Virgem e o Menino com Sant'Ana*, de Leonardo da Vinci.

[4] Freud (1965a), p. 98.

[5] Freud (1911c).

No último dia da estadia na Itália, ele resumiu suas impressões numa carta a Jung: "A viagem foi muito rica e trouxe realizações de desejos há muito necessários para a economia interior. A Sicília é a parte mais bonita da Itália e manteve pedaços inteiros da Grécia desaparecida, reminiscências infantis, que permitem conclusões sobre os complexos centrais. A primeira semana na ilha foi um grande prazer; a segunda, em consequência dos *sciroccos* constantes, uma prova para o pobre Konrad. Finalmente sentimos que tudo foi superado: *sirocco*, o perigo da cólera e da malária. Setembro não é o tempo certo para conseguir apreciar essas belezas. Meu acompanhante de viagem é uma pessoa muito amável, mas um pouco desajeitada e tem uma postura sonhadora e infantil em relação a mim".[1]

Percurso da viagem

31.8	Noordwijk – Paris
1.9	Paris
1 – 3.9	Paris – Milão – Gênova – Florença
4.9	Florença
5.9	Florença – Roma
6 – 8.9	Roma
8.9	Roma – Nápoles
8 – 9.9	Viagem de navio Nápoles – Palermo
9 – 13.9	Palermo – Segesta – Castelvetrano
14.9	Castelvetrano – Selinunte – Palermo
14 – 15.9	Palermo
16.9	Palermo – Girgenti
17.9	Girgenti – Siracusa
17 – 20.9	Siracusa
20.9	Siracusa – Palermo
21.9 – 22.9	Viagem de navio de Palermo a Nápoles
22.9	Nápoles – Roma
23 – 24.9	Roma
26.9	Viena

---

[1] Freud (1974a), p. 390.

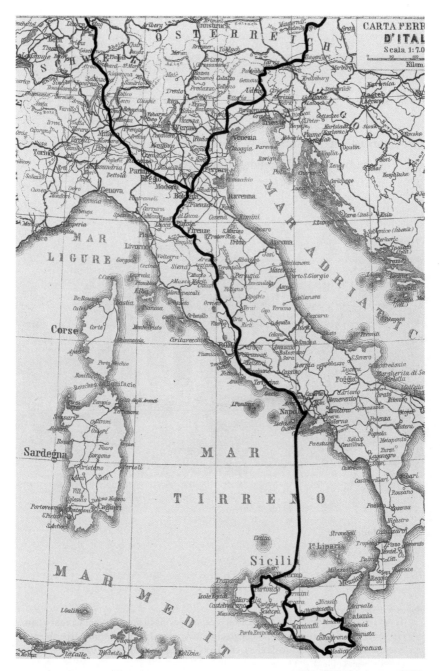

134. Rota de viagem, 1910.

31 DE AGOSTO DE 1910

CARTÃO-POSTAL ILUSTRADO DE PARIS PARA A FAMÍLIA (ILUSTR. 135)

31. 8. 10

Contraste maior impossível. Porque mais genial do que na lembrança.[1] Viagem boa, agora Hotel du Louvre. Amanhã à noite segue.

Cordiais sds
Pa

135. La Madeleine.[2]

---

[1] Tratava-se da terceira visita de Freud a Paris depois dos cinco meses de estadia com Charcot em 1885/86 e da participação no congresso internacional de hipnotismo experimental e terapêutico de 3 a 9 de agosto de 1889; cf. Clark (1985), p. 128; Molnar (1996), p. 79; Morgan (1989); Swales (1986), p. 37.

[2] Igreja do século XVIII com fachada grega e interior romano, nas proximidades da Place de la Concorde.

4 DE SETEMBRO DE 1910

CARTÃO-POSTAL ILUSTRADO DE FIESOLE PARA SOPHIE FREUD (ILUSTR. 136)

FIESOLE 4. 9. 10

Bonito e quente aqui.

Pa

[acréscimo de Sándor Ferenczi:]
Confirmado!
S. Ferenczi

136. Teatro Romano em Fiesole.

4 DE SETEMBRO DE 1910
CARTA (4 PP.) DE FLORENÇA PARA MARTHA FREUD
PAPEL DE CARTA DO GRAND HOTEL FLORENCE

DOMINGO 4 SET. 1910

MINHA VELHA

Ontem à noite chegando aqui encontrei seu telegrama e [recebi] hoje cedo sua carta com as desejadas notícias. Sobre essa última, tenho apenas uma coisa a dizer. Se chegar uma das revisões de Bergmann[1] e ela contiver meu ensaio "Sobre as perspectivas futuras da psicanálise",[2] envie-o imediatamente para mim; de outro modo, não.

Não é fácil escrever daqui. O lugar é encantadoramente belo e agora já valeu a pena. O brilho, o calor suave e o tempo estável e tudo o mais que ainda está contido nessa moldura. Não tivemos problemas com a cólera nem aqui nem mais tarde em outro lugar; ela está num distrito hidrográfico na outra orla adriática da Itália que nem vamos conseguir tocar, mesmo se pegarmos o caminho pelo interior até a Sicília.

Ferenczi é muito jovial, sabe aproveitar as coisas e muito menos acomodado do que eu. Como sempre, um companheiro de viagem muito agradável. Ele também envia cordiais saudações a vocês; está em seu quarto e não quero atrapalhá-lo.

Os ternos literalmente desmontam nas viagens de trem ou não ficam mais apresentáveis. A roupa suja muito mais fácil do que em Noordwijk. Teremos de dar uma parada em Roma até por causa da lavagem.

Hoje é domingo. Queremos estar em Roma amanhã à noite, permanecendo lá certamente terça, quarta. Você será informada por telegrama

---

[1] O editor J. F. Bergmann, de Wiesbaden; desde outubro de 1910 ele editava o periódico Zentralblatt für Psychoanalyse; cf. Jones (1960 – 1962), vol. 2, p. 93.

[2] Freud (1910d).

do restante. Creio que de Nápoles vamos à noite de navio até Palermo, onde o mais cedo que aportaremos será sexta (9).

A comida desde Gênova maravilhosa, meu estômago muito grato por isso. Meu intestino não melhora, necessito o tempo todo das sobremesas. Isso não mudará mais nesta viagem.

Transmita minhas lembranças cordiais aos pequenos e que Anna não se esqueça de sua promessa. Na Sicília certamente há coisas bonitas para se comprar. Desejo que você aproveite o máximo possível Haia e as oportunidades de realizar pequenas viagens a partir de lá. Oli será um guia consciencioso. Sou absolutamente contrário que ele vá sozinho à Inglaterra. Toda sua recuperação, todo o dinheiro dele e aquele pouco de educação que nos esforçamos em lhe dar em Viena estariam perdidos. Ernst e Anna talvez estejam partindo justamente quando esta carta chegar até você.

Não espere de mim descrições da viagem. Também não fico sozinho o suficiente para cartas longas. As estações principais serão ilustradas com cartões-postais. Hoje à tarde vamos a Fiesole. Amanhã cedo farei algumas compras. Luvas, mais uma gravata, talvez um sobretudo de viagem bem fino para proteger as roupas.

Lembranças cordiais a você e às crianças. Recebi a carta de Minna também hoje.

Seu Sigm

Combinemos que "*Dramo*" no telegrama significa "telegrafo amanhã" e "*Dragla*", "telegrafo logo hoje"[1].

---

[1] No original, *Dramo = drahte morgen nach* e *Dragla = drahte gleich heute*. (N. T.)

5 DE SETEMBRO DE 1910
Cartão-postal de Florença a Martha Freud

Florença 5. 9. 10

Imagine a aventura. São 10h e ainda estamos sentados no café e não podemos sair porque está chovendo a cântaros feito em Salzburgo ou Ischl. O problema das roupas para a chuva ressurge na Itália. À 1h20 queremos ir a Roma.

Busquei hoje sua segunda carta com anexos, F[erenczi] também recebeu a remessa dele.

Lembr. cordiais
Pa

6 DE SETEMBRO DE 1910
Carta (2 pp.) de Roma para Martha Freud
Papel de carta de Freud

Roma 6 set. 10

Minha velha

Hoje cedo busquei sua carta de 3 out. com anexo de Jung[1] e vou enviar a Haia um telegrama de boas-vindas a você. O lugar é incrivelmente bonito, e deixá-lo, um desgosto. Estaria completamente bem caso não tivesse de ficar cuidando o tempo todo do meu intestino.

Penso que, logo após a volta para casa, enquanto estiver disposto e o trabalho não for exagerado, irei retomar meu tratamento de Karlsbad.[2] O

---

[1] Provavelmente a carta de Jung de 31 de agosto de 1910; cf. Freud (1974a), pp. 387 e segs.

[2] Em meados de maio, Freud esteve por dois dias em Karlsbad a fim de visitar a mulher e as filhas Mathilde e Sophie. Talvez ele tenha começado nessa oportunidade um tratamento com águas de Karlsbad; Freud (1974a), p. 350; Freud – Bernays (s/d), p. 118.

estado não tem qualquer semelhança com a cólera, o estômago está muito satisfeito com a comida exemplar destes dias.

Ferenczi é irrepreensível, talvez mais receptivo do que estimulante, mas ainda está um pouco tímido.

Faço a contabilidade de ambos e perturbo-o diariamente com pagamentos periódicos.

Quinta cedo – feriado[1] – pensamos em viajar para Palermo. Você ainda será informada dos detalhes. Até lá, receberemos as primeiras roupas de volta.

A trovoada, que aconteceu enquanto eu escrevia a você por último de Florença, passou na hora do almoço, conseguimos vir até aqui com o mais maravilhoso tempo fresco. Em Roma está agradavelmente quente, mas à noite vai refrescar, ainda não sofremos nem um momento com o calor. Hoje cedo subimos e descemos por duas horas por entre os escombros do fórum, o que por si já vale a viagem.

Nas horas entre 2 – 4h, enquanto eu lhe escrevo, ficamos em nossos confortáveis quartos; essa é a melhor regra de higiene no sul, embora impeça de fazermos demais. Mas na Sicília continuaremos fiéis a ela. A cólera parece interessar mais a nós, na Áustria, do que aos italianos.[2]

Se for do seu interesse, posso lhe dizer que estou lendo o Neue Presse com mais regularidade do que em Noordwijk. Soube por seu intermédio que Mahler assumirá novamente a ópera de Viena.[3]

O tempo passa rápido. Hoje já é 6; em breve terei de escrever a Viena e logo estarei pessoalmente em Viena.

Felicidades, aproveite muito, transmita lembranças cordiais aos pequenos, que espero que não a perturbem, e escreva regularmente

Seu Sigm

---

[1] Nascimento de Maria.

[2] Em 26 de agosto de 1910, foram registrados dois casos de cólera em Viena.

[3] De 1907 a 1909, Gustav Mahler foi regente-convidado da Metropolitan Opera e da Phillarmonic Orchestra New York. Ele não chegou a assumir a ópera de Viena.

7 DE SETEMBRO DE 1910

CARTÃO-POSTAL DE ROMA PARA MARTHA FREUD

ROMA 7. 9. 10

MINHA VELHA

Amanhã cedo 10h45 iremos a Nápoles, chegando às 3h e de noite atravessaremos o mar até Palermo.[1] Não será mais distante que os Estados Unidos e muito mais bonito. O tempo aqui esteve delicioso, Roma um encanto novamente. Vamos os dois muito bem. Hoje, na verdade, primeira vez sem restrições. Estamos comendo aqui não só ao ar livre, mas também na viela Piazza Colonna. Você ficaria maravilhada. Os dois estudantes já devem ter chegado. Busquei hoje a carta de Annerl e fico na expectativa por notícias amanhã.

Lembr. cordiais
Pa

8 DE SETEMBRO DE 1910

CARTÃO-POSTAL DE NÁPOLES PARA MARTHA FREUD

NÁPOLES 8 SET. 10

Após viagem quente trocamos nossa elegante Roma pela barulhenta Nápoles e passamos por todo o tipo de aventuras divertidas. Mas aqui na Villa Nazionale, junto ao mar, debaixo de palmeiras com vista para Capri é muito bonito e podemos nos recuperar até 11h da nt, quando o *Siracusa* parte para Palermo. Se nossa bagagem suportou as peripécias de hoje, tudo está a salvo.

Lembr. cordiais
Pa

---

[1] A rota Nápoles – Palermo é de 169 milhas marítimas (314 km) e era percorrida pelos navios em cerca de 11 horas.

8 DE SETEMBRO DE 1910
CARTÃO-POSTAL A BORDO DO *Siracusa* À FAMÍLIA

A BORDO DO *SIRACUSA*
8. 9. 10
10H NOITE

MEUS QUERIDOS

Novamente em um navio desde os Estados Unidos. Barco simpático, limpo e muito pouco espaço para os dois na cabine. O silêncio faz bem agora. Claro que Nápoles foi novamente um espetáculo infernal, mas na viagem de carro junto ao Posillipo[1] tivemos a vista inesquecível de toda a região, Ísquia até cabo Miseno.[2] Os senhores intelectuais podem explicar a região a vocês. O navio parte apenas às 11h.

As mais cordiais saudações
Pa

9 DE SETEMBRO DE 1910
CARTA (4 PP.) DE PALERMO PARA MARTHA FREUD
PAPEL DE CARTA DE WEINEN'S HOTEL DE FRANCE

9 SET. 10

MINHA VELHA

Chegamos hoje cedo, encontrei apenas a carta de Sophie,[3] para quem vou trazer algo bonito. O mar estava tranquilo e azul. A chegada longa

---

[1] Cf. carta de 1 de setembro de 1902.

[2] Originalmente uma ilha vulcânica ao norte de Nápoles, ligada ao continente por um aterro do tempo dos romanos.

[3] Sophie Freud – Sigmund Freud, 5, 9, 1910 (LoC).

como todas as aportagens. Primeiro através da região não bonita do porto até nosso hôtel muito bem situado, onde nos instalamos num apartamento completo, 3 quartos com banheiro entre eles, juntos 14 L. de diária para ambos, se quisermos 30 L. Depois pelo Corto Vittorio Emanuele até o centro da cidade, que está cada vez mais incrível e maravilhosa até a catedral normanda[1] e o castelo real.[2] Mas hoje não queremos nada de trabalho. Depois do bom *lunch* vamos descansar. F[erenczi] não dormiu no navio e agora está se recuperando. À tarde vamos apenas passear, o trabalho começa apenas amanhã. O sol está bonito, mas no quarto muito confortável, tudo arrumado para a estadia de inverno.

Telegrafei imediatamente para você, mas foi um empreendimento nervoso e difícil e fez lembrar a distância que separa Palermo da Holanda.

Há muito o que se percorrer aqui e ainda mais na Sicília em si, que tenho ou de ficar um mês ou me limitar muito. Pequenas excursões pelo interior são impossíveis pela estação do ano, algumas cidades grandes e alguns templos antigos terão de dar conta de nossa programação.

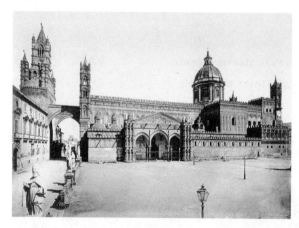

137. Catedral de Palermo.

---

[1] Freud deve estar se referindo à catedral onde se encontra, entre outros, o sarcófago de Frederico II.

[2] Fortificação do tempo dos sarracenos e remodelada pelos normandos.

Palermo em si é muito elegante, limpa, rica em construções e dispõe de tudo o que um ser humano pode querer, quase como Florença. Vou comprar aqui p. ex. uma caixa para minhas gravatas. A beleza dos jardins públicos, dos quais um fica na nossa praça,[1] estamos começando a descobrir. A água é classificada como boa pelo Baedeker. Nosso bem-estar é grande. Há apenas um porém: não vou nem trabalhar nem conhecer muito da Sicília, mas certamente gastarei mais dinheiro do que antes. Talvez o efeito do bom-senso ainda apareça.

A carta de Sophie sobre a antipatia do mar setentrional dá razão à minha nostalgia pelo sul, que deve ser satisfeita aqui.

Quando você estiver com esta carta, certamente já estará pensando na partida. Telegrafe de imediato para cá após sua chegada em Viena etc., caso eu não tenha pedido algo diferente até então. Ficaremos com certeza 4 – 5 dias por aqui e de todo modo vamos partir daqui novamente.

Lembranças afetuosas a todos
Papai

138. Palermo, Monte Pellegrino.[2]

---

[1] Jardins na Capitaneria del Porte.

[2] Montanha a norte de Palermo. Para Freud, essa excursão deve ter despertado associações: foi daqui que o pai de Aníbal, Amílcar Barca 247 – 245 a.C., ocupou Panormós (que era como os gregos chamavam Palermo). Ele tinha feito o filho jurar vingança aos romanos diante do altar de casa; cf. também pp. 33 e segs. deste livro.

10 DE SETEMBRO DE 1910

Cartão-postal de Palermo a Martha Freud

Palermo 10/9

Recebi cartas e telegrama.
Muito feliz que vocês estejam passando tão bem em W[ittebrug]. Cartão do vagão-restaurante de Ernstanna.[1] Chove aqui hoje, de maneira que não está quente; quase não nos molhamos. O temido *scirocco* ainda não chegou. Por isso, ótimo bem-estar. Manhã hoje museu[2] com algumas maravilhas. Excursão planejada à tarde com carro para Monreale.[3]

Lembranças afetuosíssimas
Papai

139. Palermo, Piazza Marina (com Hotel de France).

---

[1] Anna Freud / Ernst Freud – Sigmund Freud, 7, 9, 1910 (LoC).

[2] Provavelmente o museu arqueológico (na época, museu nacional); o outro grande museu de Palermo, a galeria de arte moderna, apresentava principalmente trabalhos de pintores sicilianos.

[3] Pequena cidade a oeste de Palermo com catedral que é considerada o monumento mais significativo da arte normanda na Sicília.

10 DE SETEMBRO DE 1910

Cartão-postal ilustrado de Palermo a Anna Freud (ilustr. 138)

Palermo 10/9 10

Querida Anna
Aqui um exemplo de nossa paisagem. Vou escolher um cavalo para você e envio lembranças cordiais

Papai

10 DE SETEMBRO DE 1910

Cartão-postal de Palermo a Sophie Freud (ilustr. 139)

Palermo 10 set. 10

É aqui que estamos hospedados agora; chove um pouco e por isso não está quente.

Lembr. cordiais
Papai

11 DE SETEMBRO DE 1910

Carta (4 pp.) de Palermo a Martha Freud
Papel de carta de Weinen's Hotel de France

11 set. 10

Minha velha
Se minhas contas estiverem certas, esta é a última carta que posso enviar a Haia, se é que esta não tiver de ser encaminhada a você. A distância que nos separa é mesmo grande.

Muitos prazeres, o tempo chuvoso, todo dia um pouco, o que pouco atrapalha e refresca muito. Se apenas as fortes chuvas de outono não chegarem logo. Afinal, set. também não é o melhor período para a Itália. Essa começa em outubro. Mas dá para se ficar bem satisfeito. Não consigo lhe descrever o que vi e cheirei de belezas hoje. O esplendor e o aroma das flores nos parques nos faz esquecer que estamos no outono. As compras vão mal, nada do que se deseja levar. Apuro difícil.

Amanhã faremos nossa primeira excursão às ruínas, mas apenas por meio dia. Passaremos terça 13 e quarta 14 num tour maior em duas cidades com templos, Segesta e Selinunt. A última fica na extremidade sul da ilha. Voltaremos à Palermo de noite e partiremos na manhã seguinte, 15, a fim de visitar a terceira, Girgenti.

De lá o trajeto nos leva a Catania e Siracusa, ou seja, para a parte leste da ilha. Siracusa, para onde lhe pedi que enviasse as cartas, deverá ser também a estadia mais longa. Ficaremos desaparecidos entre Palermo e (Siracusa ou) Catania por alguns dias, no máximo dois; mas não há outra maneira. Nossa bagagem ficará aqui até o dia 15. A viagem com malas pequenas é melhor, no geral.

Devo contradizer com veemência a impressão que também tinha me dominado, de que aqui na Sicília estaríamos por assim dizer expostos a perigos extraordinários, entre selvagens. Temos a mesma sensação e as mesmas condições de vida que em Florença ou em Roma. Pelo menos em Palermo é assim, e no interior ou nas cidades menores será mais primitivo, mas não mais inquietante.

Ferenczi está aproveitando muito e é muito amável, talvez esteja achando a situação ainda mais inacreditável do que eu. Temos ânimo e conforto para trabalhar um pouco. Com espanto percebemos o quão rápido as datas se movem. A viagem de regresso deverá provavelmente ser feita de novo por Palermo e com o trem, a fim de economizarmos tempo e mantermos a liberdade.

Espero que nesse meio tempo você tenha visto algo da Holanda, tenha se divertido e passado bons momentos com seu povo.

Lembr. cordiais a todos
Seu Sigm

13 DE SETEMBRO DE 1910

Cartão-postal de Alcamo-Calatafimi a Martha Freud

Alcamo-Calatafimi[1]
13 set. 10. 6h

Estação onde chegamos por engano com uma hora de antecedência e esperamos pelo trem para Castelvetrano, onde passaremos a noite, viajando amanhã para Selinunt e à tarde de volta a Palermo...

A Sicília mais profunda aqui ainda sem nomes árabes de cidades, séria e suja, mas o café estava muito bom. – O templo em Segesta,[2] de onde estamos vindo, foi uma visão maravilhosa do mais profundo abandono e solidão. Certamente valeu a viagem de 2 ½ h de ida e o mesmo tanto de volta em veículos lamentáveis.[3] Os outros templos não serão tão exaustivos. Um outro cartão segue simultaneamente para Wittebrug.

Lembr. cordiais
Papai

140. Templo em Segesta.

---

[1] Estação de trem entre as cidades Alcamo e Calatafimi.
[2] Um dos mais bem conservados templos gregos da Sicília, iniciado por volta de 430 a.C., mas que ficou inconcluso.
[3] Partindo da estação de trem Alcamo-Calatafimi, charretes seguiam até as ruínas.

14 DE SETEMBRO DE 1910

Cartão-postal ilustrado de Selinunte a Alexander Freud

Selinunte 14. 9. 10.

Para refrescar sua memória. Belo dia.

Sigm

[Acréscimo de Sándor Ferenczi:]
Saudação especial de seu sucessor no cargo de acompanhante de viagem.

Ferenczi

141. Templo de Minerva em Castelvetrano-Selinunte.

14 DE SETEMBRO DE 1910

CARTÃO-POSTAL ILUSTRADO DE SELINUNTE A OLIVER FREUD (ILUSTR. 141)

SELINUNTE

14 SET. 10

Você vai se recordar que Aníbal se ocupou da conservação deste templo em 409.

Lembr. cordiais a todos
Papai

[Acréscimo de Sándor Ferenczi:]

e Ferenczi

14 DE SETEMBRO DE 1910

CARTÃO-POSTAL DE PALERMO A MARTHA FREUD[1]

PALERMO 14. [RISCADO: 15.] 9. 10

Depois de 2 dias de viagem voltamos para um dia, buscamos cartas, recebemos telegramas. Muito feliz que Wittebrug agradou tanto a vocês. Nossa viagem também recebeu um pequeno acréscimo por Girgenti, para onde iremos amanhã, de maneira que chegaremos a Siracusa apenas no sábado 17 à nt. Tempo de inexprimível esplendor. Bem-estar, lamento pela data avançada. Eu não teria nenhuma restrição à viagem de Oli sob tais circunstâncias, antes o acompanhado mais um trecho, só não quero que viaje sozinho. Agora vocês estão em casa e todos juntos.

---

[1] Também em 14.9 Freud enviou de Palermo um cartão-postal do Tempio di Ercole a Ludwig Binswanger; Freud (1992b), p. 57.

Ontem, 14, eu não sabia onde estavam e eu próprio me encontrava tão longe. Por isso o telegrama de todos os anos não aconteceu.[1]

Lembranças Papai

[Na margem esquerda:] Mas sexta em Siracusa! Difícil encontrar data.

15 de setembro de 1910
Cartão-postal de Palermo a Martha Freud

Palermo
Qui. 15 set 10

Revogo as indicações de datas do cartão anterior e percebo que hoje é quinta, 15, que viajamos na sexta e chegamos sábado 17 em Siracusa. A partir daí vocês podem notar como estamos passando bem.

Lembr. cordiais
Papai

15 de setembro de 1910
Carta (4 pp.) de Palermo a Martha Freud
Publicado em: Freud (1960a), pp. 296 e segs.
Papel de carta do Weinen's Hotel de France

15 set 1910

Minha velha

Acabo de buscar novamente cartas, elogiáveis anúncios de Martin[2] e seu aviso, e descubro então que você, por este tempo, está se organizando

---

[1] Por ocasião de seu aniversário de casamento em 14 de setembro (união judaica); a união civil acontecera um dia antes; cf. Jones (1960 – 1962), vol. 1, p. 183.

[2] Martin Freud – Sigmund Freud, 12. 10. 1910 (LoC).

em Berlim para a partida e chegará amanhã cedo em casa, enquanto partimos para Girgenti, a última estação antes de Siracusa.

Palermo foi um excesso inconcebível, que na verdade não devemos nos permitir sozinhos. Antes de todos os descomedimentos que estão por vir no ano, prometo me lembrar que já recebi e degustei minha parte. Nunca tive reunidos tantas cores a brilhar, odores deliciosos, vistas – e bem-estar. Agora passou, será fechado e aberto apenas para outros. Mas talvez coisas ainda mais belas estejam reservadas em Siracusa para mim.

Sinto muitíssimo não conseguir proporcionar o mesmo a vocês. Para aproveitar disso a 7, a 5 ou apenas a 3 – em suma, a *unici, dodici, tredici*[1] – eu não poderia ser psiquiatra e suposto fundador de uma nova orientação na psicologia, mas fabricante de algo útil, como papel higiênico, palitinhos de fósforo, botões de sapatos. Para mudar de área já é tarde demais faz tempo, e assim continuo a aproveitar de maneira egoísta, sozinho, mas por princípio com pesar.

Apenas as compras trazem as maiores dificuldades. Para bem dizer, não há nada que seja diferente de outros lugares e que clamaria por ser comprado – *Pack me now* –, veículos e muares estão fora de cogitação, as flores não se conservam – de maneira que peço de verdade que as promessas nesse sentido sejam consideradas nulas e aceitem o valor em dinheiro em Viena como substituição. Apenas Robert receberá o desejado enxofre – é que ele externou um desejo prático, relacionado ao lugar.[2]

Visto que é muito mais fácil se interessar por coisas conhecidas do que por desconhecidas, comunico que tornei o terno de seda usável pela compra de uma nova carteira e vesti-o hoje pela primeira vez. O calor atrapalhou tão pouco, apenas irradiação solar com vento gostoso, que antes era dispensável. Aqui se entende os versos:

"Esta tarde a brisa soprará

---

[1] Cf. carta de 22. 9. 1907, nota 1 da p. 229 deste livro.
[2] As minas de enxofre localizavam-se entre Caltanissetta e Agrigento. No século XIX a Sicília produzia três quartos da produção mundial de enxofre e ainda em 1926 a Itália era o segundo colocado, atrás dos EUA.

suave pelo nosso jardim"[1]

ou algo semelhante.

Para não pintar tudo em cor-de-rosa sobre fundo cor-de-rosa e despertar a inveja dos deuses, digo que lemos hoje pela primeira vez sobre boatos de cólera em Nápoles. Vamos acompanhar o caso e nos orientar de maneira correspondente. Na Sicília não se percebeu até agora nenhum indício, ou seja, menos do que em Viena ou Budapeste. Aliás, em Viena com o tempo bom o que vocês têm a temer é quase nada. Cuidado ao comer frutas nunca é demais.

E por fim e como despedida de Palermo lembranças cordiais a todos novamente reunidos em casa do

Papai

142. Tumba de Terone em Girgenti.   *143. Templo de Castor e Pólux em Girgenti.*

---

[1] Início do 21º dueto "Che soave zeffiretto" de *As bodas de Fígaro*, de Mozart.

16 de setembro de 1910
Cartão-postal ilustrado de Girgenti a Martin Freud (ilustr. 142)

Girgenti
16. 9. 10

Você gostaria mais daqui do que de Leiden. Guarde para mais tarde. Como vê, mesmo então se aproveita.

Lembr. cordial
Papai

16 de setembro de 1910
Cartão-postal ilustrado de Girgenti a Sophie Freud (ilustr. 143)

Ggti
16. set 10

Hoje houve *scirocco*. Pelo menos nesta primeira noite não dormi também em Palermo. Fer[enczi] tampouco. África encantadoramente bela.

Papai

17 de setembro de 1910
Cartão-postal de Siracusa à família

Siracusa
Sábado, 17/9 10

Chegamos aqui há 2 h, encontrei duas vezes a notícia por telegrama de seu regresso em casa, mais nada. Amanhã checarei de novo. Aqui casa alemã, quarto com banheiro – diária 11 L, muito limpo etc. Chegamos tarde de Girgenti, só tomamos banho rapidamente e agora estamos comendo muito bem. Siracusa parece ser muito bela, talvez também muito quente, embora fique no meio do mar e cheire claramente a peixe. Hoje nada a decidir. Há 2 dias parece estar havendo *scirocco*. Apesar disso, estamos, eu mais, muito bem. F[erenczi] ainda não se recuperou totalmente do primeiro dia de *scirocco* em Palermo. Estou tomando

[continuação no próximo cartão]

vinho novamente e comecei com um delicioso vinho regional em Grgti, prossigo com Moscato di Siracusa. Que Deus permita que tudo acabe bem. Aliás, a água potável aqui é excepcional segundo todos os certificados. A viagem com bagagens pequenas valeu muito a pena, mamãe tinha razão nisso. Até agora, tudo correu bem. Queremos ficar pelo menos 4 dias aqui, talvez uma semana. De todo modo, continuem escrevendo para cá até eu contramandar telegraficamente. Em Palermo houve um caso suspeito, que já foi solucionado. Parece que tudo o que se refere à cólera é levado muito a sério aqui.

Lembranças cordiais
Papai

18 DE SETEMBRO DE 1910
CARTA (2 PP.) DE SIRACUSA À FAMÍLIA
PUBLICADO PARCIALMENTE EM: JONES (1960 – 1962), V. 2, P. 462
PAPEL DE CARTA DE FREUD

SIRACUSA DOMINGO
18. 9. 10

MEUS QUERIDOS

Ainda não recebi nenhuma carta de vocês aqui, mas sei por meio de ambos os telegramas que vocês estão em casa e espero que todos bem. Agora a expectativa de vocês em ouvir notícias minhas deve ser grande. Siracusa deveria ser o destino principal de nossa viagem e é considerada a cidade mais grega da Itália. Chegamos apenas ontem tarde da noite como vocês devem saber de dois cartões que se completam, e hoje pela manhã – estou escrevendo na pausa do almoço – visitamos o restante de dois templos[1] na cidade e uma parte do museu.[2] A cidade é bastante feiosa, apertada e mal-cheirosa, agora expandida preenche apenas um quinto da antiga Siracusa. Ela corresponde à antiga ilha Ortygia, todos os grandes e belos restos de monumentos estão em terra firme onde ainda não estivemos. Nosso hotel fica no terraço de um muro sobre a antiga fonte Aretusa,[3] que agora está mais reduzida, contém plantas de papiro e peixes sagrados. A partir dali inicia-se um trajeto encantador junto ao mar que rescende a oleandros. Da minha janela tenho a visão total do mar, uma tamareira atrapalha um pouco o olhar livre. Estou separado de Ferenczi como em Palermo pelo banheiro comum de decoração moderna (comp. Berggasse 19); ou seja, no geral não há muito a se lastimar.

Infelizmente o esperado *scirocco* apareceu. Não que o calor esteja tão forte, suporto muito bem a mera radiação do sol, mas há uma atmosfera debilitante e algo de opressivo no ar, o céu não está limpo, tudo silencioso, um pouco amedrontador. Ferenczi não se comporta melhor. Entre os tesouros do museu, nos esquecemos de tudo; agora nos dizemos que se ficar assim, suportaremos apenas 3 – 4 dias e seguiremos viagem. Ou seja, ainda não é possível determinar. Vocês dependem de notícias telegráficas. Entre os pinheiros depois das 4h hoje certamente reencontraremos uma grande parte da alegria nos prazeres.

Evidente que não sabemos se esse tempo é próprio de Siracusa ou se simplesmente afugentou o belo tempo fresco da primeira semana em toda a Sicília.

Se vocês estiverem justo agora sob frio e chuva, minha carta vai lhes parecer muito estranha.

As perspectivas de trazer lembrancinhas vão encolhendo cada vez mais. Resta apenas Catania, quando estivermos por lá.

Lembranças afetuosas – Ferenczi pede para incluir as dele
*****Seu papai*****

---

[1] Há apenas um templo em Siracusa, o templo de Apolo do início do século VI a.C.; talvez Freud estivesse se referindo com o segundo templo ao Foro Siracusano ou ao teatro grego.

[2] O museu arqueológico.

[3] Na lenda grega, a ninfa Aretusa, perseguida pelo deus do rio Alfeu, pede à Artemis que a transforme numa fonte, da qual nasce Siracusa.

18 DE SETEMBRO DE 1910
CARTA (4 PP.) DE SIRACUSA A ANNA FREUD
PAPEL DE CARTA DE FREUD

SIRACUSA 18. 9. 10

MINHA QUERIDA ANNA

Agradeço de coração pela sua querida carta recebida hoje do tempo de sua solidão, que já é passado.

Quase não vale a pena responder visto que nesse meio tempo tudo mudou de maneira tão completa, mas me repreendo por não ter escrito mais longamente para você uma vez. Mas a viagem, as muitas novidades e dificuldades vão me desculpar com você. Talvez eu também estivesse com a consciência pesada, porque prometi de maneira apressada a trazer algo especialmente belo para você e não vou conseguir cumprir isso assim.

Você própria, com todas suas habilidades em nos espantar com seus desejos, mais de uma vez estaria em apuros, na cidade grande de Palermo, para desejar algo transportável. Os produtos da Sicília, que podemos levar em conta, são enxofre, papiro e antiguidades. Disponho de amostras dos três, mas infelizmente, como você pode ver, nada lhe é útil. Haverá uma reparação em Viena. Já que desfrutei tanto, quero também propiciar algo a vocês.

A Sicília era e é maravilhosa, mas – há dois dias reina o *scirocco* e ele é difícil de suportar, diminui a capacidade de aproveitamento e não permite que a ilusão do estado de exceção paradisíaco se apresente. As notícias sobre a cólera em Nápoles soam contraditórias; não sabemos quais dificuldades de viagem podem advir daí, e assim é possível que essa bela viagem chegue a seu fim mais cedo do que pretendíamos.

Estou muito contente por você se abrir com facilidade com Mathilde, ela é a instância correta para você e também lhe tem muito apreço. Você também deveria se comportar melhor com sua outra irmã, senão vocês vão ficar como duas de suas tias, que nunca se deram quando eram crianças e por castigo não conseguiram se soltar uma da outra durante anos,[1] pois amor e ódio não são tão diferentes assim entre si.

Também estou muito curioso para saber como estão as renovações na casa. Diga à mamãe que se o pano da minha escrivaninha estiver muito manchado, é para ela arrumá-lo com Spitz[2] rapidamente ainda antes de minha chegada, assim como ajeitar a escrivaninha em si também. Banhos à moda de Karlsbad também devem estar preparados para dar continuidade ao tratamento adiado.

Você percebe que meus pensamentos já estão mais em casa do que com Arquimedes, que tem seu monumento aqui embaixo junto à Aretusa, sob minha janela.[3]

Lembranças a você e a todos os outros
Afetuosamente seu
Papai

144. Fonte Aretusa em Siracusa.

---

[1] Provavelmente Freud está se referindo às suas irmãs Anna e Pauline. Anna emigrou em 1892 para os Estados Unidos (cf. nota 2, p. 126 deste livro), seguida por Pauline, dois anos mais tarde, com os dois filhos mais velhos de Anna; cf. Freud – Bernays (s/d) pp. 50, 65 e segs. Pauline casou-se nos Estados Unidos e quando seu marido Valentin Winternizt morreu em 1900, ela voltou a Viena; cf. Freud (1985c), p. 454.

[2] Cf. carta de 24. 9.1909, p. 314.

[3] Arquimedes com lupa e parafuso, duas de suas invenções, estátua de mármore de 1905.

19 DE SETEMBRO DE 1910

CARTÃO-POSTAL ILUSTRADO DE SIRACUSA PARA MARTHA FREUD (ILUSTR. 144)

SIRACUSA

19. 9. 10

Acima nosso hotel.[1] Hoje vamos a Siracusa antiga.

Pa

19 DE SETEMBRO DE 1910

CARTÃO-POSTAL DE SIRACUSA PARA MARTHA FREUD

SIRACUSA

19. 9. 10

Recebi sua carta de Viena. A palavra enigmática no telegrama deveria ser: saudações, assim como a última de hoje: saudações de bem (-estar). Siracusa ainda estava incrivelmente bela, mas minha capacidade de fruição está satisfeita. Vi tantas coisas bonitas, maravilhosas, únicas. Em Roma, deveremos descansar, mas não muito tempo, chegarei em casa alguns dias mais cedo do que o previsto. Assim que você me avisar que a casa está em ordem. Depois, aproveitar alguns dias de férias em Viena. Vamos amanhã cedo para Palermo, mas voltamos a Nápoles apenas na quarta à nt., depois direto para Roma.

Lembr. cordiais
Pa

---

[1] O Hôtel des Etrangers.

19 de setembro de 1910
Cartão-postal de Siracusa para Martha Freud

Siracusa
19. 9. 10

Acabei de telegrafar para você dizendo que mudamos a direção: Palermo, Roma, ficando um pouco lá. Siracusa, apesar de tão bela, não é adequada para uma estadia mais longa em razão do *scirocco*, não será diferente em Catania, Taormina etc. e a notícia de que em Roma há um controle com os que chegam de Nápoles nos faz desejosos de deixar Nápoles para trás.

Lembr. cordiais
Papai

[Acréscimo na margem esquerda:] Ambos estamos bem!

22 de setembro de 1910
Cartão-postal de Roma para Martha Freud

Roma 22. 9. 10

Acabamos de chegar e felizes por estar aqui. Sofremos muito com o *scirocco* nos últimos 8 dias, mas escutamos aqui que hoje ele passou. Recebemos muito rapidamente sua carta e a de Sophie, que nos foram enviadas de Palermo. Nenhuma notícia nova, apenas insista muito para que tudo fique pronto, voltarei mais cedo para casa e quero desfrutar de alguns dias de férias em Viena. Faça com que Rie veja o que acontece com Enst. Faça com que minha escrivaninha seja revestida. – Ficamos muito brevemente em Nápoles, havia decididamente pouco trânsito na cidade. Na chegada em Roma, houve consulta médica; pudemos passar pois vínhamos de Palermo. Em Roma, já estamos muito próximos. Aguardo agora resposta ao meu telegrama. Lembranças cordiais

Papai

23 DE SETEMBRO DE 1910
CARTÃO-POSTAL DE ROMA PARA MARTHA FREUD[1]

ROMA 23. 9. 10

Estimulados pela carta e telegrama de hoje, compramos passagem com vagão-dormitório, viajamos amanhã, sábado, 11h45 da noite e estaremos segunda cedo em Viena. Roma tem um frio outonal, choveu, o pesado sobretudo de tafetá merece louvor. É muito bom ter mais alguns dias de férias em casa. Para todas as informações, estou apenas a partir de *sábado*. Também estou muito contente em poder participar de todas as novidades caseiras. Esta, então, a última carta. Telegrama ainda segue ou talvez acabe expedido antes.

Lembr. cordiais
Papai

---

[1] Um dia depois, em 24.9, Freud escreve de Roma para C. G. Jung; cf. Freud (1974a), pp. 390 – 392.

Roma

16 a 25 de setembro de 1912

O verão de 1912 foi um dos mais movimentados da vida de Freud. Do início de julho até 14 de agosto ele esteve com a mulher em Karlsbad, para tratamento (Hotel Goldener Schlüssel). Lá ele recebeu a visita, entre outros, de Max Halberstadt, o noivo da sua filha Sophie.[1]

De Karlsbad, Freud seguiu para o lago de Carezza (Hotel Latemar), onde ficou até 30 de agosto. Ao mesmo tempo, Alfred Winterstein[2] estava de férias no lugar, e Freud fez alguns longos passeios com ele.[3]

---

[1] Cf. Freud (1960a), pp. 304 e segs; Freud (1993b), pp. 108, 112, 116, 119, 122; Freud (1993e), p. 143.

[2] Barão Alfred R. von Winterstein, discípulo de Freud, reconstruiu depois da Segunda Guerra Mundial – com August Aichhorn e Robert Jokl – a Sociedade Psicanalítica de Viena; cf. Mühlleitner (1992), p. 366.

[3] Freud (1992b), p. 108; Freud (1993b), p. 125; Freud (1993e), pp. 147, 152; Winterstein, Alfred: "Minhas lembranças de Freud" (LoC).

De 30 de agosto até 2 de setembro, a família passou alguns dias em Bolzano (Hotel Erzherzog Heinrich) e encontrou-se lá com Sándor Ferenczi. Em 2 de setembro, Freud retornou a Viena, visto que sua filha Mathilde adoecera durante a gravidez.[1] Depois, ele voltou ao sul do Tirol e passou a semana de 8 a 14 de setembro em San Cristoforo (Hotel Seehof).[2]

De lá, ele foi passar duas semanas em Roma, acompanhado por Sándor Ferenczi, que se separou dele em 24 de setembro, seguindo viagem sozinho até Nápoles. O contato com Ferenczi passou a ser cada vez mais importante para Freud, principalmente porque se anunciava a discórdia com Jung: no final de maio, Freud tinha se hospedado em Kreuzling, lago Constança, na casa de Ludwig Binswanger, e não planejava visitar Jung em Zurique, mas esperava que este viesse a Kreuzling. Jung não o fez, interpretando pessoalmente o "gesto de Kreuzlingen" de Freud.[3]

---

[1] Cf. nota 2, p. 331 deste livro.
[2] Freud (1993e), p. 157.
[3] Clark (1985), p. 361; Freud (1974a), pp. 562, 565 e segs.; Freud (1992b), pp. 262 – 265.

16 DE SETEMBRO DE 1912

CARTA (4 PP.) DE ROMA À FAMÍLIA

PAPEL DE CARTA DO EDEN HÔTEL – ROME

16 SET 12[1]

MEUS QUERIDOS

Chegamos como previsto às 11h45. Mas daí estávamos em Roma. No caminho entre Florença e Roma, reencontrei tudo, disposição para tornar arte interessante para Ferenczi, apetite e a boa comida, absolutamente não digna a um bárbaro. Nas primeiras horas da manhã estava bastante insatisfeito no Edenhotel,[2] tudo ainda hibernava sem qualquer constrangimento. Mal dormi e na manhã seguinte também visitei outros hotéis. No fim, por ter permanecido, recebi um quarto maravilhoso, vista para Villa Malta onde mora Bülow,[3] e para algumas tamareiras num jardim desconhecido, com luz, sol, espaço, banheiro e sossego. O objetivo de viver em Roma feito um grande senhor parece concretizado. Todo o esplendor custa 8 L por dia. O hotel tem um estilo exemplar, tiraram e trouxeram tudo o que eu pude pedir. O *lunch* estava maravilhoso. O que sabemos de boa comida e vinhos nobres! Está bastante agradável e inacreditavelmente bonito.

Hoje ainda vamos descansar, mas não poderíamos deixar de subir no novo monumento do rei Vitorio Emanuel II.[4] A vista do alto é provavelmente única em todas as cidades.

---

[1] Também em 16.9 Freud enviou um cartão-postal a Ernest Jones: "I am glad to be here and I feel quite recovered". Freud (1993e), p. 160.

[2] Na Via Ludovisi, próximo à Villa Borghese, ou seja, não tão central como o Hotel Milano, no qual Freud sempre se hospedara até então.

[3] Príncipe Bernhard von Bülow, 1900 – 1909 chanceler do império e primeiro-ministro prussiano. Bülow era casado com uma filha adotiva do ministro italiano Marco Minghetti e viveu em Roma de 1910 até sua morte, em 1929.

[4] O "Monumento nazionale a Vittorio Emanuel II" foi iniciado em 1885 e terminado em 1911.

Estar em Roma é muito natural para mim, nenhuma sensação de estranhamento. Também me sinto tão bem quanto é possível exigir depois de tal viagem e tal noite. O tempo está ameno, um pouco nublado, ontem à noite estava um frio fresco como em nosso querido lago.

Escreverei diariamente a vocês, mas apenas muito pouco, pois sinto que o deleite me prende à preguiça.

Desejo-lhes sorte no início do novo ano de trabalho e espero que a viagem de vocês tenha se organizado com facilidade. Hoje ainda não consigo saber se voltarei um dia antes do que necessito.

**Lembranças afetuosas a todos
do Papai**

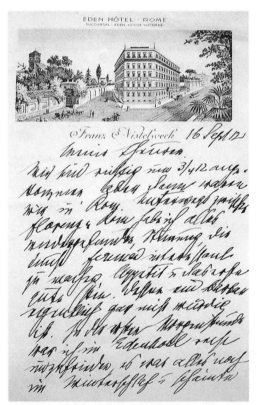

145. *Carta de Freud de Roma*

146. Arco do Triunfo de Constantino.

17 DE SETEMBRO DE 1912 (ILUSTR. 146)
CARTÃO-POSTAL ILUSTRADO DE ROMA A SOPHIE E MAX HALBERSTADT

ROMA 17. 9. 12

Lembranças cordiais de um pai totalmente órfão.

Fr.

20 DE SETEMBRO DE 1912
CARTA (2 PP.) DE ROMA A MARTHA FREUD
PAPEL DE CARTA DE FREUD
PUBLICADO EM: FREUD (1960A), PP. 307 E SEGS.

ROMA 20 SET. 12

MINHA VELHA

Acabo de receber com muita satisfação sua primeira carta de Viena e fiquei muito feliz com as notícias, principalmente sobre a melhora de Mathilde, embora não esteja nem um pouco preocupado com ela. Convença-a a transferir um pouco de febre ao ar livre.

Ao mesmo tempo, recebi a oferta de uma livraria inglesa de permitir a tradução da *Interpretação dos sonhos*, já é a terceira que tenho de recusar, e o anúncio de uma paciente urgente de Cracóvia. Não há dúvida de que teremos para viver enquanto eu conseguir trabalhar.

Roma foi certamente a melhor coisa para mim. Aproveito a cidade como nunca antes, provavelmente também porque estou tão bem hospedado. O plano de minha velhice está definido; não Cottage, mas Roma. Você e Minna também vão gostar tanto assim.

Não consigo dar outra ideia do encanto do tempo, sol, vento e ar fresco senão lembrá-la de S. Cristoforo. O hotel se equivale em conforto com Klobenstein.[1] Ferenczi não me abandonou, mas se tornou um companheiro estimulante e compreensível, desde que me tornei novamente útil. Sempre é carinhoso.

Meu estado ainda não está completamente bom, a cada dois dias se sucede algo, mas não há mais comparação. Ontem depois do jantar fomos até ao teatro, assistir a uma nova opereta patriótica. Foi um pouco excessivo para mim, talvez eu também não tenha digerido bem o café no entreato, mas agora – antes do almoço – estou bem novamente. Também nunca vivi de maneira tão bem-cuidada e tão sem trabalho como agora, apenas seguindo a vontade e a satisfação. Hoje até encontrei e comprei uma gardênia,[2] cujo aroma me fez ficar no melhor humor. Minna conhece a flor, ela é ainda mais nobre que a datura.[3] Assim, espero voltar renovado e produtivo, não tenho talento para definhar, mas não fique surpresa se eu não pensar em abreviação, mas querer fazer como Ernst. Fico – enquanto tiver dinheiro.

Lembranças cordiais a todos os nossos jovens e velhos.
Seu Sigm

---

[1] Freud passou a maior parte do verão de 1911 no hotel Post em Klobenstein/Bolzano, onde festejou com a família suas bodas de prata.

[2] As gardênias, com suas aromáticas pétalas brancas, estavam entre as flores preferidas de Freud. Em maio de 1934, por exemplo, quando ele recebeu gardênias de presente, isso lhe foi digno de uma referência em sua "Crônica brevíssima"; cf. Molnar (1996), p. 299.

[3] Fruta tubulosa, de flores em forma de trombetas ou tridentes.

147. Porta Pia.

21 DE SETEMBRO DE 1912

CARTÃO-POSTAL DE ROMA PARA SOPHIE FREUD

ROMA 21. 9. 12

MINHA QUERIDA SOPHIE

Obrigado por sua carta com os anexos. Creio que você acalmou o dr. Rie, que está sempre preocupado. – Ontem 9h – 11h da noite tivemos uma terrível trovoada, que desfrutei do hotel, e hoje o dia mais lindo com céu sem nuvens. À tarde estivemos nos festejos da conquista de Roma há 42 anos, na Porta Pia.[1]

Lembranças cordiais a todos,
Papai

---

[1] Cf. nota de rodapé 1, p. 223 deste livro.

25 DE SETEMBRO DE 1912
CARTA (2 PP.) DE ROMA PARA A FAMÍLIA
PUBLICADA EM: FREUD (1960A), P. 308.

ROMA, 25. 9. 12

MINHA QUERIDA

Acabei de receber a carta que anuncia a volta para casa dos senhores filhos e os desejos de dois pacientes. A sra. dr. Mannes[1] quer empregar em Viena uma babá confiável. Talvez você possa ajudá-la.

Ontem Ferenczi foi para Nápoles, volta sexta cedo e daí divide minha viagem até Udine. Desfruto de uma solidão saborosa, um tanto melancólica, dou muitos passeios no tempo divino, no Palatino entre as ruínas, na Villa Borghese, um parque gigante, mas totalmente romano, e visito diariamente o Moisés em S. Pietro in Vincoli,[2] sobre o qual escreverei algumas palavras.[3]

Hoje algumas pequenas compras, espero que resolvidas para o contento de todos.[4] Nesse sentido, Roma é ainda mais perigosa do que Munique. Carrego diariamente uma gardênia e brinco de homem rico, que vive suas paixões. A seriedade virá logo em seguida. De todo modo, foi muito bom.

Espero encontrar todos bem e os saúdo cordialmente
Papai

---

[1] Paciente de Freud.
[2] Cf. nota 2, p. 145 deste livro.
[3] Cf. Freud (1914b).
[4] Freud adquiriu, entre outros, o livro de Guglielmo Ferrero, *The women of the caesars* (biblioteca do museu Freud, Londres).

Roma

9 a 29 de setembro de 1913

No inverno de 1912/13, Lou Andreas-Salomé esteve em Viena durante uma temporada mais longa. Essa estadia teve um papel decisivo no seu engajamento com a psicanálise e a amizade de longos anos com Freud e sua filha Anna.[1] Em janeiro de 1913, a filha de Freud, Sophie, se casou e em março ele viajou por uma semana com Anna, sua filha mais jovem, para Veneza. Em junho foi lançado *Totem e tabu*, uma obra que trata das "concordâncias entre a vida psíquica dos selvagens e a dos neuróticos".

O verão também foi movimentado. De 13 de julho até 11 de agosto, ele esteve com a mulher, a cunhada Minna e a filha Anna em Marienbad (Villa Turba) para um tratamento. Lá, eles receberam a visita da filha Sophie com o marido Max Halberstadt. Max Eitingon[2] também veio por um dia.

---

[1] Andreas-Salomé (1965).
[2] Cf. nota 3, p. 213 deste livro.

De 13 de agosto a 4 de setembro, Freud tirou férias em San Martino di Castrozza (Hotel des Alpes). Sándor Ferenczi e Karl Abraham também passaram algum tempo por lá.

De 5 a 9 de setembro, aconteceu em Munique o IV Congresso Psicanalítico Internacional (Hotel Bayrischer Hof), no qual se deu o rompimento definitivo com Jung. Lou Andreas-Salomé, que também participava do congresso, apresentou Freud a Rainer Maria Rilke.

Em 9 de setembro Freud viajou para Roma, passando por Bolonha, onde Minna o encontrou. Ele se hospedou novamente no hotel Eden. Sobre sua estadia, ele escreveu o seguinte a Karl Abraham: "Logo reencontrei na incomparavelmente bela Roma o ânimo e a vontade de trabalhar, e nas horas vagas, entre visitas a museus, igrejas e campagna, consegui dar conta de uma apresentação ao livro sobre totem e tabu, uma ampliação da palestra do congresso e um rascunho de um ensaio sobre o narcisismo, além de uma revisão de meu artigo de divulgação para a Scientia".[1] Ele visitava diariamente o Moisés de Michelângelo em San Pietro in Vincoli. A Ernest Jones, afirmou que a cada ano gostava mais de Roma.

Além de escrever a Abraham e Jones, Freud também se correspondeu com Ferenczi, Alphons Maeder e suas filhas Anna e Sophie. Não se sabe porque não foram preservadas cartas à mulher.

---

[1] Freud (1965a), p. 146; Freud (1913j).

12 DE SETEMBRO DE 1913[1]
CARTA (4 PP.) DE ROMA A SOPHIE E MAX HALBERSTADT
PAPEL DE CARTA DO EDEN HÔTEL ROME

12. 9. 13

MEUS QUERIDOS FILHOS,
Estamos em Roma, segundo dia e tempo de verão maravilhoso, hospedados como príncipes, sem afazeres e espero que também sem preocupações. De Bolonha, onde nos encontramos para vir para cá, a viagem foi penosamente interminável, e ontem um *scirocco* poderoso reinava em Roma, mas hoje tudo está valendo a pena. Tomara que o espírito da tia se mostre forte o suficiente para elevar sua resistência até o ponto necessário. Transmito-lhe as novidades com quantidades modestas. Por ora ela só quis ver o que tinha visto há 30 anos.

Claro que vocês também têm de vir para cá alguma vez, mas realmente não há pressa; com o passar dos anos, a cidade tem cada vez mais atrações e talvez vocês sejam agora realmente muito jovens. Por ora vocês têm de se ater e se interessar ao próprio lugar do que à cidade mais bonita e mais eterna.

Desta vez, o congresso em Munique não foi bom e muito cansativo. Divertido foi eu ter conseguido enviar um cartão a Ernst, no qual Rainer Maria Rilke, que ele tanto admira, tinha assinado ao lado de Lou Salomé e Dr. Hatingberg,[2] o marido de uma mulher da qual ele se tornou amigo em S. Vigilio. Os conhecidos também fizeram muitas perguntas sobre vocês.

---

[1] Em 11.9, Freud escreveu a Ferenczi: "Chegada em Roma depois de viagem interminável 10 minutos para as 12h. Hoje quente, muito quente, *scirocco*, mas logo vai mudar, visto que está assim há três dias. Brilho e beleza desaparecem frente a isso. Sr. Nistelweck, o hospedeiro, esteve nesse meio tempo como paciente com Bircher, por isso me conhece; também sabe que os suíços não acreditam mais muito etc. Ainda não visitei Trevi e Moisés"; Freud (1993b), p. 243. – Em 13.9, ele enviou a Karl Abraham um cartão-postal com o Arco de Tito; cf. Freud (1965a), p. 145, e um a Sándor Ferenczi com a estátua de Moisés de Michelângelo na igreja San Pietro in Vincoli; cf. Freud (1993b), p. 244.

[2] O cavaleiro Hans von Hattingberg era jurista e médico; mais tarde, membro do grupo psicanalítico local de Munique; cf. Mühlleitner (1992).

148. Piazza del Popolo com o obelisco flamínio.

Nosso mais próximo vizinho aqui, que tira boa parte de nossa vista, é Bülow com sua mansão Malta.[1] Um sol maravilhoso bate sobre o papel enquanto escrevo. O único conhecido romano, meu fornecedor de antiguidades Ettore Sandolo,[2] me cumprimentou no meio da rua. Em Munique, Gabai[3] não tinha nada para mim; comprei uma única peça em outra loja, pela manhã tinha aceitado 150 Mk por um *consilium* e isso me embaraçou, claro. Agora estou com medo do homem de vocês em Hamburgo, acredito que se chame Sänger.

Felicidades, quero saber diretamente e aqui que as dores de cabeça de Sophie sumiram.

Lembranças cordiais do
Papai

---

1 Cf. carta de 16 de setembro de 1912 e nota 3, p. 371 deste livro.
2 Freud era cliente habitual de comerciantes de antiguidades em muitas cidades, entre eles três de nomes Fröhlich [alegre], Lustig [divertido] e Glückselig [radiante].
3 Supostamente também um comerciante de antiguidades.

13 DE SETEMBRO DE 1913

CARTÃO-POSTAL ILUSTRADO DE ROMA PARA ANNA FREUD

13. 9. 13

Do papai para sua futura acompanhante de viagens.

22 DE SETEMBRO DE 1913[1] (ILUSTR. 149)

CARTÃO-POSTAL ILUSTRADO DE ROMA A ANNA FREUD

22. 9. 13

Deixe-se persuadir por isso.

Papai

149. Cachoeiras em Tivoli.

---

[1] Em 22.9 ele também enviou um cartão-postal de Tivoli para Sándor Ferenczi; cf. Freud (1993b), p. 247.

150. Templo da sibila em Tivoli.

22 DE SETEMBRO DE 1913
CARTÃO-POSTAL ILUSTRADO DE ROMA A SOPHIE E MAX HALBERSTADT (ILUSTR. 150)

22. 9. 13

QUERIDOS FILHOS,

Estivemos hoje em Tivoli, obrigado pela amável carta. Tia muito disposta, tempo maravilhoso.

Lembranças Papai

Roma

1 a 21 de setembro de 1923

No final de fevereiro, Freud descobriu em si o primeiro sinal de um tumor na cavidade bucal. No início de abril, pediu ao seu médico Felix Deutsch que examinasse seu palato. Embora Deutsch suspeitasse de câncer, diagnosticou uma "leucoplasia" a fim de acalmar Freud.[1] Em 28 de abril ele se consultou com o rinologista Markus Hajek, um cunhado de Arthur Schnitzler, e com o dermatologista Maximilian Steiner, e acabou sendo operado por Hajek em sua clínica.[2] Em meio a essa situação tensa, em junho morreu Heinele, neto de Freud, filho de Sophie, ela própria falecida em 1920.

Em julho, Freud passou quatro semanas em Bad Gastein, em companhia da cunhada Minna, para se tratar, e em seguida alguns dias no lago

---

[1] Deutsch (1973), pp. 298 e segs.; Gay (1989), p. 470.
[2] Deutsch (1973), pp. 299 e segs.; Gay (1989), p. 471; Jones (1960 – 1962), vol. 3, pp. 113 e segs.; Romm (1983), p. 1.

151. "Calendário de viagem" da última visita a Roma.

Ossiach.[1] Durante todo o mês de agosto, Freud esteve em Lavarone (Hôtel du Lac) entre outros com Enstl, o outro filho de Sophie. Felix Deutsch foi visitá-lo lá, por insistência da filha Anna. Em 26 de agosto, o "comitê secreto"[2] reuniu-se em Castel Toblino, em seguida em San Cristoforo, no entanto sem Freud. Na última reunião, os membros souberam de seu câncer.[3]

---

[1] Sigmund Freud – família Freud, 2. 7. 1923 (LoC); Jones (1960 – 1962), vol. 3, p. 122; Freud (1993e), p. 526.

[2] Um grupo dos alunos e discípulos mais próximos de Freud, que se correspondiam há anos com cartas circulares e determinavam essencialmente o movimento psicanalítico. Entre eles figuravam, ao lado de Freud, Sándor Ferenczi, Karl Abraham, Max Eitingon, Ernest Jones e Hanns Sachs; cf. Wittenberger (1995); Wittenberger & Tögel (1999, 2001).

[3] Freud (1966a), p. 139; Freud, W. Ernest (1990), p. 201; Gay (1989), pp. 476 e segs.; Jones (1960 – 1962), vol. 3, pp. 73 e segs, 116, 123.

Em 1º de setembro, Freud passou por Verona em sua viagem a Roma[1] com Anna, onde se hospedaram novamente no hotel Eden.

Enquanto isso, sua mulher estava em Merano, no sul do Tirol.

Essa foi a última viagem de férias empreendida por Freud e a sétima visita à Roma. Pouco após sua chegada, ele escreveu a Lou Andreas-Salomé: "Estou novamente em Roma e percebo que vai me fazer bem. E apenas aqui descubro que boa companhia é minha filha caçula".[2]

---

[1] Freud foi acometido por um forte sangramento no trem.
[2] Freud (1966a), p. 139.

Infelizmente apenas poucas cartas foram preservadas dessa que é a mais extensa de todas as visitas a Roma. Em compensação, há um tipo de calendário de viagem, no qual Freud (e, nos últimos três dias, sua filha) registraram suas atividades com palavras-chave. Dessa maneira, trata-se da única viagem da qual conhecemos o transcorrer, sem lacunas, de cada dia.

Transcrição do "calendário de viagem"

	MANHÃ	TARDE	NOITE
1.	–	Corso	–
2.	Forum, Cap[itólio]	Pincio	–
3.	Palatino	Gianicolo	–
4.	Museo Naz.	Vaticano Panteão Coloss. P[iazza] Navona Maria s[opra] Min[erva] G. Bruno	
5.	Mus. Vatic.	Moisés Bocca d[ella] Verità 2 templos pórt[ico] Octav[ia] Carcere	
6.	Museo Capitólio	Jano Palatino	
7.	Sistina *stanza*	cemit. protest. S. Sabeo S. Sabina Aventina Cestius	
8.	S. Angelo	Caec. Metella Via Appia Columbar[ium]	
9.	Villa Giulia	S. Paolo Tre fontane	

10.	Vaticano	Celio	
	lógias	Via Latina	
	Bibliot.	(Tombe)	
11.	Laterano	–	Cinema
12.	M[onte] Tarp[eo]	Aq[ua] Acet[osa]	–
	Aracoeli	–	
	Mus. Kirch.	Ponte molle	
13.	Tivoli	Villa d'Este	
14.	Doria	–	–
15.	Pinacoteca	Prassede	
	vatic.	Maria Magg[iore]	
	S. Maria	S. Croce	
	d[el] Popolo	S. Lorenzo	
		Eurysaces	
16.	Zool.	Maria s[opra] Min[erva]	
	Gal. Borgh.	" dell[a] Pace	
		Cam[era] commerc[iale]	
		Isola Tevere	
		Palaz. Fárnese	
		"pada	
		Cancellaria	
		Massimi	
17.	Corsino	P. Pia	
	Farnesina	Gesù	
		S. Clemente	
		[com letra de Anna Freud:]	
18.		Compras	
		(colar de prata)	
19.	Campo di Fiori	Via Appia,	
		San Sebastiano	
		Escav. Hermes	
20.	Via Nazionale,	Mte Mario	Fontana Trevi
	compras couros	Camiluccia	
21.	Compras	Palatino	
		Café Aragno	Partida

152. Monumento Vittorio Emanuelle II

1º DE SETEMBRO DE 1923
CARTÃO-POSTAL ILUSTRADO DE ROMA PARA MATHILDE E ROBERT HOLLITSCHER
(ILUSTR. 152)

HOTEL EDEN 1. 9. 23

Dois recém-chegados enviam cordiais saudações.

Papai

10 DE SETEMBRO DE 1923
CARTÃO-POSTAL DE ROMA A ERNST FREUD

ROMA 10. 9. 23

CARO ERNST,
Recebi carta, ao mesmo tempo cartão de Oli após a partida de Henny.[1] Estamos muito bem aqui, provavelmente ficamos até dia 20. Roma está mais cara e mais barulhenta, tudo o que é bonito continua bonito. Você teve oportunidade de falar com a Bardas? Mandei um cartão a ela.
Lembranças cordiais a você, Lux[2] e as crianças
Papai

11 DE SETEMBRO DE 1923
CARTA (2 PP.) DE ROMA À FAMÍLIA
PAPEL DE CARTA DE FREUD

ROMA 11. 9. 23

MEUS QUERIDOS
O projeto de viagem de vocês não tem nosso aplauso. Temos um retorno simples, maravilhoso, partindo às 8h35, passando por Tarvis,[3] até a manhã de dois dias depois no mesmo carro-dormitório, este já estava reservado por nós antes da carta de vocês (de 19 – 21, dependendo da disponibilidade) e achamos que com tais vantagens, também as considerações do carinho familiar deveriam ficar em segundo plano. Descobrimos na viagem até aqui o que significa um trajeto sem assentos garantidos e a partir de Merano não conse-

---

[1] Henny Fuchs tinha se casado em 10 de abril com Oliver, filho de Freud.
[2] Lucie (Lux) Brasch estava casada com Ernst, filho de Freud, desde 1920.
[3] Estação de trem do controle de passaportes e alfândega italianos.

guimos mais viajar no mesmo compartimento. Envio-lhes uma palavra assim que soubermos a data da viagem.

Tempo, bem-estar, todo o resto ótimo sem alterações. De Alex ontem um telegrama sobre o quanto vamos ficar. Acho que ficou tarde demais para ele vir até aqui. De Oli, um cartão que levou Henny feliz até Stuttgart e hoje notícia dela: Kurhotel Solitude em Stuttgart. Mais uma carta de Eitingon sobre sua partida a Paris – Biarritz.

Teremos dificuldades com as compras. Anna conheceu a filha da casa,[1] sairá hoje com ela e talvez consiga umas miudezas.

O dinheiro também vai no hotel e em viagens de carro.

Ficamos muito contentes em saber que vocês estão tão bem em Merano. Todos nós estávamos necessitados disso.

Lembranças afetuosas
Papai

16 DE SETEMBRO DE 1923
CARTÃO-POSTAL DE ROMA À FAMÍLIA

ROMA 16. 9. 23

MEUS QUERIDOS,
São nossos últimos dias. A fim de facilitar a despedida, hoje novamente o *scirocco* e as reações da mandíbula[2] me perturbam mais do que nunca. Anna é absolutamente companheira, hoje tentou até uma opereta. Teirich escreve que a sessão contra Ernst H. acontecerá no dia 19[3]. Espero que vocês estejam bem.

Cordialmente
Papai

---

[1] A filha do sócio alemão do hotel, Nistelweck.

[2] Dores relacionadas com o início de seu câncer na região do palato.

[3] O advogado Valentin Teirich tinha sido contratado por Freud para defender o filho de uma de suas antigas empregadas domésticas, que tinha atirado no pai quando esse quis estuprar sua meia-irmã. Freud assumiu as custas do advogado, o acusado foi absolvido; cf. Jones (1960 – 1962), vol. 3, p. 112.

Anexos

Visão geral dos cartões e cartas de Freud

As cartas e cartões marcados com * já foram publicados em parte ou integralmente

Data	Destinatário	Local de postagem	Tipo de correspondência
25. 8. 1895	Martha Freud	Veneza	Cartão-postal
26. 8. 1895	Martha Freud	Veneza	Cartão-postal
27. 8. 1895	Martha Freud	Veneza	Cartão*
28. 8. 1895	Martha Freud	Veneza	Cartão-postal
29. 8. 1895	Martha Freud	Veneza	Cartão
29. 8. 1895	Martha Freud	Veneza	Cartão-postal
30. 8. 1895	Martha Freud	Veneza	Cartão-postal
26. 8. 1896	Martha Freud	Salzburgo	Cartão-postal
30. 8. 1896	Martha Freud	Steinach	Cartão-postal
30. 8. 1896	Martha Freud	Veneza	Cartão-postal

31. 8. 1896	Martha Freud	Veneza	Cartão-postal
31. 8. 1896	Martha Freud	Pádua	Cartão-postal
1. 9. 1896	Martha Freud	Bolonha	Cartão-postal
2. 9. 1896	Martha Freud	Bolonha	Cartão-postal
3. 9. 1896	Martha Freud	Ravenna	Cartão-postal
3. 9. 1896	Martha Freud	Faenza	Cartão-postal
4. 9. 1896	Martha Freud	Florença	Cartão-postal
5. 9. 1896	Martha Freud	Florença	Cartão-postal
5. 9. 1896	Martha Freud	Florença	Cartão-postal
6. 9. 1896	Martha Freud	Florença	Cartão-postal
6. 9. 1896	Martha Freud	Florença	Cartão-postal
7. 9. 1896	Martha Freud	Florença	Carta
8. 9. 1896	Martha Freud	Florença	Cartão-postal
9. 9. 1896	Martha Freud	Florença	Cartão-postal
10. 9. 1896	Martha Freud	Florença	Cartão-postal
3. 9. 1897	Martha Freud	Veneza	Cartão-postal
3. 9. 1897	Martha Freud	Veneza	Cartão-postal
4. 9. 1897	Martha Freud	Pisa	Cartão-postal
4. 9. 1897	Martha Freud	Livorno	Cartão-postal
5. 9. 1897	Martha Freud	Siena	Cartão-postal
6. 9. 1897	Martha Freud	Siena	Cartão-postal
7. 9. 1897	Martha Freud	Siena	Cartão-postal
8. 9. 1897	Martha Freud	Siena	Cartão-postal
8. 9. 1897	Martha Freud	San Gimignango	Cartão-postal
9. 9. 1897	Martha Freud	Orivieto	Cartão-postal
9. 9. 1897	Martha Freud	Bolsena	Cartão-postal
10. 9. 1897	Martha Freud	Spoleto	Cartão-postal
11. 9. 1897	Martha Freud	Assis	Cartão-postal
12. 9. 1897	Martha Freud	Perugia	Cartão-postal
13. 9. 1897	Martha Freud	Perugia	Cartão-postal

13. 9. 1897	Martha Freud	Perugia	Cartão-postal
15. 9. 1897	Martha Freud	Florença	Cartão-postal
15. 9. 1897	Martha Freud	Florença	Cartão-postal
16. 9. 1897	Martha Freud	Florença	Cartão-postal
4. 8. 1898	Martha Freud	Bischofshofen	Cartão-postal
4. 8. 1898	Martha Freud	Munique	Cartão-postal
5. 8. 1898	Martha Freud	Kufstein	Cartão-postal
6. 8. 1898	Martha Freud	Landeck	Carta
9. 8. 1898	Martha Freud	Bormio	Cartão-postal
10. 8. 1898	Martha Freud	Leprese	Carta
12. 8. 1898	Martha Freud	Pontresina	Carta
13. 8. 1898	Martha Freud	Maloja	Cartão-postal
7. 9. 1898	Minna Bernays	Ragusa	CP ilustrado
9. 9. 1898	Minna Bernays	Splato	CP ilustrado
13. 9. 1898	Martha Freud	Brescia	Cartão-postal
14. 9. 1898	Martha Freud	Milão	Cartão-postal
15. 9. 1898	Martha Freud	Milão	Carta
17. 9. 1898	Martha Freud	Bergamo	Cartão-postal
1. 9. 1900	Martha Freud	Lavarone	Carta
5. 9. 1900	Martha Freud	Riva	Carta
1. 9. 1901	Martha Freud	Trento	Cartão-postal
2. 9. 1901	Martha Freud	Roma	Cartão-postal
3. 9. 1901	Martha Freud	Roma	Cartão-postal
4. 9. 1901	Martha Freud	Roma	Cartão-postal
5. 9. 1901	Martha Freud	Roma	Cartão-postal
5. 9. 1901	Martha Freud	Roma	Cartão-postal
6. 9. 1901	Martha Freud	Roma	Cartão-postal
7. 9. 1901	Martha Freud	Roma	Cartão-postal
7. 9. 1901	Martha Freud	Roma	Cartão-postal

8. 9. 1901	Martha Freud	Tivoli	Cartão-postal
9. 9. 1901	Martha Freud	Roma	Cartão-postal
10. 9. 1901	Martha Freud	Roma	Cartão-postal
11. 9. 1901	Martha Freud	Roma	Cartão-postal
12. 9. 1901	Martha Freud	Roma	Cartão-postal
12. 9. 1901	Martha Freud	Roma	Cartão-postal
26. 8. 1902	Minna Bernays	Rosenheim	Cartão-postal
27. 8. 1902	Minna Bernays	Bolzano	Cartão-postal
28. 8. 1902	Minna Bernays	Trento	Cartão-postal
28. 8. 1902	Minna Bernays	Veneza	Cartão-postal
29. 8. 1902	Minna Bernays	Bolonha	Cartão-postal
30. 8. 1902	Martha Freud	Roma	Cartão-postal
31. 8. 1902	Martha Freud	Nápoles	Cartão-postal
31. 8. 1902	Martha Freud	Nápoles	Cartão-postal
31. 8. 1902	Martha Freud	Nápoles	Cartão-postal
1. 9. 1902	Martha Freud	Nápoles	Cartão-postal
1. 9. 1902	Minna Freud	Nápoles	Cartão-postal
2. 9. 1902	Martha Freud	Sorrento	Cartão-postal
3. 9. 1902	Família Freud	Sorrento	Carta*
4. 9. 1902	Martha Freud	Sorrento	Carta
5. 9. 1902	Martha Freud	Sorrento	Cartão-postal
6. 9. 1902	Martha Freud	Sorrento	Carta
7. 9. 1902	Martha Freud	Capri	Cartão-postal
8. 9. 1902	família Freud	Sorrento	Cartão-postal
12. 9. 1902	Martha Freud	Nápoles	Cartão-postal
13. 9. 1902	Martha Freud	Nápoles	Cartão-postal
16. 9. 1903	Martha Freud	Merano	Carta
28. 8. 1904	Martha Freud	Salzburgo	Cartão-postal
28. 8. 1904	Martha Freud	Graz	Cartão-postal

29. 8. 1904	Martha Freud	Trieste	Cartão-postal
29. 8. 1904	Martha Freud	Opicina	Cartão-postal
29. 8. 1904	Martha Freud	Trieste	Cartão-postal
29. 8. 1904	Martha Freud	Miramare	Cartão-postal
30. 8. 1904	Martha Freud	Trieste	Cartão-postal
31. 8. 1904	Martha Freud	a bordo	Cartão-postal de "Urano"
1.9. 1904	Família Freud	A bordo de *Urano*	Carta
1. 9. 1904	Martha Freud	Corfu	CP ilustrado
2. 9. 1904	Martha Freud	A bordo de *Urano*	Cartão-postal
2. 9. 1904	Família Freud	A bordo de *Urano*	Carta
3. 9. 1904	Martha Freud	Atenas	Cartão-postal
4. 9. 1904	Martha Freud	Atenas	Cartão-postal
5. 9. 1904	Martha Freud	Atenas	Cartão-postal
6. 9. 1904	Martha Freud	Atenas	Cartão-postal
6. 9. 1904	Martha Freud	Patras	CP ilustrado
4. 9. 1905	Martha Freud	Innsbruck	Cartão-postal
4. 9. 1905	Martha Freud	Bolzano	Cartão-postal
4. 9. 1905	Martha Freud	Bolzano	CP ilustrado
5. 9. 1905	Martha Freud	Verona	Cartão-postal
4. 9. 1905	Martha Freud	Innsbruck	Cartão-postal
7. 9. 1905	Rosa Freud	Bellagio	CP ilustrado
7. 9. 1905	Martha Freud	Bellagio	Cartão-postal
8. 9. 1905	Martha Freud	Bellagio	Cartão-postal
9. 9. 1905	Martha Freud	Isola dei Pescatori	Cartão-postal
10. 9. 1905	Martha Freud	Pallanza	Cartão-postal

10. 9. 1905	Martha Freud	Baveno	Cartão-postal
11 9. 1905	Martha Freud	Streza	Cartão-postal
12. 9. 1905	Martha Freud	Milão	Cartão-postal
13. 9. 1905	Martha Freud	Gênova	Cartão-postal
13. 9. 1905	Martha Freud	Gênova	CP ilustrado
17. 9. 1905	Alexander Freud	Rapallo	Carta
19. 9. 1905	Martha Freud	Gênova	Cartão-postal
12. 9. 1907	Martha Freud	Bolzano	Cartão-postal
13. 9. 1907	Martha Freud	Bolzano	Cartão-postal
15. 9. 1907	Martha Freud	Florença	Cartão-postal
16. 9. 1907	Martha Freud	Florença	Cartão-postal
17. 9. 1907	família Freud	Roma	Cartão-postal
17. 9. 1907	família Freud	Roma	Carta
18. 9. 1907	família Freud	Roma	Cartão-postal
19. 9. 1907	família Freud	Roma	Cartão-postal
19. 9. 1907	Mathilde Freud	Roma	Cartão-postal
20. 9. 1907	Mathilde Freud	Roma	Cartão-postal
21. 9.1907	Família Freud	Roma	Carta*
21. 9.1907	Martha Freud	Roma	Cartão-postal*
22. 9.1907	Família Freud	Roma	Carta*
22. 9.1907	Mathilde Freud	Roma	Cartão-postal
23. 9.1907	Família Freud	Roma	Cartão-postal*
23. 9.1907	Martha Freud	Roma	Cartão-postal
24. 9.1907	família Freud	Roma	Carta*
24. 9.1907	Martha Freud	Roma	Cartão*
24. 9.1907	Mathilde Freud	Roma	Cartão-postal
25. 9.1907	Martha Frcud	Roma	Cartão-postal
25. 9.1907	Martha Freud	Roma	Cartão-postal
4. 9.1908	Anna Freud	Blackpool	CP ilustrado
5. 9.1908	Mathilde Freud	Southport	Cartão-postal

5. 9.1908	Família Freud	St. Anne's	Carta
7. 9.1908	Família Freud	St. Anne's	Carta
10. 9.1908	Família Freud	Londres	Carta
12. 9.1908	Família Freud	Londres	Carta
13. 9.1908	Mathilde Freud	Londres	CP ilustrado
13. 9.1908	Família Freud	Londres	Carta
14. 9.1908	Martha Freud	Londres	Carta
18. 9.1908	Martha Freud	Zurique	Carta
19. 9.1908	Martha Freud	Zurique	Cartão-postal
20. 9.1908	Família Freud	Zurique	Carta
23. 9.1908	Martha Freud	Salò	Carta
23. 9.1908	Mathilde Freud	Salò	CP ilustrado
24. 9.1908	Sophie Freud	Salò	CP ilustrado
25. 9.1908	Família Freud	Salò	Carta*
25. 9.1908	Família Freud	Salò	Cartão-postal
19. 8.1909	Martha Freud	Oberammergau	Cartão-postal
19. 8.1909	Martha Freud	Munique	Cartão-postal
20. 8.1909	Martha Freud	Bremen	Cartão-postal
20. 8.1909	Martha Freud	Bremen	Cartão-postal
21. 8.1909	Martha Freud	Bremen	CP ilustrado
21. 8.1909	Rosa Graf	Bremen	CP ilustrado
21. 8.1909	Mathilde e Rober	Hollitscher Bremen	CP ilustrado
21. 8.1909	Moritz Freud	Londres	CP ilustrado
22. 8. 1909	Família Freud	A bordo de *George*	Carta
Washington	Diário de viagem		
30. 8. 1909	Família Freud	Nova York	Carta
30. 8. 1909	Martha Freud	Nova York	CP ilustrado
31. 8. 1909	Família Freud	Nova York	Carta
2./3. 9. 1909	Família Freud	Nova York	Carta

5. 9. 1909	Família Freud	Worcester	Cartão-postal
ca. 11. 9. 1909	Família Freud	Worcester	Telegrama
13. 9. 1909	Martin Freud	Buffalo	Cartão-postal
13. 9. 1909	Oliver Freud	Buffalo	Cartão-postal
13. 9. 1909	Ernst Freud	Buffalo	Cartão-postal
13. 9. 1909	Sophie Freud	Niagara Falls	CP ilustrado
15. 9. 1909	Ernst Freud	Lake Placid	Cartão-postal
16. 9. 1909	Família Freud	Keene Valley	Carta
19. 9. 1909	Mathilde Freud	Nova York	Cartão dobrável
20. 9. 1909	Família Freud	Nova York	Telegrama
20. 9. 1909	Martha Freud	Nova York	CP ilustrado
23. 9. 1909	Mathilde Hollitscher	A bordo de *Kaiser*	Carta

Wilhelm der Große

24. 9. 1909	Família Freud	A bordo de *Kaiser*	Carta

Wilhelm der Große

26. 9. 1909	Família Freud	A bordo de *Kaiser*	Carta

Wilhelm der Große

27. 9. 1909	Família Freud	A bordo de *Kaiser*	Carta

Wilhelm der Große

17. 7. 1910	Martha Freud	Haia	Carta
17. 7. 1910	Sophie Freud	Haia	CP ilustrado
18. 7. 1910	Martha Freud	Haia	Carta
20. 7. 1910	Martha Freud	Haia	Carta
20. 7. 1910	Mathilde Hollitscher	Haia	CP ilustrado
21. 7. 1910	Mathilde e Robert Hollitscher	Haia	Carta

22. 7. 1910	Martha Freud	Haia	Carta
24. 7. 1910	Mathilde Freud	Haia	Carta
29. 7. 1910	Família Freud	Haia	Carta
31. 8. 1910	Família Freud	Paris	CP ilustrado
4. 9. 1910	Sophie Freud	Fiesole	CP ilustrado
4. 9. 1910	Martha Freud	Florença	Carta
5. 9. 1910	Martha Freud	Florença	Cartão-postal
6. 9. 1910	Martha Freud	Roma	Carta
7. 9. 1910	Martha Freud	Roma	Cartão-postal
8. 9. 1910	Martha Freud	Nápoles	Cartão-postal
8. 9. 1910	família Freud	a bordo de *Siracusa*	Carta
9. 9. 1910	Martha Freud	Palermo	Carta
10. 9. 1910	Martha Freud	Palermo	Cartão-postal
10. 9. 1910	Anna Freud	Palermo	CP ilustrado
10. 9. 1910	Sophie Freud	Palermo	Cartão-postal
11. 9. 1910	Martha Freud	Palermo	Carta
13. 9. 1910	Martha Freud	Alcamo-Calatafimi	Cartão-postal
14. 9. 1910	Alexander Freud	Selinunte	CP ilustrado
14. 9. 1910	Oliver Freud	Selinunte	CP ilustrado
14. 9 .1910	Martha Freud	Palermo	Cartão-postal
15. 9. 1910	Martha Freud	Palermo	Cartão-postal
15. 9. 1910	Martha Freud	Palermo	Carta *
16. 9. 1910	Martin Freud	Girgenti	CP ilustrado
16. 9. 1910	Sophie Freud	Girgenti	CP ilustrado
17. 9. 1910	Família Freud	Siracusa	Cartão-postal
18. 9. 1910	Família Freud	Siracusa	Carta *
18. 9. 1910	Anna Freud	Siracusa	Carta
19. 9. 1910	Martha Freud	Siracusa	CP ilustrado
19. 9. 1910	Martha Freud	Siracusa	Cartão-postal
19. 9. 1910	Martha Freud	Siracusa	Cartão-postal

22. 9. 1910	Martha Freud	Roma	Cartão-postal
23. 9. 1910	Martha Freud	Roma	Cartão-postal
16. 9. 1912	Família Freud	Roma	Carta
17. 9. 1912	Sophie e Max Halberstadt	Roma	CP ilustrado
20. 9. 1912	Martha Freud	Roma	Carta *
21. 9. 1912	Sophie Freud	Roma	Cartão-postal
25. 9. 1912	família Freud	Roma	Carta *
12. 9. 1913	Sophie e Max Halberstadt	Roma	Carta
13. 9. 1913	Anna Freud	Roma	CP ilustrado
22. 9. 1913	Anna Freud	Roma	CP ilustrado
22. 9. 1913	Sophie e Max Halberstadt	Roma	CP ilustrado
1. 9. 1923	Mathilde e Robert Hollitscher	Roma	CP ilustrado
10. 9. 1923	Ernst Freud	Roma	Cartão-postal
11. 9. 1923	Família Freud	Roma	Carta
16. 9. 1923	Família Freud	Roma	Cartão-postal

Bibliografia

Abraham, Hilda
1976   Karl Abraham. *Sein Leben für die Psychoanalyse*. Munique: Kindler, 1976.

Andreas-Salomé, Lou
1965   *In der Schule bei Freud. Tagebuch eines Jahres 1912/1913*. Munique: Kindler, 1965.

Anzieu, Didier
1990   *Freuds Selbstanalyse und die Entdeckung der Psychoanalyse*. 2 vols. Munique/Viena: Verlag Internationale Psychoanalyse, 1990.

Appignanesi, Lisa & Forrester, John
1994   *Die Frauen Sigmund Freuds*. Munique/Leipzig: List Verlag, 1994

Beltrami, Luca
1895   *La Certosa di Pavia*. Milão: U. Hoepli, 1895.

Bernays, Edward
1980   "Uncle Sigi". In: *Journal of the History of Medicine and Allied Sciences*, 35 (1980), pp. 216–220.

Billinsky, John
1969   "Jung and Freud (the End of a Romance)". *Andover Newton Quarterly*, 10 (1969), pp. 39–43.

Brein, Friedrich (org.)
1998 "Emanuel Löwy: Ein vergessener Pionier". Catálogo da coleção arqueológica da Universidade de Viena, cad. esp. 1. Viena: Club der Universität Wien, 1998

Burckhardt, Jacob
1985 *Weltgeschichtliche Betrachtungen. Historische Fragmente*. Leipzig: Dieterich'sche Verlagsbuchhandlung, 1985.

Cellini, Benvenuto
1818 *Leben des Benvenuto Cellini's, florentinischen Goldschmied und Bildhauers: von ihm selbst geschrieben*. Trad. e org. J. W. von Goethe. 2 vols., Stuttgart/Tübingen: Cotta, 1818.

Clark, Ronald
1985 *Sigmund Freud. Leben und Werk*. Frankfurt am Main: Fischer Taschenbuch, 1985.

Deutsch, Felix
1973 "Reflections on Freud's One Hundredth Birthday". In: Ruitenbeek, Hendrik (org.), *Freud as we knew him*. Detroit: Wayne State University Press 1973, pp. 297–305.

Ehrmann, Salomon
1926 "Meine persönlichen Beziehungen zu Sigmund Freud". In: *B'nai B'rith Mitteilungen für Österreich*, 26 (1926), cad. 5, pp. 132 –135.

Freud, Alexander
1897 *Eisenbahn-Stationsverzeichnis zu Artaria's Eisenbahn- und Post--Communications-Karte von Oesterreich-Ungarn*. Viena: Artaria & Co., 1897.

Freud, Martin
1957 *Glory Reflected. Sigmund Freud – Man and Father*. Londres et al.: Angus and Robertson, 1957.

1970 "Who was Freud". In: Fraenkel, Josef (org.), *The Jews of Austria*. Londres, 1970.

Freud, Sigmund

1891a "Klinische Studie über die halbseitige Cerebrallähmung der Kinder". Wien: 1891 (*Beiträge zur Kinderheilkunde*, cad 3).

1896c "Zur Ätiologie der Hysterie". Palestra ministrada na Associação de Psiquiatria e Neurologia em Viena, 2 maio 1896 . OC 1, 425–459.

1898b "Zum psychischen Mechanismus der Vergeßlichkeit". OC 1, pp. 519–527.

1900a "Die Traumdeutung". OC 2/3.

1901b *Zur Psychopathologie des Alltagslebens (Über Vergessen, Versprechen, Vergreifen, Aberglaube und Irrtum)*. Frankfurt am Main: Fischer Taschenbuch-Verlag 1989. OC 4.

1905c "Der Witz und seine Beziehung zum Unbewußten". OCW 6.

1905d "Drei Abhandlungen zur Sexualtheorie". OC 5, pp. 25–145.

1905e "Bruchstück einer Hysterie-Analyse". OC 5, pp. 161–286.

1906f "Antwort auf eine Rundfrage (Vom Lesen von guten Büchern)". OC Volume extra, pp. 662–664.

1907a "Der Wahn und die Träume in W. Jensens 'Gradiva'". OC 7, pp. 289–122.

1908c "Über infantile Sexualtheorien". OC 7, pp. 171–188.

1908d "Die 'kulturelle' Sexualmoral und die moderne Nervosität, OC 7, pp. 143–167.

1908e "Der Dichter und das Phantasieren". OC 7, pp. 213–223.

1909a "Allgemeines über den hysterischen Anfall". OC 7, pp. 235–240.

1909b "Analyse der Phobie eines fünfjährigen Knaben". OC 7, pp. 241 a 377.

1909f Entrevista de Adelbert Albrecht. In: Prof. Sigmund Freud, Boston Evening Transcript, 11 set. 1909.

1910d "Die zukünftigen Chancen der psychoanalytischen Therapie". OC 8, pp. 104–115.

1911c	"Psychoanalytische Bemerkungen über einen autobiographisch beschriebenen Fall von Paranoia (Dementia paranoides)". OC 8, pp. 239-316.
1913j	"Das Interesse an der Psychoanalyse". OC 8, pp. 389-420.
1914b	"Der Moses des Michelangelo". OC 10, pp. 172-201.
1914d	"Zur Geschichte der psychoanalytischen Bewegung". OC 10, pp. 43-113.
1919h	"Das Unheimliche". OC 12, pp. 229-268.
1925d	"Selbstdarstellung". OC 14, pp. 31-96.
1936a	"Brief an Romain Rolland: Eine Erinnerungsstörung auf der Akropolis". OC 16, pp. 250-257.
1937d	"Konstruktionen in der Analyse". OC 16, pp. 43-56.
1939a	"Der Mann Moses und die monotheistische Religion. Drei Abhandlungen". OC 16, pp. 103-246.
1955g	"Rundbrief an die Mitglieder der Psychologischen Mittwoch--Gesellschaft vom 22. 9. 1907". In: Jones, Ernest, *Das Leben und Werk von Sigmund Freud*. Berna/Stuttgart/Viena: Huber, 1960 a 1962, vol. 2, pp. 22 e segs.
1956j	"Brief an Alphons Maeder vom 21. 9. 1913". In: Maeder, Alphons, "Persönliche Erinnerungen an Freud und retrospektive Besinnung", *Schweizer Zeitschrift für Psychologie*, vol. 15 (1956), pp. 114-122.
1956k	"Zwei Briefe an Maggie". In: J. A. Stargardt Katalog, 529 (1956), n. 290a, 290b.
1960a	*Briefe 1873-1939*. Sel. e org. Ernst e Lucie Freud, Frankfurt am Main: S. Fischer Verlag 1960, 2ª ed., ampliada, Frankfurt am Main: 1968; 3ª ed., revisada, 1980.
1960f	"Brief an Granville Stanley Hall vom 28. 8. 1923". In: "Sigmund Freud and G. Stanley Hall: Exchange of Letters", *Psychoanalytic Quarterly*, vol. 29 (1960), pp. 307-316.
1962-75a	*Protokolle der Wiener Psychoanalytischen Vereinigung*. Org. Herman Nunberg e Ernst Federn. 4 vols. Frankfurt am Main: S. Fischer Verlag, 1976-1981.

1963a "Briefe an Oskar Pfister". In: Sigmund Freud / Oskar Pfister, *Briefe 1909-1939*. Org. Ernst L. Freud e Heinrich Meng. Frankfurt am Main: S. Fischer Verlag, 1963.

1965a "Briefe an Karl Abraham". In: Sigmund Freud/Karl Abraham, *Briefe 1907-1926*. Org. Hilda Abraham e Ernst Freud. Frankfurt am Main: S. Fischer Verlag, 1965.

1965b "Briefe an Edward L. Bernays". In: Bernays, Edward: *Biography of an idea: memoirs of public relations counsel Edward L. Bernays*. Nova York: Simon & Schuster, 1965.

1966a *Sigmund Freud/Lou Andreas-Salomé. Briefwechsel*. Org. E. Pfeiffer. Frankfurt am Main: S. Fischer Verlag, 1966.

1969a "Jugendbriefe Sigmund Freuds". In: *Sigmund Freud, "Selbstdarstellung"; Schriften zur Geschichte der Psychoanalyse*. Org. e prefácio Ilse Grubrich-Simitis. Frankfurt am Main: Fischer-Taschenbuch, 1971.

1974a *Sigmund Freud/C. G. Jung. Briefwechsel*. Org. William McGuire e Wolfgang Sauerländer. Frankfurt am Main: S. Fischer Verlag, 1974.

1974d "Brief an Friedrich Jodl (27. 1. 1908)". In: Greve, Ludwig e Volke, Werner (orgs.), *Jugend in Wien. Literatur um 1900. Eine Ausstellung des Deutschen Literaturarchivs im Schiller-Nationalmuseum Marbach am Neckar*. Marbach a. N. 1974.

1985c "Briefe an Wilhelm Fließ". In: *Briefe an Wilhelm Fließ 1887 bis 1904*. Org. Jeffrey Moussaieff Masson, ed. alemã por Michael Schröter, transcrição de Gerhard Fichtner. Frankfurt am Main: S. Fischer Verlag, 1986.

1985d "Briefe an Anna von Vest". In: Goldmann, Stefan, "Sigmund Freuds Briefe an seine Patientin Anna v. Vest". *Jahrbuch der Psychoanalyse*, 17 (1985), pp. 269-295.

1985j "Brief an Emil Freund (23. 5. 1911) [parcial]. Catálogo Sotheby's, maio (1985), nº 142.

1989a "Jugendbriefe an Eduard Silberstein 1871-1881". Org. Walter Boehlich. Frankfurt am Main: S. Fischer Verlag, 1989.

1992b *Sigmund Freud / Ludwig Binswanger. Briefwechsel 1908 bis 1938*. Org. G. Fichtner. Frankfurt am Main: S. Fischer Verlag, 1992.

1993a *Sigmund Freud–Sándor Ferenczi. Briefwechsel, 1908–1911*. vol. I/1. Org. Eva Brabant, Ernst Falzeder, Patrizia Giampieri-Deutsch. Superv. técnica André Haynal; transcrição I. Meyer-Palmedo. Viena/Colônia/Weimar: Böhlau, 1993.

1993b *Sigmund Freud–Sándor Ferenczi. Briefwechsel, 1912–1914*. vol. I/2. Org. Eva Brabant, Ernst Falzeder, Patrizia Giampieri-Deutsch. Superv. técnica, André Haynal; transcrição I. Meyer-Palmedo. Viena/Colônia/Weimar: Böhlau, 1993.

1993e *The Complete Correspondence of Sigmund Freud and Ernest Jones, 1908–1939*. Org. R. Andrew Paskauskas; introdução Riccardo Steiner, Cambridge, Mass./Londres: Harvard University Press 1993. O texto original das cartas redigidas em alemão encontra-se em: *Briefwechsel Sigmund Freud/Ernest Jones 1908–1939*, transcrição e tratamento editorial Ingeborg Meyer-Palmedo. Frankfurt am Main: S. Fischer Verlag, 1993.

Freud, W. Ernest

1990 "Die Freuds und die Burlinghams in der Berggasse. Persönliche Erinnerungen". In: Leupold-Löwenthal, Harald e Scholz-Strasser, Inge (orgs.) *Sigmund Freud Vorlesungen 1970–1988*. Viena/Colônia: Böhlau, 1990, pp. 200–214.

Freud-Bernays, Anna

s/d *Erlebtes*. Viena: Heller, s/d.

Gay, Peter

1989 *Freud. Eine Biographie für unsere Zeit*. Frankfurt am Main: S. Fischer Verlag, 1989.

Geiss, Imanuel

1983 *Geschichte griffbereit*. Vol. 4: *Begriffe: Die sachsystematische Dimension der Weltgeschichte*. Hamburgo: rowohlt, 1983.

Gicklhorn, Josef & Gicklhorn, Renée
1960 *Sigmund Freuds akademische Laufbahn im Lichte der Dokumente.* Viena/Innsbruck: Urban & Schwarzenberg 1960.

Gödde, Günter
Mathilde Freud. Die älteste Tochter Sigmund Freuds in Briefen und Selbstzeugnissen. Gießen: Psychosozial-Verlag, 2003.

Goethe, Johann Wolfgang von
1809 *Die Wahlverwandtschaften.* In: *Goethes Werke in zwölf Bänden.* Vol. 5. Berlim/Weimar: Aufbau-Verlag, 1974.
1817 "Der Verfasser teilt die Geschichte seiner botanischen Studien mit". In: *Goethes Werke in zwölf Bänden.* Vol. 12, "Schriften zu Philosophie, Politik und Naturwissenschaften. Berlim/Weimar: Aufbau-Verlag, 1974.
1821 – 1829 *Wilhelm Meisters Wanderjahre.* In: *Goethes Werke. Hamburger Ausgabe in 14 Bänden.* Vol. 8. Hamburg: Christian Wegener, 1948.
1948 e segs. *Hamburger Ausgabe in 14 Bänden.* Revisto e anotado por Erich Trunz, Hamburg: Christian Wegener, 1948 e segs.
1960 e segs. *Berliner Ausgabe, 22 Bände.* Berlin: Aufbau-Verlag, 1960 e segs.

Gomperz, Theodor
1896 – 1909 *Griechische Denker. Eine Geschichte der antiken Philosophie.* Vols. 1–3. Leipzig: Veit & Comp., 1896–1909.

Grieser, Dietmar
1986 *Alte Häuser – Große Namen. Ein Wien-Buch.* St. Pölten/Viena: Niederösterreichisches Pressehaus, 1986.

Grubrich-Simitis, Ilse
1993 *Zürück zu Freuds Texten. Stumme Dokumente sprechen machen.* Frankfurt am Main: S. Fischer Verlag, 1993.

Hehn, Victor
1896 *Italien.* Berlim: Gebrüder Bornträger, 1896.

Heine, Heinrich

1972 *Werke und Briefe in zehn Bänden*. Org. Hans Kaufmann. 2ª ed., Berlim/Weimar: Aufbau-Verlag, 1972.

Hermanns, Ludger & Schröter, Michael

1990 "Felix Gattel (1870-1904). Der erste Freudschüler". In: *Luzifer--Amor*, 3 (1990), pp. 42-75.

Hirschmüller, Albrecht

1978 *Physiologie und Psychoanalyse in Leben und Werk Josef Breuers*. Bern: Hube, 1978.

1990 *Freud und das Kokain oder Die Austreibung des Teufels mit Beelzebub*. Tübingen 1990 [original].

1991 *Freuds Begegnung mit der Psychiatrie. Von der Hirnmythologie zur Neurosenlehre*. Tübingen: edition diskord, 1991.

Huelsen, Christian

1905 *Die neuesten Ausgrabungen auf dem Forum Romanum*. Roma: Loescher, 1905.

Jones, Ernest

1960- 1962 *Das Leben und Werk von Sigmund Freud*. 3 vols. Berna/Stuttgart/Viena: Huber, 1960-1962.

Leupold-Löwenthal, Harald

1986 Handbuch der Psychoanalyse. Wien: Orac 1986.

1988 "Die Vertreibung der Familie Freud 1938". *Sigmund Freud House Bulletin*, 12 (1988), 1-11.

Looney, Thomas

1920 *Shakespeare Identified in Edward de Vere the Seventeenth Earl of Oxford*. Londres: Cecil Palmer, 1920.

Métraux, Alexandre

2001 "Einst träumte Sigmund Freud von einer botanischen Monographie über die Lieblingsblume seiner Frau Martha". In: *Sigmund Freud Museum*, 1 (2001), pp. 8-14.

Milton, John
1644 *Areopagitica*. Texto realçado eletrônicamente. World Library, Inc., 1991.

Molmenti, Pompeo
1898 *Il Moretto da Brescia*. Florença: R. Bemporad & Figlio, 1898.

Molnar, Michael (org.)
1996 *Sigmund Freud. Tagebuch 1929–1939. Kürzeste Chronik*. Trad. Christfried Tögel. Frankfurt am Main: Stroemfeld, 1996.

Morelli, Giovanni
1897 *Della pittura italiana. Studii storico-critici*. Milão: Fratelli Treves, 1897.

Morgan, Wesley
1989 "Freud's Lithograph of Charcot: A Historical Note". In: *Bulletin of the History of Medicine*, 63 (1989), 268–272.

Mühlleitner, Elke
1992 *Biographisches Lexikon der Psychoanalyse. Die Mitglieder der Psychologischen Mittwoch-Gesellschaft und der Wiener Psychoanalytischen Vereinigung 1902–1938*. Tübingen: edition diskord,1992.

Mudry, Anna (org.)
1987 *Galileo Galilei. Schriften, Briefe, Dokumente*. 2 vols. Berlim: Rütten & Loening, 1987.

Müller, Iwan v. (org.)
1887– 1890 *Handbuch der klassischen Altertums-Wissenschaft*. 9 vols. Munique: Beck.

Neumeyer, G. (org.)
1875 *Anleitung zu wissenschaftlichen Beobachtungen auf Reisen. Mit besonderer Rücksicht auf die Bedürfnisse der Kaiserlichen Marine*. Berlim: Robert Oppenheim, 1875.

Overbeck, Johannes

1884 *Pompeji in seinen Gebäuden, Alterthümern und Kunstwerken dargestellt*. 4ª ed., revista e ampliada, Leipzig: W. Engelmann, 1884.

Pagel, Julius (org.)

1901 *Biographisches Lexikon hervorragender Ärzte des neunzehnten Jahrhunderts*. Berlim/Viena: Urban & Schwarzenberg 1901.

Paneth, Josef

1883–1884 *Vita nuova* [original].

Petersen, Eugen

1898 *Vom alten Rom*. Leipzig: E. A. Seemann.

Reik, Theodor

1944 "Sigmund Freud y Gustavo Mahler". *Revista de Psicoanálisis*, 1(1944), pp. 315–320.

Reinisch, S.

1885 *Die ägyptischen Denkmäler in Miramare*. Viena: Wilhelm Braumüller, 1885.

Roazen, Paul

1999 *Wie Freud arbeitete. Berichte von Patienten aus erster Hand*. Gießen: Psychosozial-Verlag, 1999.

Robitsek, Alfred

1912 "Zur Frage der Symbolik in den Träumen Gesunder". In: *Zentralblatt für Psychoanalye*, 2 (1912), pp. 340–343.

Romm, Sharon

1983 *The Unwelcome Intruder. Freud's Struggle with Cancer*. Nova York: Praeger 1983.

Rosenzweig, Saul

1992 *Freud, Jung, and Hall the Kingmaker. The historic expedition to America (1909)*. Seattle/Toronto/Berna/Göttingen: Hogrefe & Huber, 1992.

Sachs, Hanns
1982 *Freud. Meister und Freund.* Frankfurt am M./Berlim/Viena: Ullstein, 1982.

Schivelbusch, Wolfgang
1979 *Geschichte der Eisenbahnreise.* Frankfurt am Main: Ullstein, 1979.

Schnack, Ingeborg
1990 *Rainer Maria Rilke. Chronik seines Lebens und seines Werkes.* 2 vols, Frankfurt am Main: Insel Verlag, 1990.

Schröter, Michael & Hermanns, Ludger
1994 "Nachtrag zu 'Felix Gattel: der erste Freud-Schüler'". *Luzifer-Amor*, 7, cad. 12 (1994), pp. 17-29.

Schröter, Michael
1999 "Hermann Swoboda (1873-1963): Früher Freud-Schüler und Kritiker der 'Traumdeutung'". In: *Luzifer-Amor*, 12 (24), 49-64.
2002 "Fließ vs. Weininger, Swoboda und Freud: Der Plagiatsstreit von 1906 im Licht der Dokumente. *Psyche* 56 (2002), pp. 313 - 337.

Schur, Max
1973 *Sigmund Freud. Leben und Sterben.* Frankfurt am Main: Suhrkamp, 1973.

Sulloway, Frank
1982 *Freud. Biologe der Seele. Jenseits der psychoanalytischen Legende.* Colônia/Lövenich: Edition Maschke, 1982.

Swales, Peter
1982 *Freud, Martha Bernays, and the Language of Flowers.* Nova York: 1982 (edição do autor).
1986 "Freud, His Teacher, and the Birth of Psychoanalysis". In: Stepansky, P. (org.), *Freud. Appraisals and reappraisals. Contributions to Freud Studies*, vol. 1., Hillsdale, N. J.: The Analytic Pressp, 1986, pp. 3-82.
1998 "In Statu Nascendi: Freud, Minna Bernays, and the Creation of Herr Aliquis" [original].

2000 "Freud, Death, and Sexual Pleasures. On the Psychical Mechanism of Sigmund Freud" [original].

Thode, Henry
1908 *Michelangelo. Kritische Untersuchungen über seine Werke.* Vol. 2, Berlim: G. Grote, 1908.

Tögel, Christfried
1989 *Berggasse–Pompeji und zurück. Sigmund Freuds Reisen in die Vergangenheit.* Tübingen: edition diskord, 1989.
1990 "Bahnstation Treblinka. Zum Schicksal von Sigmund Freuds Schwester Rosa Graf". In: *Psyche* 44 (1990), pp. 1019–1024.
1994 *"... und gedenke die Wissenschaft auszubeuten". Sigmund Freuds Weg zur Psychoanalyse.* Tübingen: edition diskord, 1994.
1996 *Freuds Wien. Eine biographische Skizze nach Schauplätzen.* Viena: Turia & Kant 1996.
2001 *Sigmund Freud: Stationen eines Lebens. Katalog zur Ausstellung im Sigmund-Freud-Zentrum des Fachkrankenhauses Uchtspringe.* Uchtspringe, 2001.

Tögel, Christfried & Schröter, Michael
2002 "Sigmund Freud und Hermann Swoboda: Ihr Briefwechsel (1901–1906)". *Psyche* 56 (2002), pp. 338–368.

Tourney, Garfield
1965 "Freud and the Greeks: A Study of the Influence of Classical Greek Mythology and Philosophy Upon the Development of Freudian Thought". *Journal of the History of Behavorial Sciences* 1 (1965), pp. 67–85.

Wedekind, Frank
1969 *Werke in drei Bänden.* Org. e prefácio Manfred Hahn. Berlim/Weimar: Aufbau-Verlag, 1969.

Winter, Josephine

1927 *Fünfzig Jahre eines Wiener Hauses.* Viena/Leipzig: Wilhelm Braumüller, 1927.

Winterstein, Alfred Freiherr von

1912 "Zur Psychoanalyse des Reisens". *Imago* 1 (1912), pp. 489–506.

Wittenberger, Gerhard

1995 *"Das 'Geheime Komitee' Sigmund Freuds. Institutionalisierungsprozesse der Psychoanalytischen Bewegung zwischen 1912 und 1927.* Tübingen: edition diskord, 1995.

Wittenberger, Gerhard & Tögel, Christfried (org.)

1999 *Die Rundbriefe des 'Geheimen Komitees'.* Vol 1: 1913 até 1920. Tübingen: edition diskord, 1999.

2001 Die Rundbriefe des 'Geheimen Komitees'. Vol. 2: 1921. Tübingen: edition diskord, 2001.

Worbs, Michael

1983 *Nervenkunst. Literatur und Psychoanalyse im Wien der Jahrhundertwende.* Frankfurt am Main: Europäische Verlagsanstalt, 1983.

Índice de pessoas e lugares

Abbazia 308
Abraham Brill 302
Achensee 125
Adda 104
Adelbert Albrecht 311, 405
Adolfine Freud 78, 126
África 252, 361
Albany 284
Albrecht da Áustria 210
Alcamo 355, 401
Alemanha 192, 242, 283, 287, 288, 309, 318, 320, 322
Alexander Freud 25, 26, 28, 30, 31, 32, 34, 42, 48, 49, 52, 54, 56, 68, 72, 74, 92, 95, 96, 126, 136, 151, 154, 171, 180, 197, 199, 209, 227, 272, 282, 323, 334, 356, 398, 401
Alexander Pope 258
Alfred Clint 258
Alfred Robitsek 235, 289
Alfred Tennyson 255
Alpes 201, 378
Amalfi 152, 169
Amelia Curran 258

Ammerwald 283, 298, 300
Amsterdã 241, 243, 247
Anacapri 168
Anatole France 299
Andreas Hofer 100, 101
Aníbal 351, 357
Anna Bernays 126, 304, 317
Anna Freud 10, 202, 244, 331, 352, 353, 364, 381, 387, 398, 401, 402
Annenheim 214
Annibale Gatti 65
Anselm Feuerbach 98
Antenor 56
Anton Felsenreich 132
Antonio Canova 45
Antonio Filarete 121
Antuérpia 328, 339
Aquileia 95
Arbe 34
Arcetri 67
Arezzo 75, 93
Arno 64, 85, 220
Arnold Böcklin 98, 210
Arquimedes 365

Arthur Biedl 128
Arthur Schnitzler 383
Ásia 252
Assis 89, 90, 91, 394
Assisi 75
Atenas 180, 183, 184, 186, 189, 192, 193, 194, 195, 196, 197, 397
August Kekulé 235
August Mau 30
Aussee 51, 52, 72, 74, 77, 81, 93, 96, 97, 98, 107, 111, 112, 129, 199, 200, 206, 209, 211
Austrália 23
Áustria 154, 183, 211, 219, 242, 315, 326, 347
Áustria-Hungria 23, 25, 27, 300

Baden 147
Bad Gastein 9, 10, 11, 383
Bad Nassau 289
Bardas 47, 48, 49, 389
Basileia 323
Baveno 206, 207, 398
Baviera 6, 137, 153, 173, 283
Bélgica 283
Bellagio 200, 204, 205, 206, 397
Benoît Drude 219
Benozzo Gozzoli 84
Benvenuto Cellini 68, 404
Berchtesgaden 10, 129, 151, 173, 175, 180, 241, 243, 292
Bergamo 118, 121, 122, 123, 395

Berlim 143, 156, 186, 213, 226, 242, 243, 245, 248, 250, 263, 264, 267, 268, 269, 293, 319, 320, 322, 323, 359, 409, 410, 411, 412, 413, 414, 415
Bernardo Tasso 123
Bernina 102
Bertha Freud 99, 129, 244
Biach 49
Biarritz 390
Bielitz 335
Bischofshofen 52, 72, 77, 97, 98, 395
Bistrai 335
Blackpool 243, 244, 245, 398
Bleuler 271
Böcklin 220
Bolladore 97, 106
Bologna 57
Bolsena 75, 86, 87, 394
Bolzano 152, 154, 166, 173, 175, 177, 200, 201, 202, 214, 216, 268, 276, 277, 370, 374, 396, 397, 398
Borgo 127
Bormio 97, 102, 105, 106, 395
Bósnia 111, 117
Boston 284, 309, 311, 405
Bremen 283, 284, 286, 287, 288, 290, 291, 294, 320, 322, 323, 399
Bremerhaven 284, 288, 290, 292
Brescia 117, 118, 119, 120, 395, 411, 434
Breslau 23, 293

Brill 289, 302, 303, 304, 305, 307, 308, 309, 310, 311
Brindisi 164, 180, 184, 187, 188, 189, 190, 197
Brioni 34
Bronislav Onuf 303
Brunelleschi 64
Bruxelas 334
Budapeste 360
Budweis 150
Buffalo 284, 312, 313, 400
Bülow 371, 380
Byron 259

Cäcilie Graf 153
Calábria 211
Calatafimi 355, 401
Canadá 313, 318
Canova 227
Capri 152, 159, 163, 164, 168, 210, 348, 396
Carl Braun 132
Carl Gustav Jung 37, 214, 222, 263, 267, 269, 271, 272, 279, 282, 283, 287, 289, 291, 292, 293, 294, 297, 299, 304, 305, 306, 307, 309, 310, 314, 315, 323, 325, 340, 346, 368, 370, 378, 403, 407, 413
Carl Lueger 96
Carlos I 68
Carl Spitzweg 98
Carl Weichardt 30
Castellamare 162

Castelvetrano 33, 340, 355, 356
Castlereagh 257
Catania 354, 363, 367
Cattaro 112, 114
Catull 133
Cefalônia 192
Cellini, Benvenuto 404
Charcot 342
Charles James Fox 256
Charles Jervas 258
Cherbourg 284, 289, 295, 296, 319, 322, 323
Cherubini 64
Chioggia 46, 48
Chiusi 75, 85, 86
Christian Huelsen 30, 222
Christoph Michel 236
Clara Wetzlar 338
Claudio 142
Cles 125
Colombo 282
Colônia 241, 327, 408, 413
Como 204
Comte Galetti 65, 68
Coney Island 308, 310
Conrad Clar 128
Constantino III 60
Constantinopla 184, 192
Copenhague 319
Corfu 180, 183, 184, 186, 188, 190, 191, 192, 197, 397
Corinto 180, 189, 191, 195, 197
Cosenza 211

Croácia 114
Cromwell 68
Czermak 132

Dalmácia 5, 34, 36, 111, 113, 115, 131
Dante 56, 60, 61, 96, 228
Darwin 255
Delft 334, 335
Desenzano 268, 269
Dimmer 132
Diocleciano 115, 227
Divaça 96
Dolomitas 28, 37, 202, 335
Donatello 45
Dorothy Burlingham 319
Dover 289
Dub 217

Eberlein 226
Eduard Silberstein 47, 407
Edward Bernays 317
Edward Bulwer-Lytton 255
Edward de Vere 261, 410
Egito 45
Eitingon 220, 222, 223, 225, 390
Elena Montali 68
Eleonora Duse 89, 90
Elias Philipp 338
Eli Bernays 304, 306
Elisabeth da Áustria 192
Elisabeth I 261
Elise 259
Ellis Island 303

Else Katharina Reif-Gintl 235
Emanuel Freud 241, 242, 244, 245, 248, 250, 263, 264, 267
Emanuel Löwy 259, 404
Emil Fluß 22
Emil Freund 326, 407
Emilie Kassowitz 128
Emil Redlich 232
Emma Eckstein 10, 199, 225
Emma Jung, nascida Reichenbach 269
Engadin 102, 104, 107
Erich Frank 334
Ernest Jones 173, 242, 282, 371, 378, 384, 408
Ernst Frank 334
Ernst Freud 314, 352, 389, 400, 402, 407
Ernst Fuchs 132
Ernst Gombrich 259
Ernst von Brücke 132
Ernst von Fleischl 153
Ernst Wertheim 128
Erzherzog 370
Estados Unidos 4, 7, 23, 279, 282, 283, 291, 294, 297, 298, 299, 320, 339, 348, 349, 365
Ettore Sandolo 380
Eugen Petersen 30

Faenza 52, 61, 394
Fall River 284, 311
Felix Deutsch 383, 384

Felix Gattel 34, 74, 92, 410, 413
Ferenczi 28, 34, 283, 286, 287, 289, 291, 299, 304, 305, 314, 315, 319, 323, 328, 338, 339, 344, 347, 354, 356, 357, 363, 370, 371, 374, 376, 378, 379
Fiesole 214, 218, 220, 343, 345, 401
Finstermünz 97, 100, 105
Fiume 93, 184
Fließ 413
Florença 34, 52, 55, 59, 60, 61, 62, 63, 64, 65, 66, 67, 68, 69, 70, 71, 75, 78, 86, 91, 93, 94, 186, 213, 214, 217, 218, 220, 221, 222, 340, 344, 346, 347, 351, 354, 371, 394, 395, 398, 401, 411, 434
Fox 256
França 283
Francis Bacon 259
Francisco José I. 151
Franz Brentano 78
Franzensfeste 52
Franz Hillebrand 132
Franz von Lenbach 98
Franz von Suppé 229
Frederick Cook 319
Frederick Leighton 255
Frederico Barba Ruiva 292
Frederico II 159, 190, 350
Freiberg 23, 245
Fridtjof Nansen 111
Friedrich Dimmer 132
Friedrich Eckstein 225
Friedrich Erismann 271
Friedrich Heinrich Füger 254
Friedrich Hildebrand 87
Friedrich Jodl 132, 407
Fröhlich 380

Gaetano Bresci 145
Galileo Galilei 411
Garda 277
Gardone Riviera 274
Garibaldi 145, 223
Gaston Rosenstein 20
Gênova 31, 80, 200, 207, 208, 209, 210, 211, 230, 283, 340, 345, 398
George Gordon Byron 259
George I 256
George II 256
George III 256
George IV 256
Geßler 271
Giorgione 78
Giotto 55
Giovanni Brentano 78
Giovanni del Drago 65
Giovanni Morelli 117
Girgenti 340, 354, 357, 359, 361, 362, 401
Giudecca 49
Glückselig 380
Godfrey Kneller 255, 257
Goethe 56, 80, 101, 131, 154, 159, 161, 192, 210, 226, 227, 228, 252, 260, 404, 409

Grã-Bretanha 256
Grado 95
Graz 132, 180, 182, 396
Grécia 6, 16, 17, 179, 189, 192, 196, 283, 340
Groenlândia 319
Guglielmo Ferrero 376
Guglielmo Marconi 297
Guido Holzknecht 336
Guilherme I 226
Guilherme II 78, 192
Gustav Mahler 326, 347

Haarlem 332, 334, 335
Haia 11, 241, 242, 243, 247, 325, 327, 328, 329, 330, 332, 334, 335, 336, 337, 338, 345, 346, 353, 400, 401
Haller 146
Hallstatt 51
Hamburgo 10, 319, 320, 322, 323, 326, 330, 331, 333, 334, 335, 380, 408
Hannover 284, 286, 290
Hanns Sachs 32, 384
Hans Lampl 331
Hans von Hattingberg 379
Harwich 241, 243, 247, 248, 263
Heinele 383
Heinrich 259
Heinrich Graf 148
Heinrich Natter 100
Heinrich Paschkis 128
Heinrich Schliemann 189

Hella Bernays 307
Henrik Ibsen 89
Henry Edridge 254
Henry Perronet Briggs. 256
Herculaneum 164
Hermann Graf 153
Hermann Nothnagel 73
Hermann Swoboda 136, 413, 414
Herzegovina 33, 36
Hickel 256
Hiram 253
Hirschfeld 289
Hoek van Holland 241, 243, 247
Hohensalzberg 85
Holanda 7, 11, 34, 245, 246, 247, 283, 325, 329, 330, 332, 333, 336, 350, 354
Holbein, o jovem 329
Horatio Nelson 254
Hudson River 316
Hugo Heller 180
Hugo Stern 234

Ignaz Widder 18
Igoumenitsa 191
Inglaterra 6, 9, 23, 27, 68, 164, 241, 242, 245, 246, 257, 264, 267, 283, 296, 345
Innsbruck 52, 97, 98, 99, 100, 101, 132, 175, 177, 200, 201, 397, 409
Isaac Newton 255
Isola Bella 200
Isola dei Pescatori 205

Isola di Garda 275
Isola Madre 200, 210
Isola Tevere 387
Ísquia 158, 159, 163, 349
Itália 5, 6, 13, 14, 16, 28, 29, 31, 33, 34, 36, 52, 56, 66, 68, 74, 85, 89, 95, 97, 102, 112, 116, 117, 130, 136, 154, 164, 165, 199, 202, 220, 234, 267, 283, 339, 340, 344, 346, 354, 359, 362
Iwan Müller 30
Izmir 193

Jacopino del Conte 65, 67
Jakob Freud 19
Jakob Pal 128
Jan van Emden 329
Jerusalém 253
J. F. Bergmann 344
Johannes Overbeck 29
John 250
John Churchill 257
John Closterman 257
John Collier 255
John Freud 245
John Locke 255
John Riley 257
John Stuart Mill 258
John Vanderbank 255
Jones 151, 161, 174, 179, 180, 199, 229, 242, 267, 293, 297, 306, 311, 325, 336, 344, 358, 362, 378, 383, 384, 390, 406, 410
Josef Breuer 153, 410

Josefine Auspitz 175
Josef Matras 256
Josef Paneth 18
Josef von Metnitz 128
Joseph Joachim 226
Joshua Reynolds 258, 264
Judith Bernays 317, 318
Julie Schlesinger 175
Júlio II 145
Julius 293
Julius Schnitzler 272
Justiniano 60, 62
Justus Sustermans 68

Kalchberg 107
Kapruner 51
Karl Abraham 237, 264, 339, 378, 379, 384, 403, 407
Karl Anton Hickel 256
Karl Kautsky 51, 225
Karl Kraus 51
Karlsbad 213, 216, 346, 365, 369
Karpas 295
Kassowitz 128, 322
Keene Valley 284, 314, 400
Kepler 96
Klobenstein 374
Königssee 151, 152, 180, 196, 292
Konradin von Hohenstaufen 159
Kreuzlingen 370
Kufstein 395
Kurt Rie 147
Küssnacht 271

Labrador 301
L. Acquarone 254
lago Constança 370
lago de Carezza 369
lago de Garda 131, 133, 213, 269, 277, 300
Lago di Como 200
Lago di Garda 119, 275
Lago di Lavarone 129
Lago di Poschiavo 97
Lake Placid 284, 314, 400
Lampl 335
Landeck 395
Lavarone 213, 332, 384, 395
Leah Bernays 318
Leiden 186, 325, 326, 335, 337, 338, 361
Leighton 259
Leipzig 315, 403, 404, 409, 412, 416, 434
Leo Burgerstein 293
Leonardo da Vinci 339
Leonardo Guzzardi 254
Leopold Königstein 128, 272
Le Prese 97, 102, 105
Livorno 394
Lofer 315
Londres 182, 184, 197, 201, 202, 204, 208, 222, 242, 243, 245, 246, 247, 248, 249, 250, 251, 254, 261, 263, 264, 273, 288, 304, 376, 399, 404, 405, 408, 410, 425, 433, 434
Looney 410
Lou Andreas-Salomé 377, 378, 385, 407
Louis Comfort Tiffany 319
Lovrana 34, 63, 69, 131
Luca Signorelli 86
Lucie Freud 406
Lucrecia Borgia 87
Ludwig Binswanger 214, 357, 370, 408
Ludwig Franzius 291
Ludwig Horch 154
Ludwig Jekels 335
Ludwig Rosenberg 272
Lugano 200, 205
Lustig 380
Lytton Strachey 261

Maeder 378, 406
Maggie Haller 294
Maggiore 205, 207, 210
Mahler 347, 412
Maloja 395
Manchester 241, 242, 243, 245, 247, 249, 250
Mancini 221
Mannes 376
Maquiavel 64, 68
Marco Aurélio 220
Marco Minghetti 371
Marconi 300
Marco Testolini 45
Marie 126, 245, 263, 264, 267
Marie Freud 271

Marienbad 377
Markus Hajek 383
Marlborough 257
Marqués de los Baldazes Ambrosio 210
Marrocos 219
Martha Bernays 23, 53, 307, 413
Martin 177, 191, 213, 249, 272, 323, 325, 330, 331, 333, 335, 358
Martin Freud 312, 358, 361, 400, 401
Masi 67
Massachusetts 279
Mathilde Freud 140, 167, 223, 224, 231, 238, 244, 246, 249, 251, 269, 274, 288, 316, 318, 321, 331, 332, 333, 335, 338, 346, 364, 370, 373, 388, 398, 399, 401, 409
Mathilde Hollitscher 288, 318, 332, 399, 400, 402
Maurício de Nassau 329
Max Eitingon 213, 214, 377, 384
Max Halberstadt 369, 373, 377, 379, 382, 402
Maximilian Steiner 383
Max Kassowitz 128
Max Schur 24
Mayer 132
Medici 68
Mendola 125, 128
Merano 173, 175, 176, 218, 246, 385, 389, 390, 396
Micenas 189
Michael Dahl 255

Michelângelo 140, 144, 145, 263, 378, 379
Mignon 161, 227
Milão 200, 201, 202, 204, 205, 206, 207, 208, 268, 271, 340, 395, 398, 403, 411
Mill 258, 259
Milton 411
Minna Bernays 11, 29, 37, 96, 98, 99, 101, 105, 108, 114, 115, 126, 153, 154, 155, 156, 159, 201, 204, 205, 206, 207, 210, 216, 272, 273, 395, 396, 414
Miramare 180, 186, 397, 412
Moisés 144, 145, 263, 376, 378, 379, 386
Montenegro 114
Montepulciano 85
Monteverdi 45
Monza 118, 121
Morelli 120
Moretto 411, 434
Moritz Freud 267, 288, 399
Moritz Schwind 98
Morris Karpas 289
Moscou 271
Mozart 360
Müller 411
Multatuli 299
Munique 156, 173, 177, 186, 210, 217, 236, 284, 285, 293, 376, 378, 379, 380, 395, 411
Murano 47

Nápoles 146, 151, 152, 153, 154, 156, 157, 158, 160, 162, 163, 164, 166, 167, 170, 171, 186, 328, 339, 340, 345, 348, 349, 360, 364, 366, 367, 370, 376, 396, 401, 427
Nervi 254
Niágara 284, 312, 313, 314
Nicholas Bacon 259
Nilo 253
Nistelweck 379, 390
Nonsthal 125
Noordwijk 326, 328, 331, 333, 334, 335, 339, 340, 344, 347
Norbert Ortner 128
Nova York 283, 284, 287, 302, 303, 304, 305, 306, 308, 309, 316, 317, 319, 399, 400, 407, 412, 413, 427

Oberammergau 283, 284, 285, 399, 427
Oberhof 41
Obertressen 77
Olimpia 189
Oliver Freud 27, 28, 189, 313, 325, 332, 357, 389, 400, 401
Oliver Goldsmith 258
Ophuijsen 34
Opicina 180, 183, 397
Ortler 129
Ortygia 363
Orvieto 152, 155, 156, 214, 217, 218, 219, 221, 434

Oscar Hammerstein 310
Oscar Rie 93, 143, 147, 272, 322
Oskar Pfister 282, 325, 407
Ossiach 213, 384
Otto Richter 30
Otto von Fleischl 153
Otto Weininger 136

Pachmayr 140
Pádua 213, 394
Paestum 151, 152, 169, 170
Palermo 163, 164, 340, 345, 347, 348, 349, 350, 351, 352, 353, 354, 355, 357, 358, 359, 360, 361, 362, 363, 364, 366, 367, 368, 401
Pallanza 200, 205, 206, 208, 397
Paolo Borghese 277
Paris 147, 339, 340, 342, 390, 401
passo Bernina 97
passo dello Stelvio 100, 125
Patras 180, 184, 189, 190, 193, 197, 397
Paul Hammerschlag 153
Pauline 263
Pavia 403
Pegli 209
Perugia 394, 395
Petersen 412
Pfunds 97, 100
Philipp 241, 242, 247
Philipp Bondy 143
Pilatus 268, 269, 270
Pisa 75, 79, 394, 428

Plínio 163
Plymouth 284, 322, 323
Poggibonsi 428
Pompeia 146, 152, 162, 164, 165, 166, 167, 428
Pontebba 148
Pontresina 395
Popovic 115, 428
Prad 97, 105, 106
Praga 211
Praxiteles 64
Príncipe Bernhard von Bülow 371
prof. Gentilli 254
Providence 311
Putnam 314, 315

Quebec 254

Raffael 119
Raffaello de Pericoli 64
Ragusa 190, 191, 204, 395
Rainer Maria Rilke 378, 379, 413
Rapallo 200, 209, 212, 398
Ravenna 394, 428
Reichenau 214, 218, 219
Reichenhall 136
Reik 326, 412
Rembrandt 247, 329, 333, 428
Reutte 428
Richardson 258
Richard von Krafft-Ebing 73
Richard Wagner 226
Rie 143, 322

Rigi 207, 268, 269, 270, 271
Ritter von Schlag 42
Riva 300, 395
Robert Fulton 316
Robert Hollitscher 288, 318, 332, 388, 399, 400, 402
Robert Jokl 369
Robert Peary 319
Robitsek 295
Roma 14, 23, 26, 28, 30, 135, 136, 137, 138, 139, 140, 141, 143, 144, 145, 146, 147, 148, 149, 150, 151, 152, 156, 213, 214, 216, 217, 218, 219, 220
Romain Rolland 17, 21, 38, 406
Rosa Graf 125, 153, 287, 399, 414
Rose Brill 317
Rosengarten 202
Rosenheim 153, 177
Rose Owen Brill 305
Rossini 64
Rovereto 200, 201, 429
Rubens 329

Sabina Spielrein 20
Salerno 152, 169
Salò 268, 271, 272, 273, 274, 275, 276, 399
Salomon Ehrmann 128
Salzburgo 143, 147, 148, 149, 153, 175, 177, 180, 182, 248, 271, 315, 346, 393, 396
Samuel Hammerschlag 153
San Apollinare 61

San Cristoforo 370, 384
Sándor Ferenczi 14, 16, 17, 28, 33, 34, 38, 241, 282, 339, 343, 356, 357, 370, 378, 379, 381, 384, 408
S. Angelo 162
San Gimignano 75, 84
San Martino di Castrozza 378
San Vigilio 268, 277
Schaak 254
Schafberg 51
Scheffel 168
Schellenberg 175
Scheveningen 327, 328, 329, 333
Schiller 252, 257, 260, 271, 407
Schlag 47
Schliemann 189
Schönbrunn 226
Schreber 339
Schreiber 53
Segesta 15, 340, 354, 355, 429
Selinunte 340, 356, 357, 401
Selzthal 77, 78
Semmering 214
Shakespeare 259, 261, 410
Shelley 258
Sicília 163, 339, 340, 344, 345, 347, 350, 351, 352, 354, 355, 359, 360, 363, 364, 429
Siena 394
Sigmund Lustgarten 125, 306
Siracusa 340, 348, 349, 354, 357, 358, 359, 361, 362, 363, 364, 365, 366, 367, 401

Sirmione 126, 131, 133
Smyrna 193
Sócrates 259
Sodoma 82, 83
Sophie Erismann 271
Sophie Freud 275, 314, 318, 328, 355, 343, 346, 349, 351, 353, 361, 367, 369, 373, 375, 377, 378, 379, 380, 382, 383, 384, 399, 400, 401, 402
Sorrento 152, 159, 160, 161, 162, 163, 164, 165, 166, 168, 169, 210, 396, 429
Southampton 284, 288, 289, 295, 296
Southport 243, 244, 398
Spalato 112, 114, 115, 116
Speke 253
Spinoza 333, 336
Spitz 273, 321, 365
Spoleto 394, 434
Stabiae 164
Stanley Hall 279, 309, 311, 406
St. Anne's 242, 243, 245, 246, 399
St. Bartholomä 292
St. Christina 213
Steinach 393
Stelvio 100, 102
Stewart 257
St. Moritz 97, 107
St. Quaranta 184, 197
Stresa 200, 206, 207
Stuttgart 390, 404, 406, 410, 434
Suíça 95, 199, 267, 283, 303
Sulden 125

Sul do Tirol 5, 6, 34, 74, 95, 97, 125, 173, 175
Sydney Smith 256

Tácito 56
Taddert 219
Tarvis 389
Teodorico o Grande 60
Terni 75, 87, 88
Terra Nova 301, 302, 319
Tescio 89
Theodor 263
Theodor Gomperz 180, 259, 409
Theodor Herzl 51
Theodor Meynert 154
Theodor Reik 20, 326
Thomas Gainsborough 264
Thomas Lawrence 257
Thomas Looney 261
Thomas Philips 259
Thumsee 136, 140, 148
Thun 96
Tiflis 193
Tintoretto 45
Tirano 97, 102, 104
Tivoli 147, 148, 381, 382, 387, 396
Tiziano 45
Torbole 126, 131
Torquato Tasso 123
Torre Annunziata 162
Torsato 184, 430
Toscana 213
Trafalgar 254

Trafoi 36, 97, 106, 125
Trajano 220
Trasimeno 136
Trebinje 112
Trento 137, 152, 154, 221, 395, 396
Trieste 180, 182, 183, 184, 186, 197, 211, 397
Troia 189
Turquia 193

Udine 376
Umberto 141, 145, 230
Úmbria 5, 73, 85

Valentin Teirich 390
Val Gardena 213
Val Sugana 127
van Dyck 329
Van Emden 34
Veneza 5, 31, 34, 36, 41, 42, 43, 44, 45, 46, 47, 48, 49, 52, 54, 55, 66, 73, 74, 75, 77, 78, 81, 112, 123, 125, 126, 152, 154, 155, 156, 170, 211, 330, 377, 393, 394
Verdi 226
Verona 200, 202, 203, 218, 385, 397
Veronese 78
Vesúvio 152, 157, 158, 162, 167, 171
Vibo Valentia 211
Victor Hehn 52
Victor Hugo 226, 228
Victor Tausk 21

Viena   15, 21, 22, 143, 147, 148, 149, 153, 154, 162, 177, 180, 186, 192, 196, 197, 200, 208, 214, 216, 219, 220, 234, 236, 237, 239, 241, 246, 247, 248, 250, 253, 259, 267, 268, 271, 272, 277, 279, 282, 293, 307, 309, 310, 315, 319, 321, 322, 328, 335, 340, 345, 347, 351, 359, 360, 364, 365, 366, 367, 368, 369, 370, 373, 376, 377, 403, 404, 405, 406, 408, 409, 410, 412, 413, 414, 416, 434

Villach   148

Vilma Robitsek   235

Vincenzo Foppa   119

Viollet-le-Duc   336

Virgílio   171

Vitória   253

Vittore Carpaccio   77, 78

Vittorio Emanuele   144, 350

Vitznau   207

Vorarlberg   34

Walter Fürst   257

Washington   286, 288, 289, 293, 295, 297, 300, 308, 309, 318, 399, 433

Watts   255

Wiesbaden   344

Wilhelm   25

Wilhelm Busch   92

Wilhelm Dörpfeld   189

Wilhelm Fließ   407

Wilhelm Fließ   13, 14, 18, 22, 24, 42, 49, 51, 74, 81, 96, 112, 125, 131, 143, 151, 169, 182, 253

Wilhelm Jensen   237

Wilhelm Ritter von Hartel   259

William Hoare   258

William Hogarth   264

William Pitt   256

William Shakespeare   254

William Stern   293

Winterhalter   98

Winternitz   422

Créditos das imagens

Freud Museum, Londres: 1, 2, 3, 5, 6, 7, 9, 15, 16, 17, 18, 23, 24, 25, 26, 27, 28, 29, 30, 31, 32, 33, 35, 63, 81, 87, 97, 100, 102

Biblioteca do Congresso, Washington D. C., divisão de manuscritos, coleção Sigmund Freud: 43, 49, 52, 83, 86, 88, 89, 99, 101, 115, 116, 118, 119, 123, 127, 128, 129, 131, 135, 136, 138, 139, 141, 142, 143, 144, 145, 146, 149, 150, 151, 152

Biblioteca do Congresso, Washington D. C., divisão de impressos e fotografias, coleção Detroit Publishing Company: 124, 125, 126

Arquivo Christfried Tögel (cartões-postais contemporâneos e algumas fotos): 4, 8, 11, 13, 19, 21, 22, 37, 38, 39, 41, 42, 44, 46, 47, 48, 54, 55, 56, 62, 66, 68, 69, 70, 71, 72, 73, 74, 75, 76, 78, 79, 80, 82, 85, 92, 94, 95, 96, 112, 120, 121, 122, 132, 133, 137

Archiv für Kunst und Geschichte [Arquivo de arte e história], Berlim: 90, 113, 114, 117, 130, 148

Bildarchiv Preußischer Kulturbesitz [Arquivo de imagens da Fundação do Patrimônio Cultural Prussiano]: 20, 59, 98

National Portrait Gallery, Londres: 103-110

Ullstein bild: 36

Adrian Balbi's allgemeine Erdbeschreibung, vol. 2, org. Franz Heiderich. Viena/Pest/Leipzig: A. Hartleben, 1894: 14, 24,

Emmer, Johannes: *Illustrierte Kunstgeschichte*. Berlim: Deutsche Volksbibliothek, s/d: 10

Gerstfeldt, Olga von: *Umbrische Städte. Orvieto, Narni und Spoleto.* Leipzig: Klinkhardt & Biermann, 1909: 34

Hesse-Wartegg, Ernst von: *Die Wunder der Welt*, vol. 2. Stuttgart/Berlim/Leipzig: Union Deutsche Verlagsgesellschaft, s/d: 67, 140

Kaemmel, Otto: *Rom und die Campagna*. Bielefeld/Leipzig: Velhagen &Klasing, 1902: 57, 58, 60, 64, 93, 147

Molmenti, Pompeo: *Il Moretto da Brescia*. Florença: R. Bemporad & Figlio, 1898: 51

Seyfert, Bernhard: *Geschichte im Bilde*. Halle: Buchhandlung des Waisenhauses, 1928: 61

Os mapas são dos guias *Baedeker* dos anos correspondentes.

Organizador e editora agradecem a todos arquivos e museus por seu apoio.